中国优秀传统文化与
语言文学

邢 娜 白 宁◎著

吉林出版集团股份有限公司

图书在版编目（CIP）数据

中国优秀传统文化与语言文学 / 邢娜，白宁著 . — 长春 : 吉林出版集团股份有限公司 , 2020.4（2025.1重印）

ISBN 978-7-5581-8292-1

Ⅰ.①中… Ⅱ.①邢… ②白… Ⅲ.①汉语－语言学－研究② 中国文学－文学研究 Ⅳ.① H1 ② I206

中国版本图书馆 CIP 数据核字 (2020) 第 047773 号

中国优秀传统文化与语言文学

著　　者	邢　娜　白　宁
责任编辑	齐　琳　姚利福
封面设计	李宁宁
开　　本	787mm×1092mm　1/16
字　　数	220 千
印　　张	12
版　　次	2021 年 3 月第 1 版
印　　次	2025 年 1 月第 2 次印刷
出　　版	吉林出版集团股份有限公司
电　　话	010–63109269
印　　刷	炫彩（天津）印刷有限责任公司

ISBN 978-7-5581-8292-1　　　　　　　定价：68.00 元

前　言

中国传统文化经过五千年的演变和传承，推动着我国历史前行，为中华民族文明的传播和发展做出了巨大贡献。汉语言文学是传承中华优秀传统文化的主要载体，肩负着对本民族语言、文学和文化进行研究和传承的责任。当前，传承中华优秀传统文化，已被提到文化建设及国家治理的战略高度，因此，汉语言文学专业教育理应履行时代责任，从加强对专业教师使命感教育，保障专业主干课程的基础设置和授课时数，改革授课模式探索有效传播途径等方面，真正担负起传承中华优秀传统文化的责任。

本书全面、系统的介绍了中国优秀传统文化与语言文学。第一章对中国传统文化的概念、类型及特点进行了介绍；第二章介绍了传统文化与语言文学的融合；第三章介绍了民俗文化与传统文化的独特魅力；第四章到第七章分别从传统艺术文化、建筑文化、饮食文化、娱乐民俗等四个方面详细介绍了中国优秀传统文化；第八章到第十三章对中国传统文化的思想政治教育价值、中国传统文化的走向及传承、中国民俗文化的困境与展望进行了探究、从而提出了中国传统文化保护体系的建立与管理策略，对中国优秀传统文化与语言文学的发展有一定的促进作用。

本书在编写过程中，由于作者水平有限，书中错误在所难免，敬请广大读者批评指正。

编　者
2020 年 3 月

目　录

第一章 中国传统文化概述

第一节 文化与中国传统文化

一、"文化"概念的界定

有的学者指出，当前国内文化学研究中存在着片面、随意、抽象、谈玄等倾向。其原因就在于我们没有花大气力对"文化"这个概念进行深入的研究，而是根据自己的理解和需要，把许多内涵广度相差甚大的文化概念任意交替使用。研究文化概念，不应停留在文化词义的疏证和各种定义的罗列上，而应把注意力放在对客观文化现象、事实、问题的观察与分析上。有些学者认为，文化有广义、狭义之分。广义的文化概念，指人们世代相传的生活方式，它包括物质文明和精神文明两个方面。狭义的文化概念，指的是世界观、价值观、行为准则、道德标准等观念形态和上层建筑，其中，哲学是核心，占主导地位。比较研究的文化，主要是指的后者。有学者认为，文化还可以分为注重共时性的民族文化和注重历时性的历史文化。当然，两者往往是互相渗透的。有的学者则认为，只有个别的、具体的文化，而无普遍的、抽象的文化。认为所谓文化，就是成套的行为系统，其核心由一套传统观念，尤其是价值系统所构成。还有一种观点，认为文化是人们在改造自然环境中所获得的品格和行为方法，以及由此所积聚起来的意识、风俗、礼仪等精神复合体。

也有的学者指出，既然文化的概念没有一个固定的定义，那研究者不妨从不同的角度、用不同的观点赋予文化概念以不同的定义，从而确定自己的研究范围，而不必等有了公认的"定论"以后才去动手研究。

文化大讨论涉及的问题很广，但所讨论的问题则相当不集中，并且存在片面的、随意的、抽象的倾向，究其原因，则在于对文化学的基本理论研究的不够，歧义过多，其中尤以"文化"这一概念的分歧最大。为便于开展这方面的研究，现将近年来国内学术界关于文化概念的研究情况作一简述。

"文化"概念界定问题，在这个问题上，大体有两种看法。

第一个看法认为，不可能求得完美无缺的统一的文化概念，各个研究领域应先行在自己的范围内把它界定。列宁说："所有定义都只有有条件的、相对的意义，永远也不能包括充分发展的现象的各方面联系。"这就是说，一个充分发展的现象，都与周围其他事物具有多方面的联系，形成多方面的质的规定性，每一个定义不过是一种质的规定性，不可能把发展现象所有质的规定性穷尽。既然难于制定一个统一的定义，研究者就不妨从不同的角度，用不同的观点，赋予文化概念以不同的定义，从而确定自己的研究范围，不必等有了公认的统一定义以后才动手研究。

第二种看法认为，应给文化概念作出大体一致的界定。虽然文化本身是一种纷繁复杂的现象，在各国、各民族、各地区、各个人中产生无限多样的形式，而且文化研究又是一门涉及多学科的综合性的科学研究，同其他学科研究对象有密切关系，但是，文化学作为一门科学，对自己的研究对象总应有个界定。没有定义，就没有科学研究。不确定"文化"的概念，其他一系列概念就无法建立，研究也无法进行，这是当前文化研究的重要任务和基础理论工作。这种看法认为应从两方面去定义文化概念。

从多义的区别和联系中求总体概念。已有定义很多，现在的研究不应停留在文化词义的疏证和各种定义的罗列上。虽然不能从多义中求绝对统一，但应按照辩证法的要求，以客观的文化现象和文化方面的实践为基础，对已有多种定义加以剖析，从历史发展的具体环境中来确定各个定义的具体地位及其与其他定义的内在联系，抽象出各种定义相互区别，又相互联系的最为一般的定义。

某个研究者，从具体学科的背景角度出发，在一般定义指导下，以特殊的方法规范来定义本学科的特定文化概念。

二、从不同角度来界定文化概念

（一）从人类学的角度来界定

文化是伴同人类一起产生的，文化的本质关联到人的本质。人类区别于动物的本质是有意识有目的的劳动。劳动使主体客体化，也使客体主体化。文化就是人类劳动的外化和对象化。文化作为人类区别于动物的基本形态，本质上是与自然和天然相对的人造物，文化的本质是创造。定义表述有五点：

1. 文化是由人类意向和活动影响或改造了的存在，是人类心灵及其深层本质外化和内化的历史运动的结果。

2. 文化是人类本质的展现和成因，是人们通过劳动而自我实现，然后满足人的各种需要创造出来的人化世界。

3. 文化是人类实践的产物，是实践能力、方式及成果之总称。实践能力是实践全体的内在素质，是文化概念的内在活动因素，它潜藏于实践方式与成果中的深层，实践方式是具体实践过程展开的形式与内容，确定了文化的现实存在及其运动演变，实践成果是以实体的形式或外观存留下来的人类活动的产品。上述三个方面构成文化概念的基本内涵。

4. 文化是对自由和怎样才能获得自由的解答。因为人的本性是通过社会实践而获得的自由。以实践的形态显现这一本性的便构成社会的物质文化，以观念形态反映的便构成社会的精神文化。

5. 文化是人类为适应生存环境，调节人与自然、人与人的关系，求得更好地生存和发展所创造出来的生活样式、思维方式和物质与精神成果的总和。

（二）从社会功能的角度来界定

1. 文化是一种生产力。人类的一切创造都可以看作是自然之物通过文化加以人工的组合。一切生产力的实施必然以人及其活动为中介，以文化形态为中介。在一定条件下，文化的发展程度和合理化程度可以在相同数量和质量的物质中产生完全不同的产品，获得迥异的效益。

2. 文化是信息和知识。文化能力可以简单地理解为创造信息、加工信息、传播信息和贮存信息的能力。社会文化发展程度，可以从信息创造的规模、人们的信息能力以及信息质量等方面来衡量。同时，信息也像"物"的东西一样制约着一个民族的生产方式、政治形态等。

3. 文化作为弥散于特定人群的文化心态和气氛，它包括思维方式、意识形态、风俗习惯、感情方式等。

4. 文化作为社会交往和人际沟通的象征符号系统，是把个人凝聚为社会群体的纽带，它体现了文化发达的程度。

5. 文化作为世代之间的"遗传"机制，是人类社会机体"遗传"的一种基因，人类每一代创造的文化从上一代传递到下一代。

（三）从传播学的角度来界定

一切文化都是传播的，传播是文化的本质，没有传播就没有文化，文化是依赖传播来实现。从这一角度来定义，文化就是人类的物质生产和精神活动中抽象出来的原则体系和这一体系的现实化。这一定义也就避免了把文化与物质文明和精神文明成果的总和等同起来，同时也指出彼此之间的联系。

这一定义既包含了文化的深层结构，即"原则体系"，也包含了文化的表层结构，即原则体系的"现实化"。

三、中国传统文化的内涵

中华民族薪火相传的五千年文明，铸就了源远流长的传统文化。中国传统文化绵延几千年，历经时代的考验，凝结着世世代代炎黄子孙改造世界的光辉业绩，凝聚着华夏民族历代先哲的无穷智慧，留下了饱蕴思想精髓和价值追求的灿烂遗产，是中华民族的珍贵的文化宝藏，也是人类文明史上的文化瑰宝。近代以来中国在社会主义道路艰苦的探索与发展，续写了人类文明的崭新篇章。中国传统文化在其自身的发展历程中，有着传奇的发展历程和丰富独特的内涵，需要我们认真考究，从而凝练它的现实价值，才能推助中华文化的弘扬，彰显我国在世界舞台的话语权、主动权。

要了解中国传统文化的丰富内涵，首先必须对中国传统文化进行准确的界定，明确中国、传统以及文化各自的含义，并且分清文化传统与传统文化之间的异同。

（一）中国传统文化包含的基本概念

中国传统文化包含了三个概念，即中国、传统和文化。"中国"一词的古今意义大不相同，"中国"的由来，可以追溯到古老的殷商时期。商朝的国土面积皆是位于它的东、南、西、北四面的各方诸侯之中央，而它同时又是政治和经济的中心，故而人们称这块土地为"中国"，亦即"中央之城"或"中央之国"之意。古代"中国"是没有作为正式的国名出现的，因为那时的王朝和政权都是只有国号而没有国名，所以他们所说的"中国"是指地域和文化上的概念，而非一个国家的正式名称。而今天的中国全称叫作"中华人民共和国"，主要是以汉民族为主，包括其他各族人民共同组成的国家，同时也包括海外华裔和华侨。

而传统，纵向曰"传"，横向曰"统"。前者是指时间上的历史延续性，是指那些过去存在的至今仍然在起作用的、代代相传的东西；而后者是指空间的拓展性，也指权威性传统这一个历史的大一统的概念，它在历史的延续中积淀下来又随着历史的发展而变迁。没有延续和稳定就不能成为传统，但是没有发展和变迁也不能成为传统，因此引申出一个纵横发展的概念——传统。不同历史时期的传统，其内涵也在随着时代的改变不断地发展和变化。

至于文化，《说文解字》记载："文，错画也，象交文。"意即各种相交错的纹理，如布帛丝线交错称布纹，掌上纹理交错称掌纹，日月星辰交错称天文。《尚书》注疏中解释文明一词时注到"经天纬地曰文"。而"化"本意为事物形态或性质的改变，有改易、生成、造化之意，引申为教行迁善之意。是故"文化"就包含有"以文教化"之意。文化分为广义的文化与狭义的文化。广义的文化是指人类社会历史实践过程中所创造的物质财富和精神财富的总和。而狭义的文化，除指社会的意识形态以及与之相适应的制度和组织机构外，有时又专指文学艺术，如"文化部""文化部门"等。

中国传统文化是中华民族在中国本土上创造的文化，它是中华民族在各自时代特定的地理环境、经济条件、政治结构和意识形态的作用下，世代形成、积淀，并为大多数人所认同而流传下来的中国文化，涵盖了经济、政治、道德、艺术等各个方面。

（二）文化传统与传统文化

传统文化与文化传统究竟有何区别？它们之间又有着怎样的关系？这也是前些年学术界讨论的一个热点问题。庞朴先生曾提出："传统文化是过去的已经完成的那些东西，是"死的"，而文化传统是"那个活的东西"。他认为："文化传统是形而上的道，传统文化是形而下的器；道在器中，器不离道。"人们从这种观点出发则认为传统文化是已经完成式的文化，是已经定格在某一历史时期的一个静态凝固体；而文化传统是现在进行时的现实中的文化，是伴随着社会历史发展的动态的流体，而且认为一个能延续下去的民族文化总是在其文化传统中。

而笔者认为文化传统是作为一种民族精神特质包含在中国传统文化之中的，中国传统文化并不是一种静态的过去式的存在，正如前面对传统一词的解释一样，传统文化也是随着时代的变迁纵横发展的，不断通过传播和吸收时代精神得以壮大的，不断吐故纳新的一种动态文化。

四、中国传统文化的现代化发展

为发扬传统文化中的积极因素，清除传统文化中的消极影响，实现传统文化迈向现代化的发展道路，必须正确处理以下三个关系：

一是传统文化的民族个体与人类文化总体的关系。文化是人类文明的产物，它是人类的共有财产，有着共同的性质和发展规律，从而构成了人类文化的总体，作为一个国家、一个民族的文化也有它的发展历史，从而形成了民族文化的特殊性，人类文化是在各民族文化的相互渗透、相互借鉴、相互补偿中得到提高的，从人类文化总体出发考察民族文化个体，这是中国传统文化发展为现代文化的必然趋势，正确处理好总体与个体的关系，就是要充分认识到当代世界的进步和人类的前途，这样，回过头来才能充分认识自己，所以，必须站在人类文化总体的高度，才能认识民族文化个体，并通过个体把握总体的全局。

二是传统文化与西方文化的融合关系。从理论上认识到人类文化总体与民族文化个体的辩证关系问题，还必须正确处理传统文化与西方文化相融合的现实问题。在面临西方文化的冲击中，如何处理传统文化与西方文化的关系，是一个不容回避的现实问题，这个问题从历史上就没有得到妥善的解决。中国文化的发展道路问题是中国近代的很多思想家都在致力探索的课题，在寻求中西文化融合的道路上，产生了"师夷长技以制夷""中体西用""君主立宪""民主共粗"等主张和思潮，在曲折的文化历程中，人们思索着，争论着，一些资产阶级思想家，出于救亡图存的历史责任感，在西学引进方面做了大量的工作，但由于对传统的东西没有来得及系统清理，不是主张机械的结合，就是主张全盘引进，在近代历史上留下了深刻的教训，它表明，传统文化固然要与西方文化相融合，但决不能全盘西化，对外来文化必须做一番符合本国特点的文化选择，找出传统文化与西方进步文化之间的结合点。一种民族文化如果没有外来文化相融合，必然会出现落后的趋势，无论是古埃及文化，还是古希腊文化，它们的兴衰充分证明了这一点。在今天这样的历史条件下，中国传统文化的发展一定能经得起西方文化的挑战，因为在事实上，传统文化与外来文化二者不是一件矛盾的事情，无论是伊斯兰文化，还是日本文化，都经过融合外来文化而与时俱新，而本身不失传统的主体面貌，传统价值的中心系统不但没有丧失反而更加充满生机。中国传统文化要想在新的历史时期呈现活力，使中国传统的民族文化发展为现代化以跻于世界文化之林，必须以宽阔的胸怀，容纳西方文化中进步的东西。

三是民族意识主体性与现代化的时代性的关系。在对待传统文化方面，应该看到，中圈传统的民族文化本身是一个相对独立的系统，有它自身的发展历史，从而形成了民族意识的主体性，它构成民族意识的主流，是经过几千年的盛衰变迁而延续不绝的基本的东西，它决定着中国传统文化的风格、特点及其优良传统。中华民族意识的主体性与现代化的时代性的关系，应该指出的是，传统文化中民族意识的主体性只有发展为现代化才能呈现时代性的生机，而现代化的时代性，必须是民族意识主体性在现代历史条件下的发展，即与现代化的时代特点相适应。中国传统文化中民族意识主体性写现代化的时代性之间如果处于水火不相容的对立之中，就不能实现传统文化走向现代化的道路。

总之，中国传统文化基础十分雄厚，在改革和开放的新形势下，面对西方文化的冲击，只要采取正确的态度，就可以走出一条不失主体框架的思想文化发展道路，而且一定有能力开拓出这一条道路，这一条道路的可行之处就是，在坚持民族意识主体性的前提下，发扬传统文化中的积极因素，克服传统文化中的消极影响，以冷静的反思、公正的态度进行彻底故现代清理和价值观念的更新，在对传统文化立足于批判继承的基础上，吸收西方进步文化，建设融汇中西、贯通古今的社会主义新文化，这是中国传统文化的必然发展前途。

第二节 中国传统文化的类型及特点

中国文化是有着悠久文明传统的文化，是由华夏民族演化而来的汉族及其他 55 个少数民族共同建构的中华民族的文化，具有极大的传承性与包容性。中国人在立体的、广大的空间里，历经各种各样的生活，再历经时间的绵延性，创造了中华民族独特的生命，即中国的传统文化。作为中华民族生存和发展的根基和起点，中国传统文化包含了多样的形式、丰富的内容、伟大的精神表达和国家民族的意识形态，同时作为一种强劲的文化资源，能在世界文化碰撞、交融和竞争中发挥重要作用，其复兴不是一个空洞的、毫无生息的愿景，而是一个在各界努力下终归会成为现实的一个奋斗目标。首先应对中国传统文化最基本的特征有所认知。钱穆先生指出"中国文化传统之演进，有它的希望和目的，就时间而言，历史是层层团结和步步拓展的一种绵延，以空间而论，中国是包括整个国人在内的趋于'世界大同，天下太平'理想境界的文化区域"。

一、中国传统文化的类型

"类型"是事物种类的模型，如历史分期是一种对具有共同事物特征所形成的种类进行的划分。梁启超曾指出，"关于时代的划分，须用特别的眼光。我们要特别注意政治的转变从而划分时代，不可以一姓兴亡而划分时代"。一般来说，学者们将中国文化史分为四期：秦以前为第一期，秦到唐为第二期，唐到晚清为第三期，晚清迄今为第四期。但这种分程不利于清楚揭示传统文化的演变路径，所以学者们都在依据有意义的标准来建构不同的文化类型，譬如许结在《插图本中国文化史》一书中将文化分为制度、学术、艺术和对外交流等类型，下文会通过某些类型认知中国传统文化。

（一）文学艺术文化

文学与艺术作为中国人诠释情感和精神的手段而扎根于传统文化的脉络体系中。中国古代最主要的艺术创作类型，如建筑、雕塑、绘画、书法、音乐、舞蹈、戏剧、诗歌、散文等，无不表现出静穆与飞动统一的审美境界，如美学家李渔认为艺术可以实现人的心性自由："秋海棠一种，较春花更媚。春花肖美人，秋花更肖美人；春花肖美人之已嫁者，秋花肖美人之待年者；春花肖美人之绰约可爱者，秋花肖美人之纤弱可怜者。处子之可怜，少妇之可爱，二者不可得兼，必将娶怜而割爱矣。"以唐诗、宋词、元曲为代表的中国古代文学既分享并表达了人性的深切期望，也诠释并弘扬了至善至美的道德理想。而且，在社会结构的日趋复杂及历史不断累积经验之时，综合、冲突、调和及疏离感必定要发生，以客观方式去了解真相的这份需求日趋强烈。这也许可以解释，小说及非小说对现代生活渐增的相关性，及对现代人渐增的重要性。对照之下，诗似显得遥远而落伍。这种明清时期雅俗文化的冲突与融合在世情小说中有充分体现，文学渐趋平民化、世俗化和常态化。

（二）节日民俗文化

传承中国文化的不仅仅是唐诗、宋词、昆曲、京剧，也包含着与我们生活相关的每一个细节，而传统节日及其风俗是全体人民共同参与文明书写与传承的历史见证。同时，中国多样的地理环境和气候又促使传统节日以丰富多彩的民俗形式独立呈现，如温州在岁时节日中的交际、饮食、信仰、服饰、游艺等风俗体现出与民间信仰、商贸活动和文化活动相结合的特点，据张泰青《瓯城灯幔记》载："或且招乐部，建戏车，镂质为山，负之鳌背，铜机引水，转以龙头，植参军之椿，绿衣秉简，逞伣童之技，黄帽乘蹻，各徵歌舞于帝江用，助喧闐于人海，则春城启而杂戏陈也。"节日和民俗节日存在关怀意义上的大众和世俗主题而不是常人所云的信仰，使其高出于崇德重礼的传统文化精神，足以与时代创新精神媲美，同时也标志着文化不再是少数人的特权，而是广大人民寓理智与情感于生产生活中所形成的内在性格。

（三）农业经济文化

关乎国人生计的经济问题同样蕴藏于生活细节，表达在文化建构上。中国的地理环境决定着自给自足的经济关系以及随在经济关系后面各种社会关系的发展。农民为了能在小农经济的框架体系中生存，既需臣服于生产分配制度所规定的秩序，也要不断适应正在完善中的农村社会秩序。正如南宋时有"社仓"被建立："义仓，民间储蓄，以备水旱者也。一遇凶歉，直当给以还民。岂可吝而不发，发而遽有德色哉！"这种农村的经济互助一直延伸至明清，并与农村的家族制度紧密结合，共同协调利益冲突和维系社会稳定。最终，以农村为主体的生存空间和以农业生产为根本的训育手段互相配合，使"安土重迁"成为中华文化的一种重要特色和中国人民的内在性格，安土重迁意识与封建宗法制度相互结合，也就形成了中国封建社会特为稳定的社会基础，也成了大一统民族向心力和凝聚力的重要基础。

二、中国传统文化的特点

历来论及中国传统文化的特点，往往也是论述甚多、意见不一。其可以大致分为以下四个主要的方面：重视人生和入世的人文思想；重视纲常伦理的道德教化；重视中庸和谐的处世哲学；重视的坚韧顽强文化性格。"

（一）重视人生和入世的人文思想

很早开始，中国的思想家中就充盈着对人类自身存在价值的思考，他们追求济世强国的理想，探究人的命运和希望。庞朴指出，人文主义是中国传统文化的一大亮点。受中国社会历史发展过程的影响，中国传统文化中的重视人伦、重视人生与入世、强调人与自然和谐共存等思想，蕴含着丰富的人文主义精神。中华民族文化得以不断延续，很大程度上是得益于有着重视人生与入世的人文思想支持的传统文化。著名哲学家唐君毅先生这样描述："中国文化精神永远不会衰落，在其发展过程中可以有高峰、有低谷，可以表现出好的或者坏的形式，可以对历史进程发挥促进作用或阻滞作用。但就其根本来说，中国传统文化的精神追求永远是追寻更完善的自我。"

从中国古代历史意识形态层面来看，中国古史的发展脉络，是以由家族走向国家，以血缘纽带维系奴隶制度，形成种"家国一体"的格局。几千年中，中国社会并未长期存在如同古代印度和欧洲中世纪那样森严的等级制度，社会组织主要是在父子、君臣、夫妇之间的宗法原则指导下建立起来的一种宗法集体。中国文化提倡"人与天地参"，将人提到与天地对等的地位，从而对人生的体验生发出一种平实与理性，成为重人生、讲入世的人文思想传统，强调将个体的努力与家族和国家的发展统一起来。

（二）重视的伦理纲常的道德教化

中国传统文化中伦理道德的思想意识非常深刻。不同于西方人注重人人自由平等，没有严格的长幼尊卑疆界；在中国传统文化中不只肯定个人价值，而是在以家庭为基本单位的基础上，在伦理纲常的约束下，强调人对家、国乃至天下所作的贡献。"中国传统文化素以人为本位，重视伦理道德始终贯穿于中国传统文化的发展过程，并在中国传统的处世哲学、历史发展、政治军事和教育思想中皆有体现。"中国的伦理，是指人际关系的规则。在中国传统文化里，人与人的关系君臣、父子、兄弟、夫妇、朋友五种。春秋时代，孔孟更是以"德"为先建立了儒学体系，开启了德育教化的新局面，为社会的安定有序、和谐发展起了巨大的推动作用。在教育方面，中国古代历来高度重视，主张国家想要振兴富强，就必须尊师重教。《荀子》中记载："国将兴，必贵师而重傅。"《朱舜水集·劝兴》中阐述道："敬教劝学，建国之大本；兴贤育才，为政之先务。"意即重视教育是建国的根本，培养人才是君主治理国家的首要任务。许多儒学思想家都提倡重视教育，希望通过教育，统治者能够成为圣明之主，臣民能够"化民成俗"。中华民族素来视教育为民族生存、国家安定的命脉。新中国成立以来，科教兴国战略更成为中国的一项基本国策。在中国的历史进程中，伦理纲常的道德教化一直作为调和人际关系的准绳，以其深入人们思想观念的精神支柱作用维系着整个社会的正常秩序。在现代，我国市场经济高速发展的环境下，更应注重精神文明中的思想道德体系建设，充分发扬传统道德中与时代相适应的部分，保持我国政治、经济、文化健康有序发展。

（三）重视中庸和谐的处世哲学

"中庸"与"和谐"对中国传统文化产生了深远的影响，奠定了整个中国传统文化的最高价值原则，规定了中西文化的基本差异。中国人是崇尚"和"的民族，力求在人与自然、人与人以及人类自身的各个方面寻求和谐统一，获得本真。"和"文化贯穿中国传统文化的始终，从上古河洛文化到后来的阴阳五行术数，再到相关后世著述，皆秉承"天地和而万物生，阴阳接而变化起"的思想，将自然万物看成一个相互统一、和谐发展的整体。对于"中和"的解释，《中庸》有载："喜怒哀乐之未发，谓之中；发而皆中节，谓之和。"所谓"中"，须用中正平和的心态对待事物，并在实践中保持这种心态，保持实物的均衡协调。所谓"和"，指和睦、和平、和谐。《中庸》还提道"中也者，天下之大本也；和也者，天下之达道也。致中和，天地位焉，万物育焉"之说。集"中庸"与"和谐"于一体，便是"中和"。"中庸"的文化追求是"和谐"，"中庸"与"和谐"是中国优秀传统文化的精华部分，是中华民族永恒的文化信念和价值追求。中华文明之所以延续至今，在五千年的历史长河中经历无数风浪而致远流长，与中国传统文化中的"中和"思想是分不开的。

基于天人合一思想上的"中和",在现实社会中有着团结、融通、凝聚、协调作用,它作为中国民族特有的价值观念、文化信仰和治世理论,融合在中华民族的血液中世代流传。在当今世界普遍呼唤和平与稳定发展的时代,"中和文化"不只是能作为民族文化能强国富民,更是能发挥其胸怀天下的普世价值促进全世界的和平稳定发展。

(四)重视坚韧顽强的文化性格

细看不断抗争奋进的中国历史,历经了各种内部动乱和外族侵略而屡获新生,若问是什么样的精神在支撑着苦难深重的中华民族?我们看到的是,在长期的、曲折的发展过程中创造出坚韧顽强的中国传统文化。这种坚韧顽强的文化性格,不仅仅推动了我们民族国家的兴旺繁荣,更在有外敌侵略、政权易主等民族危难之时,成为人们勇于反抗和斗争的强大精神支撑。坚韧顽强的文化性格是中国传统文化的基本精神之一——自强不息的根基,是中国人积极的人生态度最集中的理论概括和价值提炼,也是人们处理天人关系和人际关系的总原则。这种坚韧顽强的文化性格,可以从中国历史上无数志士仁人诸如岳飞、文天祥、谭嗣同等不降其志、不辱其身,鞠躬尽瘁、死而后已的英雄事迹中找到支撑。首要强调"刚"的品德,并十分重视坚韧顽强性格的培养。有志向有德行的人,须有临大节而不夺的品质,既要刚毅和坚韧,又要有强烈的历史责任感和使命感。中国传统文化提倡实践为崇高理想而不懈奋斗,强调人们要有担当道义、不屈不挠的奋斗精神;鄙视饱食终日而无所用心的人生态度。这种坚韧顽强的文化性格已经内化为中华民族人民的一种自觉的意识和性格,集中体现了人生在世,要为崇高理想竭尽全力奋斗的正义追求,为国家民族建功立业的远大理想。在这种坚韧顽强的文化性格的影响下,中华各族人民紧紧团结在一起激流勇进、自立自强,使得中华民族长期屹立于世界民族之林,历尽艰难而弥坚。

第二章 传统文化与语言文学的融合

第一节 语言文学专业教育与优秀传统文化传承

汉语言文学专业是普通高等院校文科的最基础专业之一，也是中国大学史上最早开设的专业之一。20 世纪初期，京师大学堂开设中国文学课程，标志着中国语言文学正式成为现代一门独立学科。适应社会的需求，汉语言文学专业的培养目标在不断地改革与完善，从早期培养专门人才，到培养复合型人才，到当下比较流行的高级应用型人才，汉语言文学专业的功能和定位逐渐向实际应用方面倾斜。然而，随着社会的发展和精神文明建设的需要，汉语言文学专业教育对于中华优秀传统文化的传承责任日益凸显出来。

一、传承中华优秀传统文化是时代的强烈要求

过去 30 多年来，我国通过以经济建设为中心的改革开放战略，实现了经济腾飞、国力跃升，但文化发展的现状与经济社会发展、我国的国际地位和国际影响力却不相称。改革开放 30 多年的经济发展使人们越来越认识到文化建设对于整个社会文明进步的重要性。从个人层面上看，文化起着塑造个人人格、实现社会化的功能；从团体层面上看，文化起着目标、规范、意见和行动整合的作用；从整个社会层面上看，文化起着整合凝聚、驱动经济的作用等。文化的社会整合凝聚作用主要体现在价值整合上。文化依附于语言和其他载体，形成一种社会文化环境，对生活于其中的人们产生同化作用，为他们的价值观、审美观、是非观、善恶观涂上基本相同的"底色"，也为他们认识、分析、处理问题提供大致相同的基本点，进而化作维系社会、民族生生不息的巨大力量。

重经济轻文化的发展，必然产生诸多社会问题，人们在憎恶各种社会弊端的同时，也逐渐形成了回归民族优秀文化传统的共识，因此，当代文化建设的根本在于对中华优秀传统文化的重视，并从中汲取有益成分，构建适应

当代文明的基础。

中国传统文化不仅多姿多彩，而且有着特别的气质和丰富的内涵，这些特别的气质和丰富的内涵就是中国文化的民族精神。如人文精神对人的尊崇；天人合一的思想对自然与人类发展互相影响互相作用的认识；刚健有为的精神一直激励着中华民族自强不息；贵"和"持"中"的思维原则使中国人十分注重和谐局面的实现和保持；崇德尚群，注重人的节操和修养，追求人格的完美等等。这其中所蕴含的丰富哲学思想与道德理念，对我们认识和改造世界，对我们的治国理政与道德建设等都有极大的启迪与裨益。

二、汉语言文学专业是传承中华优秀传统文化的主要载体

汉语言文学专业以语言文学为研究对象，培养具备扎实的汉语言文学基础和良好的人文素养，熟悉汉语及中外文学基础知识，具有较强审美能力和中文表达能力，具有初步语言文学研究能力，能在文化、教育、出版、传媒机构以及政府机关等部门从事与汉语言文字运用相关工作的高级应用型人才。本专业肩负着两个责任：一是对本民族语言、文学和文化进行研究和传承；二是使人们能在实际工作中更好地驾驭语言文字，更好地宣传民族文化等。重视对中华优秀文化的传承，要求专业基础牢固；重视应用的培养，则倾向于专业技能的培训。二者虽然是一个不可割裂的有机整体，但在人才培养的现实操作中的确存在倚重的问题。

从延续民族文化文脉的宏观层面而言，一方面，汉语言文学培养的人才必须具备丰富的传统文化素养，这样整个社会的文化继承与创新工作才能得以实现，否则，传承优秀的传统文化就成了一句飘在空中无法落地的空洞口号。另一方面，汉语言文学专业所涉及的课程，除部分与外国文学相关的以外，绝大多数都直接承续着中华优秀的文化传统。如《文学概论》《中国古代文学史》《中国现当代文学史》《古代汉语》《现代汉语》《写作》《美学概论》等等。特别如语言类中的主干课程《古代汉语》，固然要传授古汉语词汇、语法的基础知识，但是以古文名篇作为范本的学习，对帮助提高学生了解中国古代文化有重要作用。再如本专业中学时最长、学分最多的《中国古代文学史》课程，除了让学生了解中国古代文学发生、发展、演变的流程及其规律，把握各个时期各种流派作家作品的成就和价值，提高阅读鉴赏、理解分析各类文体经典作品的文学素养及相关能力外，还要借助优秀作品中丰富多彩的艺术形象、引人入胜的深邃意境、生动凝练的优美语言和强烈感人的抒情色彩，展现古代文学所承载的中华民族的优秀精神，如崇高理想的树立，对达观人生的体悟，对现实生活的热爱，对自然万物的同情等。这些优秀的民族

精神通过化育之道一代一代传承下去。

从社会对汉语言文学专业人才的需求而言，许多高校为了迎合人才市场的要求，大幅度地调整改革本专业的课程设置，压缩基础课程及其教学时数，强化实践能力和技能培训，这样看似加强了与职业技能相关的动手能力培养，但短期效应并不能满足社会对人才的要求。因为无论是机关和企业欢迎的永远都是那些具有宽容的心胸、健康的心态、良好的自我管理能力和足够的合作意识的人。而仅强调应用性，重视职业技能的培训，虽然可以使学生较快地适应工作，但如果缺少人文素质，没有丰富的内功和修养，这样的人才迟早会被淘汰。从人才的长远发展前景来看，汉语言文学专业的培养重心在于学生的人文素养，它的应用性主要体现在对社会观念与精神取向的影响上。

三、如何履行好传承中华优秀传统文化的责任

首先，加强对专业教师使命感的教育，是实现传承中华优秀传统文化责任的根本因素。传承中华优秀传统文化是汉语言文学专业教育责无旁贷的时代担当，应首先从加强对教师的使命感教育入手。教学相长，教在先、学在后，如何教，则取决于教师的责任感和综合素质。如果汉语言文学专业教师缺乏对优秀传统文化传承的责任意识，仅对学生完成知识的传授，从知识层面理解本专业课程，而忽视其对文化承载的价值体系优势，作为学生，又怎么可能产生文化传承的责任意识？因此，在汉语言文学教师的职业培训和岗位教育中，有必要加强传承优秀文化的责任教育，这样才可能实现教师对学生责任感、使命感的传授，一代代地延续我们优秀的文化根脉。

其次，保障汉语言主干课程的基础设置和授课时数，是实现传承中华优秀传统文化责任的必要条件。当前，不少院校在教育教学改革的大背景下，以改革创新适应当代社会的人才需求为口号，对汉语言文学专业的课程设置进行大幅度调整，加大诸如法律、经济、旅游、计算机、外语等知识的学习，增设讲演辩论、新闻写作、公文写作、节目主持、书法艺术、广告设计、篆刻剪纸等与本专业比较接近的课程，这种一专多能的培养理想是好的，然而在现实操作中，因为有限的教育时间与学生学习精力的分散，舍本逐末，培养出了许多"四不像"的所谓人才，造成了汉语言文学专业的毕业生缺乏传统文化的深厚根基，极度缺乏具有优秀文字综合能力的"笔杆子"，而这恰恰是汉语言文学专业不能适应社会人才需求的所在。对汉语言文学专业实施的这种所谓改革，缘于人们的一个认识误区，即把技能与"饭碗"等列，把技能与素养分列，认为加强技能类课程教学就能让学生有谋生能力，同时也意识到仅培养技能型人才缺乏发展后劲，又强调学生要有人文素养，有责任与

道德。事实上，技能和素养是一个人的一体两面，它们不是对立的，我们谁都无法否认：一个真正有责任和道德的人是不会缺乏谋生能力的。因此，我们确实需要认真思索一下，为改革而改革的一些做法是否真正能够适应社会，汉语言文学专业如何回归专业教育的本位。

再次，改革授课模式，探索有效传承方式，是实现传承中华优秀传统文化责任的实践途径。汉语言文学专业的教育目的在于使学生增强传承中华优秀传统文化的责任，增强文化自信。如何让学生亲近传统优秀文化，除了教师本身的综合素养与责任意识外，授课方式是否有效也至为关键。汉语言文学的传统课堂教学模式是教师灌输式地讲授，学生被动地接受。这种授课方式对于面临各种现代信息诱惑的青年学生而言，越来越显得不适应，因此，改革授课方式势在必行。教师要尊重学生，把学生放在与自己平等的地位上，不能居高临下，这样才能做到根据学生的个性因材施教。同时，采用多种形式活跃课程氛围，诸如启发式、辩论式、讨论式教学方法，变学生被动接受为主动参与，充分激发学生的学习兴趣，调动起学生的积极性。此外，除了课堂主渠道的教学，专业教师还要通过指导学生在网络平台上的学习以及相关的第二课堂课外活动，在传播方式上积极探索，使学生增强传承中华优秀传统文化的责任。

总之，汉语言文学专业是兼具知识体系和价值体系的人文学科，其中所承载的中华民族的优秀精神，对于培养个体高度的社会责任感，陶冶高尚的道德情操，都具有不可否定的当代意义。我们不能忘却其设置的初心，真正担负起传承中华优秀传统文化的责任。

第二节 语言文学教学与弘扬传统文化

党的十八大以来，习近平总书记和以习近平同志为核心的党中央站在实现中华民族伟大复兴的中国梦的历史高度，反复强调中华优秀传统文化是中华民族的突出优势，必须大力弘扬中华优秀传统文化。同时，全面科学地阐述了中华文化的历史渊源与发展脉络、核心价值与鲜明特色、历史作用与现实意义，以及弘扬中华优秀传统文化的根本态度与方法途径。这就为新时期我们弘扬中华优秀传统文化指明了总的方向，提供了基本遵循。高等学校是培养人才的主要阵地，也是弘扬中华优秀传统文化的重要平台；而大学汉语言文学学科则是以中国传统文化为主体的文化与文学的主要载体，具有独特的人文性和基础性，凝聚着浓厚的人文思想和人文情怀，使得汉语言文学教学成了弘扬中华优秀传统文化的主要渠道，汉语言文学教师自然就要担当起

"主角"的责任。现结合教学的实践与思考，谈些粗浅的看法，以期抛砖引玉。

一、弘扬中华传统文化是新时期我国高校的紧迫任务

中华民族历史源远流长，文明成果光辉灿烂，传统文化博大精深。所谓中华传统文化，是指中华民族历史上各种文化思想、道德传承、精神观念形态的总体，它是以老子道德文化为本体，以儒家、庄子、墨子的思想和道家文化为主体等多元文化融通和谐包容的体系，包括了思想、语言、文字、"六艺"以及生活富足之后衍生出来的音乐、曲艺、书法、武术、棋类、节日、民俗等丰富内容。中国传统文化，是中华民族在中国古代社会形成和发展起来的比较稳定的文化形态，积淀着中华民族最深沉的精神追求，包含着中华民族最根本的精神基因，代表着中华民族独特的精神标识，是中华民族生生不息、发展壮大的丰厚滋养，是中华民族的历史遗产在现实生活中的展现，为人类文明进步做出了不可磨灭的贡献。

习近平总书记在 2013 年 11 月参观考察孔府、孔子研究院时就指出，中华传统文化是我们民族的"根"和"魂"，如果抛弃传统、丢掉根本，就等于割断了自己的精神命脉。强调要以科学态度对待传统文化，要很好地传承和弘扬传统文化，让收藏在禁宫里的文物、陈列在广阔大地上的遗产、书写在古籍里的文字都活起来，认真汲取中华优秀传统文化的思想精华，深入挖掘和阐发其讲仁爱、重民本、守诚信、崇正义、尚和合、求大同的时代价值。这些精辟的论述，深刻地揭示了弘扬中华优秀传统文化的极端重要性和现实紧迫性，敏锐地指明了在新时期我们弘扬传统文化工作的着力点和落脚点。党的十八大以来，习近平总书记发表了一系列重要讲话，在"民惟帮本"的仁政思想、"天人合一"的思想理念、"和谐共生"的发展观点、"和而不同"的处世哲学、"天下为公"的责任意识、"知行合一"的实践智慧等很多方面，丰富了中华文化的人文思想，身体力行地继承和弘扬了中华优秀传统文化，为全党全国人民树立了光辉榜样。

进入 21 世纪以来，随着科学技术和互联网的迅猛发展，世界范围内的各种文化之间的相互碰撞、相互交流、相互渗透、相互冲突甚至相互斗争，越来越频繁，越来越广泛，越来越深刻，也越来越激烈。这种状况，对我们中华优秀传统文化的弘扬来说，既是难得的历史机遇，同时又不可避免地带了巨大的消解与冲击。新浪网的一项调查显示：有超过或接近 80% 的人对中国的传统艺术（如琴、棋、书、画）、古代的经史子集、京剧及地方戏曲等一窍不通或不感兴趣。这在我们高校的校园内表现得最为突出，随处可见校园传统文化的缺失。许多学生正逐渐丢失了传统文化，缺乏人文素养，"腹有诗书

气自华"这种气味在他们身上淡不可闻；无论是在价值取向，还是在言谈举止上，都有庸俗化和功利主义的倾向，"唯我""自我""自由""个性""享受"统统比道德重要，"仁义"被哥们义气所替代，"诚信"被投机取巧所消解；许多传统的东西对于他们来说都显得太过遥远，在肯德基、必胜客吃蛋糕庆生日而不知道吃"长寿面"的传统，喜欢过情人节却不知七月七鹊桥相会的动人传说。许多寄托着整个民族的美好憧憬，反映了民族的传统习惯、风尚和价值观念，有着其历史文化渊源和独特情趣以及深广的群众基础的节日习俗，在青年学生中已经渐行渐远。对中国传统文化包括节日文化的这种非自觉状态，着实令人忧虑。因此，作为文化传承主要阵地的高等院校，理应肩负起弘扬中国传统文化的重任。这是摆在我们面前的又必须很好地完成的紧迫任务。否则，我们中华民族的"根"和"脉"就有被割断的危险。

二、高校汉语言文学教学具有弘扬中华传统文化的独特功能

在《现代汉语词典》和《新华词典》中，对"语文"的定义基本一致，是指"语言和文字"或"语言和文学的简称"。语文是听、说、读、写、译的语言文字等的能力和语言知识及文化知识的统称。从这个意义上说，有的民族虽然只有语言而没有文字，但每个民族一般都有自己的语文。当然，也有几个民族使用同一种语文的情况。在这里，我们所探讨的高校汉语言文学教学的"语文"是特指汉语言文学。它是以现代汉语为表述的形式，选取文学库里优秀、经典的作品，通过教师的指导，用来丰富学生的情感，陶冶情操，激发增强学生的思维能力的一个传承人类文明的基础平台的一门重要学科。从这个定义上我们可以看出，"汉语言文学"作为一门重要学科，其本身就独具通过"传承人类文明"，达到"丰富学生情感""陶冶学生情操""激发思维能力"之目的的功能，是"人文性"与"工具性"高度统一、"人文性"更重于"工具性"的学科。然而，在现实的教学中，由于"应试教育"和高考"指挥棒"的影响，无论是中小学语文还是大学汉语言文学，都自然而然地凸显了其"工具性"而忽略了"人文性"。

一个民族之所以成为该民族而不是别的群体，就是因为它有一个共同的纽带，即构成一个民族所应具备的4个基本特征：共同语言、共同地域、共同经济生活、共同心理素质。在这4个基本特征中，"共同语言"是最根本、最重要的因素。民族文化的传承、发展和创新，在很大程度上依赖于本民族的语言和文字，即"语文"。其实，早在2006年9月，我国制定的《"十一五"文化发展规划纲要》就明确提出：高等学校要创造条件，面向全体大学生开设中国语文课，加强传统文化教育与基地建设，推动相关学科发展。这一要

求从国家层面上，深刻地揭示了"中国语文课"与"传统文化教育"之间的内在联系，赋予了高校汉语言文学教学的明确定位：发挥汉语言文学的传统文化传承的"近缘性"功能，承担起"体认中华文化、厚植传统精神"的重任。也就是说，要以传承中华优秀传统文化的标准，来定位和衡量"大学语文"的教学目标和课程内容。综观世界发达国家的高校，早就把"本国语文"作为学生的必修基础课，即使是理工科院校也不例外，他们达成了一个"如果本国语文的基础不好，就难以成为一名出色的科技工作者"共识。如世界著名的美国哈佛大学就把本国语文作为"核心基础课"，规定凡是不及格的都要重修。又如全球高科技和高等研究的先驱领导大学麻省理工学院，也把本国语文作为人文社会科学的核心贯穿于本科教学过程中，其"人文及社会科学学院"就是优势学院之一。

在我国现行的教育体制下，中小学教育更多的是侧重于"选拔"人才或为"选拔"做准备，而高等教育则侧重于"培养"人才，因而高校汉语言文学教学理应大为减弱中小学语文教学的"工具性"和"功利性"，而更为突出它所承载的传统文化的功能，在传授汉语言文学知识以及提高学生阅读能力、口头表达能力、写作能力和创造性思维能力的同时，更多的承担传播人文精神和熏陶道德情操的使命。事实上，高校汉语言文学本身就具有完成这一重要使命的独特优势。一方面，大学生没有了太多的升学压力，已经具有了相当的语文知识和语文技能，基本具备了对中华传统文化独立的分析思考和判断借鉴的能力。另一方面，就大学课程而言，大学汉语言文学具有其他任何一门学科都无法比拟的、无以替代的传承中华传统文化的独特功能。大学语文，可以说是一部浓缩了的中国文化小百科全书，其教材内容包含着丰厚的人文精神内涵，那一篇篇古今中外的优秀的经典作品，展示了作者的思维方法和写作技巧，凝结着前人的丰富感情，揭示人与人之间情感的真谛，显示人生悲欢与困境对人意志的磨砺，勾画出大自然的优美和谐与磅礴气势，能够唤醒学生的灵魂，陶冶学生的情操，塑造学生的人格，增强学生的智慧，激发学生自觉追求真善美的理想价值，促进学生的全面发展。

三、在高校汉语言文学教学中弘扬中华传统文化的路径选择

中华优秀传统文化应当如何弘扬，其路径自然是多方面的。毋庸置疑，汉语言文学课堂教学则是弘扬中华传统文化的主要途径。在如何传承和弘扬中华优秀传统文化的问题上，习近平总书记曾指出，要通过"两个讲清楚"，达到"两个增强"的目的。也就是要通过学校教育、理论研究、历史研究、影视作品、文学作品等多种方式，讲清楚中华优秀传统文化的历史渊源、发

展脉络、基本走向，讲清楚中华文化的独特创造、价值理念、鲜明特色，增强文化自信和价值观自信，增强做中国人的骨气和底气。这对我们高校汉语言文学教学来说，具有重大的指导意义，很有现实针对性，有利于我们把握住教学的方向与灵魂。因此，在教学过程中，我们必须紧紧围绕这"两个讲清楚"和"两个增强"来谋划和组织课堂教学。

从"小"课堂教学的角度来说，要着重突出三点：

第一，要创新教学理念，强化师资建设。教师是知识的传播者，连接着文明进步的历史、现在和未来。在课堂教学中，无论是中小学还是大学，教师都是居于主导地位，发挥主导作用。教师要主导好中华优秀传统文化的弘扬，首先要成为"中华传统文化通"，精通中华传统文化，信服中华传统文化，坚定做中华传统文化的忠实传承者。因此，教师要加强自身建设，创新教学理念，不断拓展知识面，拥有广博的知识，做到触类旁通，同时注重提升自身的政治思想修养和道德品质修养。第二，要深挖教材涵养，创造发展内涵。中华传统文化博大精深，为人类文明进步做出了不可磨灭的贡献。但不可否认，其中也有封建糟粕和负面内容。教师要像毛泽东同志所说的，对待老祖宗的东西，要"取其精华，弃其糟粕"，立足教材而又不拘泥于教材，深入挖掘其中的人文内涵，充分释放中华传统文化中具有永恒价值的正能量。在教学过程中，要按照时代特点和要求，对那些至今仍有借鉴价值的内涵和陈旧的表现形式加以改造，对中华优秀传统文化的内涵加以补充、拓展、完善，赋予其新的时代内涵和现代表达形式，使其内化为学生的思想内涵。第三，要运用现代手段，优化教学效果。教学是一种创造性劳动，要注意运用现代教学手段，采用灵活多样的教学方式，特别是利用现代化的多媒体教学手段，设计好相关的活动方案，努力营造语文课堂的文化氛围。多媒体教学可将文字、声音、音乐、画面联成一体，使教学内容立体化、情景化，对学生形成多重感官刺激，使其对教学产生浓厚兴趣，保持高度注意力，领略传统文化风采，接受人文精神熏陶，从而获取更好地教学效果。

从"大"课堂教学的角度来说，则要着重抓好三条：第一，要指导文化经典的课外阅读。针对课堂课时和阅读文化典籍的数量都比较少的情况，教师要给学生列出一些课外阅读的书目，指导学生利用课外时间去阅读古代经典文学作品，增加自身传统文化素养，使学生能够以历史的眼光、发展的眼光来看待传统文化和外来文化，在思考人生价值和时代精神的同时确立自身的思想与行为准则，以顺应时代发展的需求。第二，要重视发挥中国传统节日文化应有的社会功能。中宣部、文化部等中央五部委《关于运用传统节日弘扬民族文化的优秀传统的意见》指出：中国传统节日，凝结着中华民族的民族精神和民族情感，承载着中华民族的文化血脉和思想精华，是维系国家统一、民族团结和社会和谐的重要精神纽带，也是建设先进文化的宝贵资源。我国丰富的民族传统节日是活的中华传统文化。每一个节日都有它的历史文化渊源和独特情趣，反映了民族的传统习俗、风尚和宗教观念，寄托着整个民族的憧憬，拥有深广的群众基础。节俗、节日中的民间文化活动，以及附加其上的情感、趣味，是民族认同的象征和载体，也是培养民族意识和文化自觉的最好教材，其精神影响力是巨大的。在教学中要充分利用这些传统节日，让学生了解其深刻的文化内涵，提升民族节日的认同感与文化自觉。第三，要有选择性地组织学生参观文化古迹。文化古迹是古代的含有一定文化意义的遗址，它融自然景观与人文景观为一体，往往就是传统文化的一个缩影，更是以一个无声的教育者的形象对人们起着作用。中国的文化古迹非常之多，世界文化古迹就更多，其文化底蕴非常厚重。学校的优秀传统文化的弘扬不应仅仅局限在校园，而应把它延伸到在条件许可的情况下，根据需要组织学生参观本地的、全国的甚至世界的文化古迹，让学生从一处处文化古迹中亲身感受优秀传统文化的存在和价值，从中受到潜移默化的影响。

汉语言文学不仅构建了中国传统文化源远流长的知识体系结构，更是代表着中华民族不朽的精神文明以及智慧的结晶。因此，在当代语文学科的教育中渗透传统文化教育就显得尤为重要。语文课堂上弘扬中国传统文化，可以加强学生的爱国主义情感以及民族认同感，使学生在语文课堂的学习中受到更多传统文化的熏陶，从而能够提升品德修养。

四、教学中加强传统文化的凝聚力和生命力

在课程教学中传统文化教育可以从四个方面进行渗入，分别是德育教学、历史教学、语文教学以及校园文明。在语文课堂教学中要注重传统文化的凝聚力与生命力，加强传统文化的灌输。如：在学习《岳阳楼记》这篇中学语文课文时，教师在讲解的过程中要体现出传统文化的思想，如在学到"先天下之忧而忧，后天下之乐而乐"时，教师要引导学生去理解作者范仲淹当时体恤黎民百姓，先他后我的崇高情怀，并无限敬佩作者虽身居江湖，但心系朝政，心忧国事，惨遭迫害身处逆境后仍旧不愿放弃理想的顽强意志，以此来让学生对作者这种忧国忧民的爱国情怀产生出强烈的共鸣。教师也可以就文章某一段落进行传统文化的拓展和引申，向学生传递古代伟大的思想精神。孟子说：达则兼济天下，穷则独善其身。语文课堂教学中要教导学生在平日与人相处时，要具备包容的内心，并时常约束自己的言行，以此来做一名品

德高尚的人。

五、提升传统文化教育的创造性

在语文教学中课文背诵是必不可少的环节。背诵课文可以促进学生脑力记忆的发展，同时在不断地背诵中也积累了词汇，进而提升学生的写作能力。然而在当前的中学语文学习中，背诵的内容包含了更多的文言文和古诗词，因其句子十分的拗口，再加上学生的理解不深，往往使学生在背诵时出现畏难的情绪，产生一定的抵触心理。如：《陈情表》一文一共 476个字，学生在实际的背诵中很容易将词句背错，如部分学生把"辞不赴命"背成了"辞不赴职"，并且将"辞不赴命"同"辞不就职"相混淆；将"除臣洗马"和"拜臣郎中"背成了"拜臣洗马"和"除臣郎中"等。因此教师在具体的课文翻译、讲解的过程中，要着重的对一些容易混淆的字词进行详细的讲解，可以告诉学生拜在古意是指受官，郎中主要是指官名，所谓晋时各部有郎中。"除"所指的意思是任命官职，而"洗马"也是官名，具指太子的属官，在宫中服役，掌管图书的含义等。在详细地告诉学生每句话的意思后，学生会对课文内容有一定的了解，并且也会在不断深入的学习中了解并掌握了古代汉语常识，进而回到实际的背诵当中去，就会大大的提升背诵效率，从而达到积累传统文化知识。

六、拓展学生的传统文化视野

民俗文化是指大众民间风俗生活文化的统称，也是社会约定俗成的民族、地区中较为集中的民众所创造、共享以及传承的风俗生活文化，包含各种文化模式、婚丧嫁娶以及节日娱乐等。在中国古代民间就很看重节日的庆祝方式，如传统的端午节吃粽子、中秋节赏月和对诗、过年放鞭炮等，而在当今社会中传统节日越来越不被重视，而是将西方的情人节、圣诞节以及愚人节等当成必须庆祝的重要节日。这样发展下去，学生对于传统文化的情感逐渐地会被消去。针对这一现状，在中学的语文课堂教学中教师可以在古诗词以及文言文的学习中渗透中国传统文化节日，并对其进行传统文化教育。如，教学王维的诗词《九月九日忆山东兄弟》，可以让学生了解重阳节，让学生了解到游子的思乡怀亲之情，身处异地的孤独，每遇佳节良辰时，便思念倍加。并对诗词中的"每逢佳节倍思亲"着重强调；从杜牧的《清明》中让学生了解到清明节等。通过在实际的语文古诗词的学习中加入传统的民俗文化，可以让学生在实践学习中提升传统文化认识，并在今后的学习以及生活中将这些优秀的传统文化不断继承并发扬光大。

七、利用网络让学生学习传统文化

随着互联网技术的不断应用发展，有丰富的学习资源，为师生提供多样化的教学平台。因此，在初高中的语文教学学习中，教师可以利用课下时间为学生播放《百家讲坛》《天天向上》《中国汉字听写大会》《中华好诗词》等具有浓厚传统文化的节目，以此来引导学生关注中国传统文化，提升传统文化的情操。在语文课堂中不断地渗入中华优秀的传统文化，可以有效地促进学生各方面的素质发展，尤其对于提升学生的思想道德观念起着重要的影响。中国传统文化见证了古人规范的道德操守，对于新时期成长环境下的学生而言，可以规正其不良的思想和行为，更加的懂得谦卑和礼让，促使学生在感受传统文化魅力的同时也塑造良好的人文品格。

八、汉语言文学专业中华优秀传统文化教育的现状

（一）学历教育中中华优秀传统文化教育的现状

学生缺少学习传统文化的知识素养。中华优秀传统文化往往是通过精心锤炼的语言文字来表达深刻的思想和道理。这必然决定学生须有一定的文化基础的才能领悟、体会其丰富的内涵。对开放教育学生传统文化教育的调查发现，虽然该专业学生有着强烈的学习需求，但大部分学生文化基础还是相对薄弱，尤其是对以古诗词和文言文为表现形式的传统文化内容感觉吃力，字音读不准，断句不正确，思想内容无法理解，汉语的美根本无从体会，阅读能力和鉴赏水平亟待于提高。教师缺少对传统文化重要性的认识。教师个人的文化素养和人格魅力在传统文化的传播过程中作用重大。开放教育的面授课、实时教学课和社会实践课等存在课时有限、学生学习热情不高等情况，教师常常只是功利地按部就班地完成教学任务，忽略了传统文化对学生思想人格的影响和塑造，未能深入挖掘课程传统文化资源，有效地组织传统文化教学活动。学校没有创造传统文化的教育氛围。传统文化的传播是一个潜移默化、耳濡目染的过程，它需要一定的环境条件和良好氛围。由于开放大学以远程教育为主，传统文化教育不占突出地位，因此学校领导多缺乏对中华传统文化教育的重视，在校园文化建设上没有给教师和学生营造感受和学习传统文化的良好氛围。

（二）非学历教育中中华优秀传统文化教育的现状

一段时期《百家讲坛》《中国诗词大会》《中国汉字听写大会》《中国成语大会》《中国谜语大会》《汉字英雄》等综艺和知识于一体，文化和娱乐相

包容的电视节目脱颖而出。汉语的精美、古典诗词的优雅、古圣先贤的智慧、古老民族的魅力，深深打动了国民。可见，大众喜爱并乐于接受中华优秀传统文化，只是需要有好的载体呈现给民众。通过走访发现，市民对汉语言文学是有相当的需求的。大体上需求分为两种类型：一是实践性课程，如应用文写作、言语交际；二是艺术性课程，如诗歌赏析、文学鉴赏。而汉语基础知识、文学理论的学习需求很少。市民学习需求的针对性更强。国家积极引导社区教育资源的建设，如举办首届全国"传统文化进社区"微视频大赛、"中国社区教育数字化学习资源论坛"等活动，但目前来看文学类课程数量还是相对较少，选材方向上也多重传统、重经典。各开放大学汉语言文学专业还没有真正迈开非学历教育的步伐走向广阔社会。

九、加强中华优秀传统文化教育的有效方法

汉语言文学教师要立志成为"文化教师"，提升开放大学汉语言文学专业学习支持服务能力，积极营造各种文化情境，如学科文化情境、主题文化情境、节日文化情境、校园文化情境、社团文化情境、社区文化情境、野外文化情境等，创新弘扬中华优秀传统文化的载体形式，坚持文化知识学习和思想品德修养相结合，创新思维和社会实践紧密结合，发挥学科教育功能。

（一）加强校园文化建设

苏霍姆林斯基说："一所好的学校，墙壁也会说话。"开放大学可在校园绿化美化和宣传媒介的设计布局等方面融入传统文化的内容，营造浓厚的传统文化氛围，展示传统文化魅力。如在走廊设置体现中国传统文化的名人名言展板，或根据经典原文绘制精美图画、手抄报、黑板报对教室进行文化布置，使校园处处沐浴在中华传统文化的书香雅韵中，对学生进行人文熏陶和人文精神育成。开放大学更是一座没有围墙的大学，虚拟校园文化生活的建设尤为重要。教师充分利用开放教育校园网，建设传统文化网络平台，师生利用网络互动沟通，渗透思想品德修养教育。可开设传统文化板块，如通过设置传统文化教育论坛、创建传统文化社区等开展各种类型的传统文化活动。

（二）把握教材选编经典

法国社会学家涂尔干曾说："教育本身不过是对成熟的思想文化的一种选编。"一部教育史就是一部思想文化史。民族精神、道德情操、人文涵养、价值取向、审美情趣和社风民俗等都蕴含在经典文献中。

（1）把握好开放大学汉语言文学专业学生的教学用书，便于学生自学能力的提升，要精选教学用书、学习指导用书推荐给学生。

（2）善于发掘利用专业教材，选编用好经典。如选编历代经典《诗经》《论语》、唐诗、宋词、元曲、明清小说中的佳作名篇，悉心指导学生体会感悟，使学生发现民族文化的基因，如"高山流水"的知音文化，如"杨柳依依"的送别文化，如关于爱国、节操等等精神元素，接受民族文化的熏陶，吸收民族精神的营养。

（三）开发课程建设资源

1. 发挥学校图书馆文化功能

图书馆充实传统文化相关书籍，设立传统文化书籍专属书架或阅览室，为学生提供丰富的传统文化学习资源。

2. 有选择地将我国非物质性文化遗产纳入课程内容

如开设、中华经典诵读、书法欣赏、民间故事等课程，还可设置中国的农历节气、汉字的故事等主题课程。如能因地制宜，发挥地方文化优势，设置特色课程最好，如开设地域文化课程。课程教学中坚持把中华民族特有的思维方式、价值取向、审美情趣、行为模式、德行素养和社风民俗贯穿其中。

3. 建设传统文化资源

教师要多方挖掘互联网传统文化学习资源，如借助国家数字化学习资源中心、五分钟课程网、长春全民学习网、网易公开课等网站，整合优质的传统文化资源，呈现给学生。同时更要依据学生的需求自建课程资源，当下"微课""慕课"和"翻转课堂"已经指明课程建设的方向。

（四）开展文化实践活动

中华传统文化教学中教师应积极设计文化综合实践活动，追求情感带入、智慧带入、艺术带入、活动带入和生活带入。开展节日文化主题教育活动，如春节、元宵节开展"网上拜大年""网上猜谜"活动，清明节纪念先人、缅怀先烈，中秋节、国庆节以团结、团圆为主题开展活动，重视民族传统节日的思想熏陶和文化教育功能。开展社团文化教育活动，根据学生兴趣爱好组建文化社团。采取小组比赛、个人风采展等形式开展经典诵读比赛、诗文书画比赛、征文比赛等丰富多彩的文化活动，激发学生学习传统文化的兴趣。其中，成立诵读小组开展"经典诵读"尤为重要。中华经典诗文是中华优秀传统文化的重要载体，学生通过吟诵经典，体会文化韵味，从而激发对祖国语言文字和优秀传统文化的学习热情，进而增强民族自信心和自豪感。营造社区和野外文化情境，开展生态教育活动。如设计"我乡我土"文化活动，师生结伴游览家乡胜地，了解文化名人，感受风土人情；如在社区实践基地开展"中秋赏月会"，吟咏月亮，感受中国月亮文化。文化综合实践活动会使学生在充满生命活力和张力的学习活动中濡染中华文化，从而获得知识，激活潜能，涵育人格。

总而言之，高校汉语言文学是中华优秀传统文化的重要载体，汉语言文学教学是弘扬中华优秀传统文化的重要渠道，汉语言文学教师自然责无旁贷。在教学过程中，教师要充分认识弘扬中华优秀传统文化的重要性和紧迫性，自觉做中华优秀传统文化的精通者和传承者，灵活运用各种教学手段和教学方式，努力传递中华优秀传统文化的正能量，荡涤学生的灵魂，陶冶学生的情操，激发学生自觉追求真善美的理想价值，从而提升高校汉语言文学教学的教育质量。

第三节 传统文化在语言文学教学中的融入

学专业是我国高校最早开设的专业之一，在不断地发展过程中，其内涵也在持续丰富，一般可以分为必修公共课程、必修专业基础课程以及选修课，针对学生的汉语知识和中国文学知识等进行培养，强调提升学生的文学素质。汉语言文学专业与中国传统文化存在密不可分的联系，就目前而言，许多高校将中国传统文化作为汉语言文学专业中的一门必修课程，并且对教学工作提出了较为严格的要求。

一、中国传统文化课程开设的背景和意义

（一）背景

从国际背景分析，经济全球化的持续发展，使得不同国家、不同民族、不同区域在政治、经济、文化等方面实现了相互的交流，彼此之间的联系越发密切。而在这个过程中，中国传统文化凭借自身独有的价值和魅力，受到了越来越多的关注。在 1988 年，全世界诺贝尔奖获得者齐聚一堂，指出"如果人类想要在 21 世纪活下去，就必须回顾 2500 年，吸收孔夫子的智慧"。从国内背景分析，早在 1994 年，原国家教委就发出了《关于在高等学校开设中国传统文化课的通知》；2006 年 9 月，正值国家"十一五"规划期间，在文化发展规划的相关条款中，明确提出必须重视中华民族优秀的传统文化，确保经典和技艺的顺利传承；2007 年，党的十七大报告指出，应该对中国传统文化进行全面的分析和认识，提取精华，去除糟粕，确保其能够更好地适应十

大发展的需求，通过对中华文化的弘扬，建设精神家园。

（二）意义

立足上述背景，开设中国传统文化课程可以说是大势所趋，能够从传统文化中汲取智慧，将之发扬光大。中国传统文化经历了数千年的积淀，在我国乃至世界范围内都产生了巨大的影响，在当前新的发展环境下，我们应该积极学习传统文化的精华，将适合现代发展的部分提取出来，融入社会主义现代化建设中，促进社会和经济的快速发展。同时，中国传统文化也是汉语言教育的根基，这一点从日渐增多的孔子学院就可以看出，我们必须充分认识到传统文化的作用，从中汲取智慧，更好地推动社会的可持续发展。

二、中国传统文化课程在汉语言文学专业中的地位

现阶段，普通高校对于汉语言文学专业培养目标的定位，通常都是使得学生能够掌握系统性的汉语言文学知识以及相应的文艺理论素养，可以在高校、科研机构以及企业、事业单位从事汉语言文学的研究与教育工作。从这一点分析，汉语言文学的教学内容以及对于人才素养的要求基本都与中国传统文化存在非常密切的关联，事实上如果从广义层面分析，无论是中国的文艺理论还是汉语言文学本身，都属于中国传统文化的一部分，与其他专业相比，汉语言文学专业对于中国传统文化应该更加重视。

从汉语言文学专业与中国传统文化的关系分析，可以说中国传统文化课程是汉语言文学专业中一个不可或缺的组成部分，其能够保证汉语言文学专业课程体系的合理性和完整性，而传统文化本身的价值也需要依靠汉语言文学专业人才的传播，才能够充分体现出来。对我国高校汉语言文学专业的课程设置进行分析，发现中国传统文化属于专业必修课的范畴，一般每周 1~2 节课，连续开设一个学期或者一年，这也证明了现阶段汉语言文学专业中，中国传统文化课程占据了足够重要的地位。

三、传统文化内涵的具体、全面认知

我国有着庞大的文化体系，特别是我国的汉语，有着广泛而全面的传承途径。正如整个汉语的文明与成熟一样，整个传统文化内涵机制，在当前世界范围内也有着广泛的吸引力和影响力，而在对整个传统文化内涵进行传播时，如果能够使用合适的文化内涵和价值体系，其必然能够在发挥传统文化的深厚融入效果。而就传统文化内涵的深层次性和独立性看，想要有效应用传统文化内涵价值，就必须从该文化内涵的融入元素和应用机制出发，通过

具体品味传统文化内涵的独立属性，从而为我们精准认知传统文化的价值所在提供全面把控，当然，在传统文化内涵的具备传播过程中，其更重要的是通过文化元素的诠释和表达，从本质上展现传统内涵的深远意义。事实上，对于整个汉文化教学活动来说，有很多既包含了传统文化，同时也有着传统汉语的经典著作，这些内容客观而言，也是我们了解传统文化与古汉语文化的重要内涵和具体要求。在当前我国文化传播推广不断提升的大背景下，现如今是孔子学院在全球的推广和波及，越来越多的外国人也对我国的汉语，乃至汉语言文化产生浓厚的兴趣，对其进行深入的研究，使得汉语言文化专业有着越来越广泛的使用交流平台。

四、汉语言文学教学中传统文化元素的具体运用机制

作为专业的教育教学工作者，在针对这些学习者需要掌握的内容时，如何去引导和指点教育教学就是一个需要做一定的功课的。首先要提升教育者自身的文化专业素养，丰富自己的知识面和教育教学技能。课堂的设计是对教师备课内容得以实现和贯彻执行的完成度的检验。如何进行课堂导入？怎么设计教学过程？对于课堂随机问题的处理等等都是在教学中要预先想到的。汉语言文学的所包含的内容非常丰富，而在具体的教学中，不仅仅是要培养学生成为知识的接纳者，更是要提升学生的整体文化素养和文学底蕴。具体来说做好汉语言文学的教学要从以下两个方面着手：一是重视基础理论的教学。所谓基础理论不仅仅是语言和文学这两个方面的内容，更广义的是其包含着与我国茶文化元素有着深厚融入的内涵元素，文学和文化理念在文化教学体系中有着密不可分的关联，在文化哲学观的辩证法领域里，无论是知识的思考还是人性的解读，哲学总能使人明智给人以不一样的启发。了解和掌握传统茶文化元素内涵，对于学习汉语言文学的基础知识大有增益，对于知识的系统化整理和消化有着重要的指导意义。所以在课堂教学中了解、学习并赏析大量的艺术作品，无论是歌曲，还是戏剧等，都会为提升汉语言文学的教学提供素材，而且这也是作为汉语言文学专业化人员而必须了解的一方面内容。二是重视融入传统文化元素的教学延伸和拓展。除了专业化的知识和思维的引导，在教学中融入我国传统文化领域的文化渗透是必不可少的。经典传统文学著作的编写和整合，乃至具体创作手法等等，都是在使用最精确又简练的语言文字去表达和解读传统，通过最直接的语言传达信息。在我国上下五千年的历史文化中，从出土的甲骨文字——竹简文、布帛、纸张，无论是史书的记载还是出土的文物实物，都对当下我们汉语言文学的发展有着深刻的解读。更不用提及在源远流长的历史长河中，各个朝代的文人墨客

留下的诗词歌赋，随便提取其中一篇诗文或者是就某位文人进行研究都可以成为一个独立的研究课题。

五、汉语言文学专业开设中国传统文化课程需要解决的问题

（一）重视教材建设

在五千年的持续积淀下，中国传统文化可谓博大精深，内涵丰富，高校在开设相关课程时，考虑课时安排以及学生的需求，并不可能面面俱到，在这种情况下，就必须切实做好课程的教材建设，对教学的内容进行合理选择与把握。相关调查研究显示，当前高校在中国传统文化课程教学中使用的教材类型繁多，质量也参差不齐，不过大体上可以将之分为两大类。第一类是对中国传统文化知识的普及，通常都会从中国的历史分段或者地理概貌着手，就中国历史文明的发展进程进行分析，然后从中分离出不同的文化类型，如文学、艺术、宗教、建筑等进行详细分析。在这一类教材中，比较具有代表性的包括《中国传统文化通论》（朱耀廷）、《中国文化史》（吕思勉）、《中国文化要略》（程裕祯）以及《中国古代文化基础》（马友）等；第二类是对中国传统文化的深入剖析，包括文化的形成、发展和演进等，一般都会从中国传统文化的源头分析，依照历史的发展和朝代的更替，从先秦礼制、两汉经学、魏晋玄学、隋唐佛学、宋明理学以及清代朴学等进行讨论，沿着时间轴对中国传统文化的发展和演变进行叙述，同时也从横向角度分析了社会变革以及历史人物、历史事件等对于文化传承的影响，部分教材还针对西方文化的特点以及其与中国传统文化在发展过程中的异同进行了分析，从深度和广度上进行了拓展和延伸。比较具有代表性的教材包括《中国传统文化十五讲》《中国文化史略》《中国文化史》等。相比较其他专业，汉语言文学专业的学生从中学时期开始就积累了一定的文史知识，而且从其专业选择可以看出，学生对于中国传统文化有着较为浓厚的兴趣，至少不会是迫不得已的选择，在这种情况下，学生通常都具备良好的人文素养，常规意义上的普及型教材并不能满足其对于传统文化的追求，从这个角度分析，应该优先选择第二类教材。

（二）丰富教学手段

高校教学面对的是具备成熟心智和较高认知水平的成年学生，教学的方式和手段自然不能与初中高中类同，而究竟应该选择怎样的教学模式，是现代高校教育中一个备受关注的问题。在汉语言文化专业，中国传统文化课程

的教学可以采用更加丰富的手段：

1. 互动教学

应该将素质教育延伸到大学阶段，强化对于学生素质的培养，使得学生能够主动参与到教学活动中。教师可以先从宏观层面上，对中国传统文化的发展和演变进行分析，然后立足地方文化特色进行教学，发挥学生的能动性。例如，可以鼓励来自相同地域的学生自主结合，形成学习小组，对自身家乡的文化进行搜集和整理，分析不同地域之间的文化差异，以论文的形式向教师和其他学生展示，这样不仅能够使得学生更好地了解中国传统文化在不同地域的表现，也可以提升学生的分析能力，培养其团队协作精神。而通过小组的课堂论述，可以活跃课堂氛围，锻炼学生的语言表达能力和组织策划能力，促进学生综合素质的提高。

2. 多媒体教学

信息化技术的飞速发展，为教育教学工作注入了新的活力，通过对多媒体及新媒介技术的应用，能够推动教育教学模式的转变，提升教学的效果。最近几年，中央电视台持续推出了一些弘扬中国传统文化的节目，如《汉字英雄》《中国成语大会》《中国诗词大会》等，而在百家讲坛中，通过各个专业教师的讲解，极大地拉近了传统文化与我们的距离，原本感觉高深莫测的《论语》经过于丹的讲解变得浅显易懂；易中天则告诉我们，具备厚重感的《三国》也可以充满趣味。高校教师可以利用网络，搜集相应的资料，以多媒体技术为支撑开展教学活动，从而创设出一个更加富有趣味性的课堂氛围，激发学生的学习兴趣。

3. 实践教学

在条件允许的情况下，高校应该组织学生进行历史文化遗址的实地考察，通过就地取材来引导学生进行传统文化的学习，如西安的兵马俑、洛阳的隋唐遗址、北京的颐和园等。在组织相应的活动前，教师需要做好准备工作，充分了解历史文化遗址的内涵，确保在游览的过程中能够对相关知识进行讲解，将单纯的理论教学转化为师生共同参与的活动，提升教学的效果。

（三）完善师资队伍

所谓术业有专攻，中国传统文化的内涵是异常丰富的，对于师资也有着非常严格的要求，高校必须构建多元化师资队伍，由专业教师来教授相应的内容，保证良好的教学效果。部分高校受自身客观条件的影响，师资力量相对薄弱，可以将内容相近的传统文化构筑成一个统一的模块，由擅长相应内容的教师进行统领和讲授，适当降低教学工作对于师资的要求。同时，高校应该加强教师队伍的培养，尤其是如果选择了之前提到的第二类教材，则要求教师必须具备更加丰富的知识储备和更加广博的知识，在熟悉教材的同时，还必须利用课余时间，阅读相关的书籍，如《中国文化通史》《中国学术史》等，拓宽视野，通过言传身教的方式来提升教学的效果。

1. 从问题分析角度来具体认知目前汉语言文学教学活动的实施不足

在我国很多的高等院校都开设的有专业化的汉语言文学专业，以系统化的课程教学，配备有着专业能力的师资队伍进行汉语言教学。主要培养学生除了掌握汉语言的基本文学理论、基础知识和基本技能外，更重要的是在提升学生整体素质和专业能力的同时使其成为专业化的人才。汉语言文学教学活动不断成熟，如今在开展汉语言文学教学活动时，不仅要注重创新教学机制和方案，同时也要关注选择合适的要素内容，特别是随着目前汉语言教学机制在构建过程中，未能注重融入丰富完善的教学理念和价值思维，更多只是从普通的课程教学开设角度来具体开展该活动，从而影响了教学培养与学生成长之间的有效关联。专业化的学习说到底是为了知识的传承，要实现这种传承就要走进社会、走向生活和这个现实的世界接轨，在课堂所学真正能够经得起实践的检验，能为这个社会创造价值才是有意义。当然、这需要一个过渡阶段，在安排课程教学任务时，可以安排一些社会调查问卷和相关社会调研类的小作文，对学生的知识引导和心理引导。把课堂教学转移出阶梯教室，到博物馆、文学馆等等有着浓郁的汉语言文学氛围的环境里去，自己身处其中，对于一些历史的考究和文献的解读也许能迸发出新的灵感和想法。创设种种的有益环境，慢慢引导学生进行社会实习，把他们放在一些相应岗位进行磨炼，。切实走近自己所学的专业，才能体会到自身学习的漏洞，及时查漏补缺，逐渐完善提升自我。

2. 汉语言文学教学活动的客观要求

汉语言文学，小到研究我国语言的词语、句法；大到赏析古今的诗歌、散文和名家著作等。不仅仅是知其然，更要使学习者通过学习而知其所以然，如何利用我国的语言功底和较强的写作能力去评价一个作品，懂得如何去创作出新的更好地作品，展现出应有的文学素养和能力。在如今这个全球都在学习汉语、推广汉语文学的大背景下，每一个人都有义务去拿起汉语言读物去丰富、提升自我，将我国的汉语言文化推向更为广阔的国际舞台。引导广泛涉猎语言文字和文学艺术相关研究成果和文献，增强知识储备。课堂的教学资源和时间都是有限的，汉语言文学的教学需要学生自身有深厚的文学积累和相对的科研敏感度，这种能力的形成就需要教育者引导学生在课下进行文学素材的积累，阅读大量的古典文献、学习和掌握文献检索和资料查询的方法，培养自身正确的文学观点和处理古今汉语言文字材料的能力等。对于最前沿的文学教研成果要积极主动去学习和研究。主动的学习和接纳发挥学生学习的主观能动性能大大提高教学效率。

除了专门的学校会针对培养教师专业人员而进行教育，汉语言文学专业在课堂教学中也要渗透如何进行教育更多的学生走向社会工作岗位，从而成为一名专业的教师。对于教育相关的法律法规和教学理论的学习，以及从事教学工作的基本功等都要有所学习和了解。了解学科的前沿成就和发展前景，培养良好的口语和书面表达能力等，教育艺术的学习是一种不可或缺的能力。

总而言之，中国传统文化在高校汉语言专业中占据着非常重要的地位，必须得到足够的重视。加快教材体系的建设和完善，创新教学模式和教学手段，完善师资队伍，能为中国传统文化课程教学奠定良好的基础，促进教学质量和教学水平的持续提高。

第三章 民俗文化与传统文化的魅力之处

第一节 文化的融合与传承

中华传统文化具有其独特性，拥有双重性质。其一为历史性，即表现出显著的时代色彩，其二为阶级性，简明而言，即具有群众基础，而这也是导致传统文化被传承且得以发展的主要因素之一。因此，作为全民参与和践行的民俗生活则成了传承中华传统文化最为有利的载体。

一、中华传统文化概述

对于文化的解释，目前学术界仍存在争议，而最早对"文化"一词作出学术解释的是英国学者泰勒，他于1871年在《原始文化》中表明：文化是一个包含知识、信仰、艺术、道德、法律、风俗以及涉及人身生活的一切习惯和能力的复杂整体。经过一半多年的探讨和研究，现普遍将文化定义为：人类在社会历史发展过程中所创造的物质财富和精神财富的总和。将文化一词，延伸至中华传统文化，我们可以认为，中华传统文化是指由古至今经我国智慧人民创造，经历史长河考验而遗存下的道德传承、文化思想、精神观念形态的文明成果。其内容涵盖面极为广泛，主要包含：文字、语言、思想、儒家六艺、书法、曲艺、节日、民俗等。可见，中华传统文化参与我们的日常生活，影响我们的日常生活。而民俗作为中华传统文化的构成部分，较之于其他文化内容，它所拥有的群众基础更为广泛。

二、民俗生活浅析

民俗生活是民俗的一种外化现象，也是民俗得以传承的一个文化过程。所谓民俗，亦称为民间文化，是指一个民族或一个社会群体在长期生产活动中形成的风俗生活文化的统称。中国历史悠久，于此间五千年历史迁延中，民俗作为社会的传承文化也遭受着不断的变迁和调整，转变为我们所看到的具象外显的形态变化。究其变迁原因，还在于民俗生活为了适应社会群体生活需求而进行了潜在结构调整。由此可知，民俗生活是一种民众群体基于生活需求而形成的规范化生活文化的外化现象。

三、关于两者关系的探讨

（一）民俗生活是中华传统文化的外在体现

由上文可知，民俗是中华传统文化的组成部分，民俗生活是民俗的一种外化现象。由此可推论出：民俗生活是中华传统文化的外在体现。我国民俗生活丰富多彩，如同民俗生活一起延续下来的节日风俗习惯，春节期间需祭祀先祖、贴春联、亲友之间相互拜年、长辈给晚辈压岁钱等，都归属于中华传统文化范畴。但是并非自春节开始出现时，这些习俗就存在，也并非自春节成为重要性节日之后所有的风俗和习惯均完整保留下来，为人们所沿袭至今。如春节文化中祭祀鬼神、向长辈拜年需行磕头礼等便在新中国成立之后被废置。简析这些民俗被废置的原因，简单而言，其一，中华传统文化在经过新旧文化运动之后，放眼世界，以科学破除传统迷信观念，因此，对于带有明显封建迷信色彩的文化内容均予以摒除；其二，同样，传统的孝文化在以人为本新思想嫌弃之后，其弊端和愚昧性渐而凸显，中国传统文化的孝文化也由此开始剔除愚孝、薄养厚葬等低劣文化内容。而中华传统文化内容的更新和改变直接就导致上述一些不适合人民主流价值观的民俗被废除，排除于传统文化框架之外。

（二）中华传统文化是民俗生活的内在支撑

中华传统传统文化灿然多姿、博大精深，扎根于民间群众，已经成为指导人们行为活动的一种规范。如作为中华传统文化的精华——儒学文化影响深远，不仅改变了我们的思维模式和行为习惯，也为我们的行为制定了一系列道德准则，指导和引导着我们的学习、交流及生活。

孔子提倡孝文化，并身体力行，清代学者王永彬于《围炉夜话》中甚至表明"百善孝为先"，可见孝文化对于我国人民群众的影响力。而基于该种孝文化氛围的建设，孝文化延续千年，中华民族依然是世界上最具敬老、助老、养老风尚习惯的民族之一。儒学文化中另一广泛为人们所推崇的文化便是对于美德的定义和归纳，儒学认为五常"仁、义、礼、智、信"应当是人人都需具备的美好品德，也是每个生活于社会的个体应当遵守的行为规范和伦理守则。并且，五常贯穿于中华伦理的整个发展体系，至今仍是中华文化价值体系的核心。同时也是影响我国民俗活动和民俗生活的主要道德规范。例：民俗观念针对"礼"便有诸如孔融让梨等故事。

总结上述两点可知，人们于生产生活（包含民俗生活）过程中创造出了中华传统文化，当该种文化被多数民众所接受和传承的时候，它则成了规范和支撑民俗生活的一种力量；继而，民众于长久的生活过程中依照群体需求和社会主流价值观更替选择继承或摒除某种传统文化内容，而其最为直观的外部表现就是民俗生活方式的改变。因此，对于中华传统文化而言，民俗生活以自身独有的方式传承着前者的精髓所在，而对于民俗生活而言，中华传统文化是其改变的因素之一，同时，也是中华传统文化传承的力量支撑。

四、从民俗生活中看传统文化的传承——以乳山市为例

（一）乡风里俗决定群体性格

以乳山市为例，该市是一个历史悠久、文化底蕴深厚的城市。考古资料证实，乳山是古代东夷民族最后的聚落地，这里是个坐标，标志着中原文化与东夷文化的交融最终在这里完成。另据资料记录，明代以来有大量移民迁入，其迁出地的生活习俗、文化理念也随之而至，汇聚起来，从而形成了相对多元的民俗文化特征。而在传承过程中，乳山先民也对古俗项进行了一些取舍改造，并衍生出了一些本土风尚。如谷雨、立冬等时令节气的庆祝仪式，现在已淡出了历史舞台；婚庆烙大喜饼、六月六蒸面兔等本地独有的风俗，邑人十分重视。乳山民俗文化具有浓郁的地域特点，在齐鲁文化中占有一席之地，是当之无愧的民间瑰宝。积极保护、抢救、挖掘、继承、传播优秀的民俗文化具有重要意义。

一是一家有事大家帮。村里有人家动修盖（盖房子套院墙等），村民主动前去帮忙；耕地收田谁家的活计忙不过来，大家主动伸出援手相助。在物资匮乏的年代，生孩子的、有病人的，村邻们送来好吃的以维护产妇和病人的营养，最终形成了看欢喜、探视病人等习俗。对路过的陌生人也是尽力地给予帮助，有人问路，当向导领着前去；渴了的，给水喝；饿了的，给饭吃。这种互助友爱、乐于助人的精神，是乳山农村千百年来一直在传承的优良传统。

二是应许的比该的都嘎咕（意为：重要、厉害）。这是乳山农民常说的话，也是常在履行的事。一诺千金，决不食言。这不光是借物要还、欠账要清的经济往来上的事，就是口头承诺人家的一句话，头拱地也得想办法兑现，自己因此而历尽艰辛、付出了极大代价也在所不辞。这种重情、重义、重承诺的诚信品格，是乳山精神的重要内涵之一。

三是敬天畏地怕祖宗。从前农民是从土里刨食儿，靠天吃饭，对天地极为敬畏。天上日月星辰、风云雷雨，都被崇信为天老爷喜怒哀乐的表情。天气无论怎么恶劣，绝对不敢说一句埋怨老天的坏话。对土地也是到崇拜到逆来顺受的程度，烈日赤地、塘涸苗萎，从来不抱怨大自然。总是在深刻地检讨自己，说世上这茬人得罪了天老爷。一些懂点周易八卦的人，往往在年前占卜天象、预测农事，告诉大家一些祈福禳灾方法，比如指定某时某刻到某个方位焚香烧纸，可得福免灾。人去世之后，在乳山会马上获得两种身份，对无血缘关系的人而言是鬼魂，对有血缘关系的亲属而言是家神。因为乳山人视自己的祖先是神仙，所以时时事事祈求祖宗保佑，生怕做了错事而惹祖先们生气。

四是老婆孩子热炕头。20世纪40年代之前，"三十亩地一头牛，老婆孩子热炕头"是多数乳山农民的美好理想和不懈追求。这话是从外地的"三亩地一头牛，老婆孩子热炕头"转化过来的。现在用这句话来讽喻满足现状、不思进取的人，但在那个时代，为实现这个目标，农民们起早贪黑地干活，口挪肚省地攒钱，但多数人终其一生，目标却还在遥远的前方。

五是宁滥勿缺存旧物。20世纪中期之前，乳山许多农民有珍惜旧物的情结。生活生产用品，农车布机、柜箱筐篓、甚至针头线脑儿，破损了修理一下再用，实在不能再修的也不扔掉，找地方放置起来。那时农户住宅多数不是太宽敞，而无用的旧杂物日积月累地存放多了，弄得院子里拥挤不堪、屋里头空间狭窄，但人们习以为常，乐此不疲。

21世纪初，境内相关部门提炼"诚信、创新、包容、和谐"为乳山精神，除创新带有号召性质、倡导意义以外，诚信、包容、和谐是大多数乳山人秉性中就具有的，这种秉性决定了乳山性格，乳山人的性格豪爽热情、善良淳朴、诚实守信、谦让包容，乳山性格的形成，有历史和地域两个方面的原因。

从历史上看，乳山是座移民城市。元末金初战乱，居民纷纷外逃避乱，境内人口锐减。史籍记载，土著旧户，十不剩一。明代封建政府向胶东大量移民，加之人口自然迁入，御倭戍边的众多军户落籍，移来之民迅速多于土著，使邑内具备了移民色彩。你我都是外来人，相互体谅，容易理解，不会出现排外现象。大家都在想念自己的故乡，而沿袭风俗是排解思念的最好方法，从五湖四海迁来的人，把各自家乡的风俗习惯带到乳山。人们彼此理解思乡之苦，彼此尊重来自故乡的习俗，这是乳山人包容性格形成的主要原因。至今，乳山人过年、结婚等风俗，村与村之间多是不一样的，但人们又能做到相互协商、相互谦让，尊重对方意愿，气氛融洽和谐，把办事得稳妥周到。

从地域上看，乳山地处山海结合部，南海人的冒险、探索、开拓、兼容、担当、大度等精神；北山人的淳朴、善良、勤劳、勇敢、热情等品质，加上历代尊师重教的良好风尚，使乳山优秀的人文精神、优良的群体性格，一脉相承，源远流长。

（二）群体性格决定文化认同

民俗是社会面貌的综合反映，从风土人情走向高雅文化，笔者总结了20个字："俗久为大，大俗化雅，雅俗共赏，赏析文化，化育文明。"民俗文化的实质，就是一个民族的精神灵魂。民俗事象，遵俗方式，是传统文化重要组成部分，是民族特质能够延续的基因，如果失传，必将被外族文化同化。文化被人家侵略了、最后同化了，实际上这个民族就灭亡了。温故知新、鉴往开来，我们要留住自己民族文化的根。民俗乃一国之魂魄，民俗乃一地之精神，我们要做有精神的人。

乳山民俗中诞生的母爱文化、仁爱文化，是典型的中华民族传统文化。境内的大乳山被民众敬称为母亲山，大地圣母。大乳山传说中救助百姓的三圣母，被称为神话圣母，由圣母崇拜而诞生和发展了母爱文化，使乳山成为母爱温馨佑护中的仁爱之城。

人类崇高精神和伟大品格的产生，是由母亲培育起来的。母亲那种人格高尚、博爱无疆、忘我奉献等人文精神和牵肠挂肚、情真意切、呵护备至等细致情感，使后代的身体和精神能够健康苗壮成长。伟大母亲并能推己及人，由爱自己的子女发展到兼爱他人的孩子，为了民族整体利益或某种公道义理，甚至能舍其亲生儿女而挽救别人的生命，使母爱升华为人类的大爱境界。母爱文化蕴含两个层面，父母对子女的爱和子女对父母的孝。所以，母爱文化包含母爱、父爱、真挚、孝道、感恩等多种温馨而崇高的情感。

一是本源属性。母是本，根本之所在；子是末，经母体孕育而生。母爱就是源自母体对子嗣的无私关爱，父母有爱护子女的责任，子女有孝敬父母的义务。就员工而言，单位是本，个人是末；就公民而言，国家是本，个人是末；就自然人而言，地球是本，个人是末。如果本末倒置，员工不敬业，公民不爱国，人类不爱大自然，这个世界就会进入危险境地。摆正关系，本（母）关爱末（子），末回报本，才能维系可持续性发展。母亲是家的象征，母爱是家的纽带。有家的观念，才会有国家观念、人类观念。母爱文化这种化一家之小爱为天下之大爱的义理情怀，正是人类和解互谅、和平共处、和谐发展所必需的前提。以母亲和母爱为引领升华普爱生灵的大境界，以爱母和敬母为起点延伸感恩知报的大胸怀，构建充满爱的和谐世界。

二是真情属性。人间真情，母爱之情排在第一位，母爱文化就是呼唤人间真情，保护道德底线。如果以放纵为开放，以趋利失真情，那是民族消亡的征兆。疾病流行于失检群体，外族侵略于失和国家，这是历史的铁律。坚守爱护、奉献、思孝、感恩、利他、回报等真情元素，也是弘扬母爱文化的现实意义之一。所以说，母爱文化既是一种道德保底文化，又是一种引导文明进步的先进文化。

三是优化属性。母爱文化，造就优秀母亲。人口素质决定民族兴衰，世界各国都在为优化国民素质探索方法。弘扬母爱文化，潜移默化地影响青少年，为未来培养高素质的父母。当下的一个优秀女孩，将来的一位优秀母亲，所以，对女孩的教育尤为重要。母亲的品质决定着孩子的素质，有优秀的母亲，才会有优秀的子女。母亲造就母爱文化，母爱文化造就伟大母亲。仁者爱人，仁即爱心。乳山民俗文化传承着中华优秀的传统文化。

（三）文化认同决定传承方向

在世界民族之林，中华民族情义至真、行事至善、愿景至美，我们优秀的传统文化理应发扬光大。公序良俗是优秀传统文化得以保护和传承的基础，整理和弘扬民俗文化就是在打好这种基础。

第一，民俗整理要讲究科学方法。笔者认为，整理民俗文化一是要遵循民俗本民族化的原则，纯粹收录本民族民俗，彰显民族文化特色。这样安排，旨在以民族为节点，折射出中华大家庭异彩纷呈、异曲同工的情况。二是遵循记录民俗事象为主的原则，着重记述民间履俗的做法，民俗起源全国多相同，网络和书籍资源均很丰富，读者很容易查寻到。三是遵循非物质性为主的原则，重点记录意识形态里的东西。四是遵循提高可读性的原则，尽量避免考究文体的枯燥，拓展民俗书籍的普及性。

第二，过好自己民族的传统节日。民族传统节日有全国共性特征，也有地方各自特色。节日的起源，包括图腾崇拜、农耕时令、社会事件、历史人物、时令顺序、物候变化等人文与自然因素；春节和元宵为节俗之基，最具代表性，故应该特别重视对其弘扬和传承。以节日民俗、经典诵读、文化娱乐和体育健身活动为载体，坚持贴近实际、贴近生活、贴近群众，坚持因地制宜、积极创新传统节日的形式和载体，深入挖掘传统节日的文化内涵，着力引导人们继承和弘扬中华民族的优秀传统，着力营造民族团结、国家统一、社会和谐、家庭幸福的浓厚节日氛围。春节和元宵节期间坚持举办联欢晚会、庙会、秧歌进城、迎春灯会等活动；清明节期间举办祭奠英烈、扫墓踏青、鲜花祭祖、打秋千等活动；端午节期间举办爱国主义教育、驱病知识讲座、拔河划船比赛等活动；七夕节、中秋节期间举办读书会、赏月诗会等活动；重阳节期间举办敬老助老、赏菊登山等活动。加大民族传统节日习俗的推广力度，营造浓厚的舆论氛围和良好的文化环境，真正使中国人过中国节，中国人感受中国节的魅力，凝聚国人之心，铸造中华之魂。

第三，保护好民俗文化传承人。为大力弘扬民族优秀传统文化，展示民俗文化和非物质文化遗产保护成果，提高全社会对文化遗产的保护意识，表彰优秀民俗艺人和非遗项目传承人的贡献，各地应该定期举办十大民俗艺人和十大非遗传承人等评选活动，表彰优秀民俗文化传承人重要贡献的同时，为社会树立起传承榜样，引导更多的人参与，释放出民族文化的正能量。

第四，应该及时进行民间文学整理。当今影视进家、电脑访外、手机问候，除了工作或应酬，人们面对面地交流少了。民间的故事篓子少了，聚在一起听故事现象没有了。代代口耳相传的当地故事，不抓紧时间整理，就会彻底失传。如果任其消失，我们愧对祖先，愧对后代。需要申明的是，一提山水传说，总有人认为与现实生活无关，这样无视前人的心路历程，其态度是不可取的。然而，一方大气灵秀的山水，其神话传说往往版本许多，我们所做的，是按最符合地貌特征、最符合事理逻辑、最符合主流崇尚的三符合原则，从中整理出最佳版本。地域文化整理有自己的规矩，遵循历史、遵循自然，这是不可改变的铁律；广泛调查、反复寻据，字字有考、句句有证，防止失察偏颇；不加任何个人臆断及发挥，尊重人民的原创性。

综上所述，民俗是中华传统文化的组成部分，中华传统文化规范着民俗参与者的行为和活动，两者是相互影响，不可分割。但是同时，中华传统文化中的部分内容的世代沿袭则需民俗生活将其外化为一种风俗习惯来保留，由此实现文化的传承，故而言，民俗生活是中华传统文化传承的有力支撑。民俗生活是民族传统文化得以传承的基因，沉珠再现，隐星发亮，弘扬中华传统文化，实现民族伟大复兴。

第二节 文化的弘扬与自信

党的十八大以来，以习近平总书记为核心的党中央从民族复兴的战略高度，深刻阐释文化的地位作用。习近平总书记指出："我们要坚持道路自信、理论自信、制度自信，最根本的还有一个文化自信"。那么，何谓文化自信？

文化自信是一个民族、一个国家以及一个政党对自身文化价值的充分肯定和积极践行，并对其文化的生命力持有的坚定信心。一个先进的政党，总是高擎着文化的旗帜。

一个自信的民族，永远焕发着文化的力量。

党的十八届三中全会强调："要全面认识祖国传统文化，取其精华、去其糟粕，古为今用、推陈出新，坚持保护利用、普及弘扬并重，加强对优秀传统文化思想价值的挖掘和阐发，维护民族文化基本元素，使优秀传统文化成为新时代鼓舞人民前进的精神力量"。中华文明是人类四大文明中唯一持续五千余年生生不息、绵延发展的文明，是人类文明的杰出代表，积淀和蕴含着有益于人类发展的极为丰厚的价值资源和无穷智慧。弘扬传统文化，增强文化自信是时代的要求，历史的责任与担当。

一、弘扬传统文化，增强文化自信

（一）在扬弃中继承

"文化"起源于人类生存发展的活动，本质上是人类将外部世界加以"人化"的全部经验和成果的凝结。文化的演进有其自身的规律。新旧文化在历史交替中有传承有创新，有些内容古已有之，有些内容则是新形成。由旧及新、新中有旧，是文化传承的常态和基本轨迹。中华民族的传统文化，是中国人民在建设自己家园的艰苦奋斗中，一代一代地累积、继承、创新和发展，铸就了源远流长、博大精深的中华优秀传统文化。中国作为一个文明古国，中华文明在18世纪以前一直领先世界，为人类做着重大贡献；鸦片战争后，在中华民族的思想意识中长期占据支配地位的中华文明中心论开始解体，开始被西方轻蔑，在20世纪初达到谷底，之后随着中华民族的觉醒，中华文明复兴的意识开始上升，抗日战争和抗美援朝战争胜利后，中华文明被轻蔑的状况开始改变；以2008年北京奥运会成功举办为标志，之后中华文明越来越受到世人特别是西方的重视与尊重。当前，中华文明呈现出多层次整体性发展态势，正日益深刻地影响着当今世界的发展。

纵观中华文明五千年的发展进程，中华民族俯仰天地，品察万物，洞知幽明，以勤劳智慧，创造出独树一帜、独具魅力、独领风骚的灿烂文化，成为人类历史的奇迹。这一优秀传统文化自成体系，是一个与时俱进、历久弥新的历史范畴，记载和反映了中华民族的坚强意志、崇高精神，特别是君子文化、尚礼文化、谋略文化、耻感文化、礼仪文化、忠孝文化、爱国主义以及人道主义精神等，早已同中华民族的兴衰存亡融为一体，是永远割不断的精神命脉，也是中华民族永葆青春、开创未来的强大历史基因。但传统文化毕竟是过去的文化、历史上的东西，不是当代文化的所有内容在古代都能找到现成的资源或根据。

我们应该看到，传统文化和价值观的不同部分与当今社会的密切程度也是不尽相同的。越是贴近日常生活的文化内容，越是"接地气"的价值观，其传承时间就越久、传播范围就越广；越是高高在上的文化内容，越是"贵族化"的价值观，其传承的时间和范围越是受到限制。如传统文化中维护封建等级制度的"三纲"，随着封建社会的灭亡很快退出了历史舞台；而维系一般社会关系的价值规范，如仁爱、诚信、正义、和合、敬业、孝悌等，则会长期延续下来并发挥作用。因此，我们对传统文化应该是坚持有鉴别的对待、有扬弃的继承。

我们还应看到，中华民族的传统文化不是单一的、纯粹的、一成不变的体系，而是以积极健康、向上向善的优秀文化为中坚和主导，多元互补、彼此渗透，精华和糟粕杂陈的复合文化形态。把历史问题简单化，故步自封，是古非今，同无视、曲解乃至杜撰历史一样，都不是对待传统文化的科学态度。我们要坚持科学的扬弃精神和古为今用、推陈出新的方针，从实际出发，具体问题具体分析，取其精华，去其糟粕，既不能厚古薄今、以古非今，也不能简单地从形式上去模仿甚至复原传统文化的某些特定仪式。

（二）在继承中发展

今天的中国人是古代中国人的后代，今天的中华文化是传统中华文化的延伸，历史长河中民族性格的演变与文化重心的转移，都是文化自身的调适与更新，而非外来文化的更换。在面向现代化和全球化的今天，传统文化中基本的优秀的核心价值应该得到继承和发扬，并在中华文明的未来发展进程中不断继往开来。

坚持在继承中发展，在发展中继承，就是要坚持历史与现实的统一，尊重历史而不能割断历史，对待历史上有过的一切，特别是本民族历史上有过的思想、学说、人物、文化以及全部物质精神遗产，我们不仅有珍惜和继承的义务，更有更新发展它们的权利和责任。

今天，我们正在进行具有许多新的历史特点的伟大斗争，面对各种风险挑战，必须坚定不移地走中国特色社会主义发展道路。文化也一样，独特的文化传统，独特的历史命运，独特的基本国情，决定了我们只能走适合自己特点的文化发展之路，努力把文化古国、文化大国建设成为文化强国。

（三）在继承中创新

我们在继承中华优秀文化的同时，重在发扬光大，开拓创新，在当代社会中发挥作用。当前，人们所热议的传统文化的当代价值，实质上是指传统理论或精神文化在今天的作用。从这个视角看，中国传统文化对当代中国社会的作用突出表现为对社会主义核心价值观的涵养。党的十八大提出了以"三个倡导"为基本内容的社会主义核心价值观，其中富强、民主、文明、和谐是国家层面的价值目标；自由、平等、公正、法治是社会层面的价值取向；爱国、敬业、诚信、友善是个人层面的价值准则，三者相辅相成、融为一体，既体现了社会主义本质的要求，吸收了人类发展的有益成果，又继承和弘扬了中华优秀传统文化的精神和理念。可以说，社会主义核心价值观的基本要求，大都能在中华优秀传统文化中找到丰厚资源或元素，甚至可以找到源头。

但毋庸讳言，在当代中国，有许多问题在中国传统文化中是找不到现成答案的。如当今中国的发展道路、制度建设、改革方案等问题，以及"什么是社会主义、怎样建设社会主义""建设什么样的党、怎样建设党""实现什么样的发展、怎样发展"等等，中华传统文化解决不了如此现代的问题，这就要求我们要继承弘扬传统文化的先进理念，因时、因地、因人而异，不断开阔视野，借鉴创新。

坚持借鉴创新，一是要处理好继承与创新的关系。创新，是在继承基础上的创新。抛弃传统、丢掉根本，就等于割断自己的精神命脉。在创新过程中，一定要深入研究阐发中国优秀传统文化，提炼其中的精神和价值，把中华文化的价值观念与时代精神结合起来，与时俱进，使中华优秀传统文化与当代文化相适应、与现代社会相协调、与现代社会的基本价值相结合，使之成为人们自觉遵循的行为准则与价值导向。二是要交流互鉴。努力学习世界上各民族的优秀文化，与不同文明进行交流，相互理解，取长补短，融汇各国文化精华，为我所用。三是要加强教育普及。传承创新中华优秀文化，要从教育抓起，中小学应该培养学生阅读文言文及古籍的兴趣，研读文化经典教材，增进涵泳传统文化的能力，培养社会伦理意识与人文精神。公共文化服务载体以及非物质文化遗产机构都应系统梳理优秀传统文化资源，进行开发创新，让文物活起来。要借助互联网、手机等新的传媒平台，促进以中国文化为基本元素的文化产品和产业开发，使更多国人领悟其中永恒的文化价值，增强文化创新意识，为实现文化大发展大繁荣，建设文化强国做出贡献。

（四）在创新中自信

古往今来，每一文化盛世的出现，都得益于并强化着相应的文化自信。没有或不能确立强大的文化自信，一个国家和民族的文化发展便不可能有走向兴盛的底气与骨气，实现奋起的激情与活力。

文化自信的内涵和构成是非常丰富且多维的，主要表现在对自我文化发展历史与现实的理性认知、对已有文化成就的礼敬与自豪、对当下文化发展道路的清晰与自觉、对自我文化创新能力的关注与确信、对未来文化前景的希望与信心。文化自信的核心，则是价值观的自信。价值观的自信，是一个国家和民族在推进文化发展的进程中有所依循、知所趋止、顽强进取的定力与韧性所在，也是一个国家和民族面对各种文明创造和文化滋养择善而纳、从容吞吐的气度和尺度所在。

社会主义核心价值观不是空凭义理赏析的辞藻，而是需要实际践履的理念；不是用以为现实辩护的饰语，而是用以鉴照现实的镜子、引领发展的星辰。我们每个人都应在实践中炼就价值观自信的品质，成为社会主义核心价值观的坚定信守者和积极践行者。

增强价值观自信，离不开优秀文化的熏陶。优秀的传统文化及其内涵的价值观，承载着中华民族的精神基因，是社会主义核心价值观的文化之源，也是支撑我们价值观自信的底气与底蕴。文以载道，文以化人。我们只有坚持从历史中走向未来，从延续民族文化血脉中开拓前进，才能做好今天的事业。在建设社会主义文化强国的进程中，我们一定要增强文化自信，通过创造性转化，创新性发展，让优秀的传统文化鲜活于当下，推动社会主义文化强国建设，创造中华文化的新辉煌。

二、培养青年大学生民俗文化自信的几个途径

（一）在信念中坚定民俗文化

青年大学生正处在学习知识、快速了解社会的黄金时期，他们的世界观、人生观正处在形成阶段，对多元文化的鉴别能力欠缺，容易受到各种思想的干扰和影响。高校应当帮助学生坚定民俗文化信念，通过营造良好的民俗优秀文化氛围，提供途径鼓励更多的学生学习了解民俗文化，表扬勇于实践、乐于践行民俗文化的大学生，培养学生的民俗文化自信的情操。同时，高校应当联系家长与社会，共同为学生的民俗文化自信营造良好的文化氛围，使

学生受到民俗文化的熏陶和感染，随时感受到民俗精神的力量，进而自觉地坚定民俗文化自信的信念。

（二）在吸收中发展民俗文化

在当前西方科技、文化、信息无孔不入的情况下，完全杜绝西方意识形态的影响是不可能的。高校教师应当帮助并引导学生主动了解西方知识和文化，并教会他们以正确的态度、辩证的思想去认识、了解、看待中西方文化，在纷繁复杂的文化与意识面前懂得扬弃和坚守。在吸收西方文化优点的基础上发展民俗文化，使民俗文化具有更强大的包容力和发展空间。

（三）在创新中传承民俗文化

大学生民俗文化自信缺失的很大原因就是文化发展创新没有跟上经济发展的步伐，使博大精深的中华文化停留在过去的辉煌里，没有与现代社会接轨。高校作为创新与传承文明的载体，应当以更积极的态度、现代的方式将古老文明创造性地推广传扬开来，以高雅、自信、正义、积极的态度传承民俗文化。

（四）在实践中践行民俗文化

物质利益的驱使使很多人心中的道德标杆失衡，使传统的助人为乐的道德标准受到了挑战和考验。高校应当承担起践行民俗文化的重任，创造条件和机会去弘扬正义，传递民俗文化的正能量，使符合社会道德、弘扬正义的传统文化和文明行为得到良好的践行和认可，鼓励学生用自己的行为去传递中华文明，弘扬民俗精神，展示民俗文化自信。像淮海工学院在内的很多高校暑期组织的社会实践活动，将民俗正义和真善美的民俗精神传播到社会各个角落，在帮助社会的同时也能激发学生心中的民俗文化自信心和自豪感，使民俗精神传播得更远更广。中华民俗优秀传统文化蕴含着民俗发展的核心理念和思想基因，积淀着中华民俗最深层的精神追求，因而成为中华民俗安身立命、生生不息的精神根基。坚守民俗文化自信，才能使国家永远强大，无坚不摧。要做到文化自信，关键是要"不忘本来、吸收外来、着眼将来"，即以客观的姿态对自身优秀文化的肯定和坚守，以开放的胸怀对外来文化的甄别与吸纳，以创新的方式弘扬和传递民俗文化的精髓，以实践的态度将文明与文化自信落到实处。相信在大学生中进行的民俗文化自信教育，一定能使中华民俗的优秀文化在将来有更大的感召力和传染力。

第三节 文化的独特魅力

一、民俗是传统文化的资源库

中国民俗，体现的是中国人的情感、价值观、理想、信仰，以及个体与集体和民族的共同的历史联系，由此产生和保留了大量的民间自然传承的历史遗迹、文化遗产。它包含了丰富的文学艺术、道德、法律、技术、生活经验等，内容十分宽泛、精深，它是一种综合性的、具有广泛社会性、大众性的民族文化。如利用文字记述神话传说、谚语寓言的深刻含义，通过各种仪式寄托人们心中的某种愿望，运用传承的技艺表达对生活的热爱，借用艺术形式展示民族的审美取向，甚至，特殊的服饰、语言、日常的饮食起居习惯等等，都传达着民族文化的内涵。

（一）民俗是孕育传统文化的摇篮

古代民俗活动，包括祭祀仪式在内，其中也不乏自觉或不自觉的艺术创造和娱人的文化因素。它们名义上祭神、娱神，而更多的是娱人和自娱性的行为。许多民间故事、歌谣、曲艺、戏剧、美术等艺术创作即产生于民间节俗活动中，并产生了灿烂辉煌的民间文化。

民俗中的艺术文化活动，名目繁多，难以尽述，就以民间戏剧而论，福建的许多戏曲剧种的产生均与民间民俗有紧密联系。如闽西的"采茶戏"，其源即来自傩祭氛围中的"打狮之戏"。闽北的"游春戏"，本是春节期间，农民在拜年、贺喜中的一种流动形式的演唱形式，为了渲染节日气氛，表达迎新送旧之心情，人们给予必要的装扮，演唱有简单情节的故事内容，在"迎春"娱乐这一主题下，汇集了不少民间演唱曲调和表现技巧，经过农民们的加工、积淀，终于成为闽北人民喜闻乐见的地方戏曲剧种——"游春戏"；再如闽南的"高甲戏"，它也是闽南迎神赛会中的歌舞装扮"宋江陈"衍变发展而成的。如果我们细心考察的话，中国戏曲剧种除了一些典雅古朴的剧种如昆曲、梨园戏等外，众多的地方剧种都是在漫长的岁月里，在民间的节俗社火活动中，经过劳动人民和民间艺人的创作、加工、融会、积淀后形成了具有浓厚乡土意味的民间戏曲。纵观各地的花鼓、秧歌、道情、梆子、二人转以及当代的黄梅戏、越剧等剧种，都是民间节俗活动中孕育成长，生发光华的。

当然，其他民间文化艺术形式如曲艺、杂技、歌舞、花灯、剪纸年画、风筝、泥塑、木雕等，也大都服务于民俗活动和产生于民俗活动，这些艺术形式、形态都构成了一个庞大的具有民族传统美学特征的文化艺术体系，成为我国民俗文化的主潮，丰富着广大人民群众的文化生活。因此，可以说民间节俗活动是民族传统文化的载体和摇篮，也是保护民族文化的一道屏障，是扩大民族文化影响的一条渠道。

（二）民俗是传承和弘扬民族文化的纽带

愈是民族的，便愈是世界的。传统的民俗文化是我们的国粹之一，正是这些有别于世界其他地方的"本土化"中国才对世界产生了强大的吸引力。作为中华民族第一大民俗，春节更是中国传统文化的凝聚点。春节所承载的团圆、祥和、亲情、祝福、希冀等文化内涵，正在逐步走出国门，为洋人所了解、所接受。且不说法国巴黎红红火火搞的"中国年"；也不讲美国人春节热游"唐人街"，让我们感概的是，外国人越来越钟情在新春佳节喜滋滋包饺子，乐呵呵唱中国歌。而可口可乐公司还别出心裁向中国顾客赠送诸如"新春新意新鲜新趣，可喜可贺可口可乐"这类吉祥又能"广而告之"的春联；诺基亚公司出盘着寿桃头小辫酱的"小阿福"作形象，这又给外国人入乡随俗，巧用中国文化的做法添上了浓墨重彩的一笔。又如清明节放风筝的习俗，被山东潍坊加以改造利用，形成独具特色的"国际风筝节"；玩龙舞狮，由春节民间娱乐提高发展为中国独特的杂技舞台节目，在国际杂技比赛中屡屡获奖；端午龙舟竞渡也演变有一定裁判规则的体育竞技项目，"国际龙舟赛"已数度举行；民歌和民乐多次在维也纳金色大厅响起……

二、民俗文化与民俗旅游

面对我国的大众旅游时代，旅游业的发展趋势呈现旅游大众化、旅游空间扩展化、旅游内容多样化的趋势，以前人们主要以游览名胜古迹和自然景观为目标。但随着经济、文化和 教育的发展，人们不再满足于单纯的"观山看水"，而更多地是要求在旅游的过程中获取知识和体验生活。

人们旅游需求的多层次发展势必迫使旅游业无论在形式上还是在内容上均呈现出多元化的特点；从形式上讲，自助游等旅游形式将越来越普遍；从内容上讲，民俗旅游、乡村旅游等将会成为新的热点。

（一）民俗文化是民俗旅游的物质基础

民俗，即民间风俗是指一个国家或民族的广大民众所创造、享用和传承的生活文化。它起源于人类社会群体生活的需要，依附于人们的生活、习惯、情感与信仰而产生，在特定的民族、时代和地域中不断传承、完善和演变，为民众的日常生活服务。民俗文化包含了各民族物质生活、社会生活及精神生活的各个方面，构成了民族文化的主要内容。其内容主要包括生活文化、婚姻家庭和人生礼仪文化、口头传承文化、民间歌舞娱乐文化、工艺美术文化、节日文化、信仰文化等。民俗文化具有普遍性、地域性、阶层性、实用性、神秘性、传承性、稳定性和变异性等特征。

民俗旅游是指人们离开惯常住地，到异地以地域民俗事项为主要观赏内容而进行的文化旅游活动的总和。目前民俗旅游已和自然风光、名胜古迹旅游一起构成了颇具特色的旅游三大系列产品。它以一个国家或民族的民俗事项、民俗活动和生活习俗为旅游资源，在内容和形式上具有鲜明的民族性、文化性和独特性，在心理上满足了游客"新、异、乐、知"的需求欲望，成为旅游行为和旅游开发的重要内容之一，是一种高层次、高品位、贴近民众生活的文化旅游形式。

弥足珍贵的民间艺术和独具个性魅力的民间习俗，是民俗旅游的优质资源。参与民俗旅游的旅游者目的性很强，他们或因好奇某地的奇风异俗而游乐、或怀念儿时的记忆而寻旧、或想置身新的人文环境而消除精神的疲乏、或为学术考察研究而搜集文献资料等。所有这些审美与求知的旅游活动，是以特定的民俗文化为前提的，民俗不存，以民俗文化为旅游目的的民俗旅游将不复存在。因此，民俗文化是民俗旅游存在的先决条件和持续发展的物质基础。

（二）民俗旅游资源特色

1. 营造民间民俗特色

（1）打造具有特色的民俗文化节

许多景点增加了新的文化内涵，还结合公共文化建设发展的需要，将民俗、民族、传统、现代、农村、城市诸多文化形式融为一体，又把当地小吃美食、艺术精品、文艺精粹结合一身，兼顾了男女老少，不同欣赏品位和文化层次的人群需求。体现了民间民俗和当地风情，为人民及八方游客营造了一个有浓郁民间民俗特色和风味的旅游休闲场所。

（2）各地形成优势互补

云南和新疆的旅游资源都十分丰富，且各具特色，可以形成互补。除互送客源外，对云南游客吸引力与日俱增的新疆冰雪游产品也是他们关注、考察的重点。近年来，随着不断打造、培育，新疆冰天雪地中富藏的"金银"

被开发利用，冷资源逐渐变身热经济。新疆各地努力使得"冰天雪地"变成"金山银山"，冬春游中的冰雪资源也成为吸引全国各地旅游行业、游客的"磁场"。

2. 展示少数民族特有的文化内涵

民俗旅游可以使人们感受到到传统文化的博大精深、传统文化的无穷魅力，体会到中华文化的理念、气度、神韵，增添少数民族地区人民内心深处的自信和自豪感。

（1）宣传少数民族服饰文化

民俗旅游可以弘扬和传承黎平丰富多彩的少数民族服饰文化，培养民族服饰设计人才，努力走出一条以民族文化促进旅游发展、以旅游发展弘扬民族文化的好路子、新路子。

（2）感受少数民族特有的节日魅力

民俗旅游充分利用民族节庆搭建起来的文化交流桥梁，发挥推介多彩民族文化、促进经贸往来的重要纽带作用。用重要纪念日、民族传统节日、民族团结进步宣传月等，组织开展富有特色的群众性活动，确保民族团结进步创建活动主题鲜明、生动活泼。通过组织开展技能服务培训会、惠民政策宣传会、文化艺术展示会等各族群众喜闻乐见的方式，在带动民俗旅游发展的同时，使民族团结进步工作真正落实到基层、落实到各族群众。

（3）展示少数民族服饰文化

民族服饰，是民族传统文化不可分割的组成部分。从上古至今，随着历史的发展，少数民族人民在长期的生活和生产实践中，发挥自己的聪明才智并不断吸收兄弟民族服饰之精华，逐步完善和丰富自己传统服饰的种类、款式风格、面料色彩、缝制工艺，创造了许多精美绝伦的服饰，为中华民族的服饰文化增添了灿烂的光辉。

3. 展示旅游景点特有人文风情

（1）利用高科技展示特色文化

利用数字技术的虚拟文化场馆可以突破公共文化设施在时间、空间上的局限性，拓展文化服务在时空上的延伸。对于因此而走进文化场馆、参与文化活动的游客来说，在展馆内如何与展品与活动进行有质量的体验式互动，是吸引他们常来常往的重要手段。

（2）改造和升级传统文化资源

着力提高各类公共文化资源的旅游开发水平，是更好地传播和弘扬中华民族优秀传统文化的需要，一些公共文化设施可能会出现人满为患的情形，这样的地方应加强预测、预订和应急疏导预案管理，不能简单地闭门谢客。

（三）旅游民俗文化特色提炼的建议

1.营造生态旅游分为，开创原生态民俗文化

结合当地原生态民族文化资源，依托区位优势，以点带面、示范带动乡村旅游发展，开创了原生态民俗文化旅游发展新模式。不仅给游客提供原生态民俗体验与交流的机会，有效缓解了游客旅长游短的问题，而且为打造可持续发展的原生态旅游目的地，促进旅游与文化深度融合发展，增加农牧民收入起到积极的带动作用。

民俗村应该更注重于体验、互动式的深度旅游，再现古老而传统的生活场景，意味着生活方式的回归。旅游小镇不但需要地域特色浓郁的建筑为"身体"，更需要历史人文铸"灵魂"。在保持原貌（味）基础上、主打地方特色文化，用包容的心态留住建筑的魂，不仅吸引了游客的眼，还留住游客的心。

2.打造少数民族风情，实现文化融合

从少数民族地区来看，内蒙古拥有"元上都"世界品牌、"浑善达克"独特的风光和丰厚的蒙元文化、草原文化与察哈尔文化。这里，沙地草原、草甸草原类型多样，天蓝地绿水清气爽；正蓝旗具有察干伊得、察哈尔服饰、蒙古包、根雕、木雕、刺绣、沙画、皮画、奶食品制作等丰富的具有地域和民族特色的文化遗产；冬春季"浑善达克"那达慕、夏季"中国·元上都"文化旅游节、秋季"元上都"国际皇家奶食节和国际"贵由赤"比赛等五大旅游品牌为发展全域旅游和四季旅游打下了坚实基础；传统的敖包苏鲁定祭祀、祭火仪式、宫廷音乐阿斯尔、察哈尔婚礼、马文化、骆驼文化等民俗不断得到了传承、弘扬和发展；承载着独有的人文自然、区位优势发展起来的旗内交通、"牧人之家""忽必烈影视城"等文化旅游基础设施日臻完善，为正蓝旗深度推进文化旅游、发展休闲度假旅游、培育节庆旅游、发展民俗旅游、推进生态旅游、丰富体育旅游和发展国内外旅游提供了先决条件。

3.推崇红色文化，弘扬民俗文化

主推独有的红色文化和以桑植民歌为代表的民俗文化。国内首家以红军文化体验为主题的红军体验园已经在洪家关开工建设，同时，沿着贺龙元帅曾经走过的小路，还将在刘家坪和洪家关之间建成一条长11公里的红军路。"水"线路方面，作为张家界母亲河澧水河的发源地，桑植形成了天然的苦竹河平湖，并拥有完好保存着吊脚楼、青石板路和古风火墙的"千帆林立的老码头、商贾云集的古集市"——苦竹古寨。目前苦竹古寨修缮和改造即将动工。此外，这里还将开发苦竹河水上极限运动项目和漂移艇项目。

依托当地的红色文化资源，将"红色文化"与"传统文化"紧密结合，做足结合文章，做实渗透引领，充分发挥"红色文化"与"传统文化"这两翼在文化一体中的催化作用。制定特色中队誓词等体现红色文化与传统文化的班级目标；设置"托起明天的太阳""金色童年""红心向党"等展现红色文化与传统文化的栏目；搭建展示自我的平台，在学习中相互促进，相互提高。

四、民俗艺术的传承

（一）民俗艺术的表现形式

民俗艺术是人类发展过程中承载人类生活状态及最朴实愿望的艺术形式之一，从民俗艺术品中，我们能够感受到祖先最真挚的感情，以及古老文明进程中人们对美好生活的不断追求。我们可以通过民俗艺术作品来感受那些我们未知的年代中，人们的生活状态、思想感情以及审美需求等，民俗艺术作品就像现代人与过去人之间感情沟通的纽带，通过作品让人们的心灵得到抚慰。同时，民俗艺术作为大众文化的集中体现，具有非常浓厚的文化基础，不仅通俗易懂，更能够得到大多数人的喜爱，是一种雅俗共赏的艺术形式，当前人们对精神文化的需求和对美好生活提道：往，我们更应该在创造高雅文化艺术作品的同时，关注民俗艺术，让饱含着民族特色的民俗艺术在新时代得到传承和发扬。

民俗艺术往往来自人们的日常生活，如滩头年画、泥人、剪纸等，它们通过最朴实的方式反映了人们的日常生活和对美好生活的愿望，并将这些美好愿望和祈福传给子孙，形成有趣又富有传统意义的民俗。在民俗艺术作品中，往往是从人们的衣食住行出发，如在年画中，我们能够看到抱着鲤鱼的胖娃娃，不仅是对富足生活提道：往，也是对子孙的期望。从民俗艺术作品的具体形式上来看，民俗艺术的风格较为夸张，人物形象较为饱满且夸张，颜色选择上也多为饱满鲜亮的颜色，每一个人物都有自己的传说和故事，具有鲜明的地域性和民族性。

（二）民俗艺术传承发展面临的困境

随着经济文化的发展，民俗艺术的发展显得举步维艰，一方面是因为民俗艺术的艺术形式和艺术灵感来源于农耕文明，而商品经济的发展，让这种辟邪和祈福的功能逐渐丧失，同时，越来越多的艺术形式的出现，也对民俗艺术有着不小的冲击，民俗艺术不仅丧失了市场，其消费者也变得越来越少。

另一方面，在当前文化市场百花齐放的繁荣景象下，民俗艺术逐渐丧失了祈福的功能，为了求得生存，很多民俗艺术品被当成装饰品和纪念品，变得更加商业化，有些地方的民俗艺术品为了获得更多的商业利益，粗制滥造，毫无美感可言，完全丧失了民俗艺术那种古朴的艺术美感，变得媚俗。

民俗艺术来源于民间，是最贴近人们生活的艺术形式，既是受大众喜爱的艺术，更是承载着民族记忆的艺术，如果一味被复制，不仅丧失了其本身的艺术价值，更是会让民俗艺术面临更加尴尬和即将绝迹的危险。因此，我们应该反思，让民俗艺术重返到人们的日常生活中，汲取营养，寻找灵感，创造出更多的贴近人们生活的艺术作品，将民俗艺术的形式与现代生活融合在一起，让民俗文化更具时代性。

民俗艺术发展面临的另一个危机是后继无人。很多艺术形式随着时代的冲击，不再具有原有的功能，因此，为了生存，很多手艺人选择另谋生路，正如电影《百鸟朝凤》中表现的一样，师傅的唢呐曲《百鸟朝凤》成为绝唱，没人愿意受那么多苦，去踏踏实实学一门手艺，外出打工一样可以获得更多的收益。虽然政府对此高度重视，但是，国内的消费市场仍然有限，反倒在国外，民俗艺术的市场显得更加广阔，因为这种具有中国民族特色的艺术形式，不仅古朴，而且更能反映艺术的真谛，具有自然的美感。想要保护民俗艺术，还需要大众对其重视起来。

（三）民俗艺术传承发展的途径

当前，民俗艺术的发展前景光明，国家和政府对其高度重视，并对民俗艺术的发展采取了更多保护和支持的政策，而民俗艺术家们大多面临生活困难、年龄较高，后继无人的窘境。面对这些问题，我们应该深度挖掘这些民俗艺术家，对他们进行保护，为他们的生活提供帮助，让他们生活质量得到提高，只有这样，他们才能更加专注地创作艺术，将民俗艺术传承下去。

另外，由于民俗艺术长期不受重视，一些民俗艺术家不愿将手艺传给子孙，而子孙也对此不太重视，导致很多艺术形式逐渐消失，无形中造成了民俗艺术文化的流失，因此，我们在对民俗文化进行保护的同时，还应该对民俗艺术家的生活进行保护，他们不仅是艺术家，更是民俗艺术的传播者。

在保护的同时，我们还应该注重宣传和教育，让广大群众从心底对民俗艺术产生尊重和兴趣，为民俗艺术发展赢得更多的群众基础。面对激烈的市场竞争，政府应给予更多的优惠政策和更多的保护手段，让本土的传统文化在竞争中求得生存，并在生存的基础上继续传承下去。

第四章 中国传统艺术文化

第一节 书法艺术

一、书法艺术的本质

从广泛的意义上来讲，一切艺术都是情感的艺术，没有情感也就没有艺术。在中外艺术理论史上，"艺术表现情感"这一命题很早就为大多艺术家和艺术理论家所认同。两千多年前的《尚书·尧典》就有"诗言志"的主张。唐代的孔颖达在《五经正义·春秋左传正义》中对"志"的解释是："在己为情，情动为志，情志为一也。"康德认为艺术的基本特征就是表现情感。黑格尔则认为不同的艺术形式只是把理念作为艺术内容来掌握方式上有所区别而已。19到20世纪西方众多的著名艺术家，无不主张艺术是艺术家内心世界的表现。近代著名的美学家朗格则对"艺术是情感的符号"这一命题进行了系统的论述，进一步完善了艺术表现情感的理论体系。

书法和汉字之间具有紧密的关系，书法的发展得益于汉字作为实用文字的广泛使用，使得其审美范畴不断延展，创作技法不断丰富。或许正因为书法承载着厚重而复杂的中国文化，使得从现代纯艺术的角度上对书法艺术进行阐释和定义变得非常困难。

（一）书法艺术的定义

在某大学教材中，书法的定义是："书法，是以汉字为表现对象，以毛笔为表现工具的一种线条造型艺术。"而金开诚认为："书法艺术的本质特征是：它以汉字为独特的素材，对这种素材进行深刻的艺术想象、巨大的艺术加工，从而创造出独特的书法艺术形象。如果用一句话来概括，也可以说中国书法是以汉字为素材的造型艺术。"在他看来，"汉字本身只是文字符号，现在把它加工成艺术形象，这便是书法艺术。"书法艺术最终存在的形式是线条构成的图像，故可以将其视为线条构筑的造型艺术或视觉艺术。由于书法以汉字作为表现对象，而汉字本身并不是具体的实物形态（尽管部分汉字具有象形特征），而是高度抽象的约定俗成的文字符号，因此也可以说书法是一种抽象的艺术。而按照顺次的"一次性"书写创作方式及其引发的审美特征，又赋予书法时空艺术的特征。但严格说来，这些只是对书法进行分类上的解释。

（二）书法艺术的表情方式

艺术家的创造活动不能脱离外化技巧和工具。事实上，离开工具和熟练的技巧，艺术创作就无从谈起。托尔斯泰在《什么是艺术？》一书中曾言："艺术是这样的一项人类的活动：一个人用某些外在的符号有意识地把自己体验过的感情传达给别人，而别人为这些感情所感染，也体验到这些感情。"这一定义包含三个方面的意义：（1）艺术表现的是艺术家自己亲身体验或领会的情感；（2）需要运用物质形式和技巧外化这种情感；（3）艺术表现的目的是让别人体验到同样的情感。

书法艺术正是以这种方式进行表情的。书者首先感知并产生情感，这种情感可以是自身直接从生活中体验到的，也可能是受其他艺术作品（如诗词散文等）触发而产生的，并在大脑中以文字内容的形式被加以描述和确定。在此基础上，借助工具和技巧，书者以书法艺术特有的艺术语言对这种情感进行表达。韩愈评张旭草书有言："往时张旭善草书，不治他技。喜怒中穷，忧悲、愉佚、怨恨、思慕、酣醉、无聊、不平，有动于心，必于草书焉发之。观于物，见山水崖谷，鸟兽虫鱼，草木之花实，日月列星，风雨水火，雷霆霹雳，歌舞战斗，天地事物之变，可喜可愕，一寓于书。"这可谓是对书法艺术的表情特点所进行的经典描述。

传统绘画一般是借助具有一定形态的自然或想象中的物象来表现作者的情感。一位画家想表达"豪放不羁"的情感，他可能画一群狂奔的骏马；而如果要表达的是一种"柔情似水"的感受，或许会以一对水中小憩的鸳鸯作为描绘对象。书者通过书法表达自己的情感，书写过程就不会是无意识的涂鸦。因此，如果书者心中泛起的是类似柳永在《雨霖铃》中描述的情感并欲表现之，就不会选择岳飞的《满江红》作为书写内容。另外，书者创作时在心里默读《雨霖铃》这首温婉伤感的词曲，当然不会在其内心激起豪迈壮烈的情感，并进而将这样的情感表现在行笔落墨的情调意蕴之中。这与书者的表情愿望是相背的。对此，在孙过庭的《书谱》中有言："既失其情，理乖其实，原夫所致，安有体哉！"。

二、书法艺术的构成

书法创作过程中，笔是书写的工具，墨和纸（或其他颜料和承墨物）是书法作品存在的物质形式。毫无疑问，书家的情感外化必须藉助这些工具和媒介物得以实现。下面要讨论的是构成书法作品情感内容的相关因素。

（一）题材

广义地讲，题材就是艺术作品中所表现、描绘的生活、情感的范围和性质。例如，今年是新中国成立60周年，许多书法展览要求作品以祖国的发展为题材。类似的，政治、历史、人物、风景等都可以作为艺术创作的题材。可以看出，题材使艺术带有某种服务社会的功能，它在一定程度上对艺术的自由性是一种约束，但同时为艺术接受指明了对象群体，为整个艺术活动能够顺利完成提供了有利条件。

（二）素材

素材是艺术的原始材料，是未经提炼的实际生活现象。素材本身和艺术家所要表达的情感之间并无直接关系，它只是被艺术家因表达情感的需要而被利用的事物对象的某个方面。如一片叶子，可以给人"一叶知秋"的萧瑟感，也能使人想到"二月春风似剪刀"。但是，"叶子"是以其形状、颜色等视觉元素作为绘画的素材，而不是其物质结构。在书法艺术中，正如金开诚所言，由点画组成的具有一定形体的汉字即为素材。作为书法艺术的素材的汉字，被书法家利用的是其外在的形体，而不是汉字的符号意义。同样的汉字，在书法家的笔下可以被赋予不同的视觉效果。其原因就是汉字的点画和结构具有丰富的变化特性，这也是书法作为一种艺术形式存在的前提。汉字是记录语言的书写符号系统，单个汉字代表一个语素（词素），汉字按照一定的语法规则进行组合，即可成为具有某种内容意义的语言的对应物。必须指出的是，将书法作品中的文字内容当作"素材"，存在概念上的误解。因为，书法创作不是对文字内容进行艺术加工（这是文学艺术的事情），对于确定的文字内容，书写过程不是也无法对其进行变化。

（三）内容

对于艺术作品而言，内容就是形式的含义，是作者想要表达的情感。顺便指出，内容和题材不是等同的。即使对于相同的题材，艺术家的情感也可能是完全相反的。

托尔斯泰说，艺术家首先产生想要表达的情感之后，并试图向他人传达自己所体会的情感，才进行艺术创作。科林伍德甚至认为"真正的艺术家的任务并不是在观众身上产生一种情感效果"，而只要在大脑中具有构想即表明表情过程已经实现。当然，如果情感发生并终止于艺术家的大脑，他人是无法感受到的，这并不是艺术活动的全部。但不容否认的是，艺术作品的情感内容是在作品形成之前就存在于艺术家的大脑之中的。因此，艺术作品只是再现了艺术家想要表达的情感，它是艺术家创造的产物而非自在之物。

另外，存在于艺术家大脑中的情感是以语言的形式界定的。为了使观众更加顺利地理解和掌握作者的意图，大多艺术家都为其作品给出了"标题"。标题实际上就是其情感内容的概括和抽象，它为观赏活动提供线索或启示。传统意义上的书法作品一直没有"标题"，或是因为"书为心画""书为心迹"已成为书法审美的约定。当然，对于艺术作品或观赏者而言，"标题"并不是必不可少的。

事实上，当书者的情感变得清晰而被捕捉住时，符合这种情感特征的语句也随之出现。它可以是诗歌、词句或任何与创作主体思维和表达方式一致的语句。作者"用心地把握理解其意味内容，并在不破坏意味内容的整体气氛的前提下进行创作"。由此可见，书法创作离不开对书写内容的观照，"得于心而应于手"的文字内容必然与书者的情感有关。否则，在心理上"就会造成制作者与作品间的游离"，无法达到书法创作时"心手相随""物我两忘"的境界，作品的审美层次也就只能停留在单一的形式上。

对于所要表达的情感，书者如果只是随便将几个汉字按照某种样式"画"出来，并使图像具有某种"意味"即可（事实上，任何图像都可能具有某种"意味"），那么，一切与情感无关或相反的文字内容，都将可以作为书写的对象。更进一步地，如果书家需要表达的情感与其选择的文字内容无关，写汉字对于书法也就不是必要的。此时，汉字的结构对"写"这一表现过程将是一种多余的约束。这样，与其写汉字，不如"画"线条来得自由。然而，当作者就这样的"线条"作品给出标题时《，书法作品》这一笼统的命名肯定不是他们的心愿，并且，这类作品也不是大众心目中的真正意义上的书法艺术作品。

由此可见，书者所要表达的情感必然在其选择的文字内容中得到体现。

因此可以说，书法作品的文字内容应当是书法艺术作品内容的某种"映射"，或者说，书法艺术作品的内容与文字内容具有相关性。但这并不意味书法艺术作品的内容与作品的文字内容具有等价关系。这是因为，书者是通过书法作品表达自己的情感，而不是采用语言文字表达情感。书法艺术的内容是寓于书法作品之中的情感，语言文字充其量只是起到"标题"或"梗概"

的作用。事实上,任何语言文字都无法给予艺术作品完全相同的审美感受。否则的话,除了语言艺术之外,其他艺术的存在将是多余的。

三、中国书法艺术的审美特征

中国的书法文化历史悠久,书法是汉字的主要体现形式之一,毛笔在以写为主的文字系统中扮演主角。书法的线条和不同类型的字体结构是书法艺术的主要元素,亦是书法艺术美的主要体现。

（一）书法艺术的线条美

线条是书法构成的主要元素与基础,是书法形成的重要媒介,亦是作者传情达意,流露情感气质的载体。汉代的书法是我国书法艺术的重要代表与里程碑,其中以汉隶所体现的解放线路最为典型。线条可以说是作者与欣赏者之间沟通的桥梁。线条是书法作者生命的特征体现,在我国书法艺术中,书法线条的美主要体现在以下几个方面:

1.力量感

书法中所体现的力量感是一种巧力。作者根据自己所要表达的思想、情感,适当调整掌、指、腕、臂的力度大小,将作者的心情、思表达得淋漓尽致。笔力是中国书法的主要特征之一,典型的代表是唐代中期书法家颜真卿,其代表作主要有《多宝塔碑》《颜家庙碑》等。在这些作品中看似清秀飘逸的书法中蕴含着苍劲有力、铁骨松风的力量感,其笔法精湛,结构严谨,可谓入木三分。

2.立体感

书法作为平面的艺术形式,立体感仍然是其不可缺少的,如果仅仅是单纯的线条,则会单薄乏味,缺乏意蕴。融入立体感的书法体现的是沉着、浑厚的并能让人感受到线条中蕴藏的作者的丰富情感。立体感也可以说是一种骨感美,是作者在作品的创作过程中抽象地经过提炼的空间。根据作者所要表达的意境和作品的不同,再加上作者的观念思想认识的不同,从而使立体感的表现形式亦有所不同。

立体感也可以说是一种骨感美。唐代"楷书四大家"之一的著名书法家柳公权,与颜真卿有着"颜筋柳骨"之美誉。在书法艺术节有着"柳字一字值千金"的说法,其书法作品结体遒劲,而且字字严谨。柳公权的楷书体势劲媚,骨力道健,以行书和楷书最为精妙。在书法艺术中中锋技巧是绝对的。而侧锋技巧是相对的,从书法美的角度来看,其需要与中锋相互融合、交叉,从而突出书法作品的线条美。

3. 节奏感

书法作品的结构感是其活力的具体体现，书法作品生命力的展示。书法的节奏感是通过对比展示、体现的。具体的比如：空间结构，空白结构，即空白大小、形状之比。用笔起伏节奏，即墨迹的粗细、方圆，都是节奏感的具体体现。与力量感与立体感相比，节奏感的原则相对比较简单。根据其力度和线条的厚度，欣赏者可以从一个起点出发，从字的整体上对其作出深层次的描述。立体感、力量感与节奏感在一定程度上包括了线条美的所有特征。而且在线条美的三种具体表现形式中，在书法的运笔技巧方面，亦蕴含了全部的空间内容。

（二）中国书法艺术的结构美

书法艺术的结构美是指毛笔字的结构体现出现实中各种事物形体结构美的问题。尽管古代的象形文字如今早已不存在，但其是中华民族汉字发展、形成的必经阶段，是在象形文字的基础上产生的，仍然具有造型的意义。平正、匀称、参差、连贯、飞动等多反面的有机融合与交叉、渗透，构建了字的结构之美，是其不可缺失的基本元素。

平正是书法艺术的重要表现形式之一。其会给人一种稳定、心情舒适的感觉。书法艺术在一定程度上是一种意识形态的反映，最终是由现实的生活所决定，不同的时代造就了不同人的审美观念与意识形态。书法艺术与人的一般审美观念相一致，在社会实践的基础上，人们的审美观念具有共识：在中国人眼中整齐统一是美的重要体现，参差不齐则显得较为凌乱，不具有美感，会严重影响到欣赏者的心情。

匀称是书法艺术的另一重要元素。即在字体的笔画之间，各部分组合所形成的舒适感与整齐感、匀称之美。总体而言，字的匀称只须注意实线的疏密长短适当便能达到，但书法家还常从无实线的白处着眼来使黑白得宜，虚实相成。篆书是书法艺术匀称美的典型体现，其讲究黑白相间，分布均匀得当。

参差之美。横看成岭侧成峰，远近高低各不同，这是一种参差之美，不同角度产生的落差层次美。山峰的绵延起伏，层层翻滚的波浪，树木的高低，都表现出的是一种参差之美。在书法艺术之中，注重结字、布白的参差错落之美。书法的平正、匀称之美与参差之美看似存在冲突之处，但这是两种原则的分别体现，平正、匀称主要是对结字的原则要求，是常与法，参差落差是根据字体各部分的特点，进行有机融合，是灵活奇巧之美。书法不可以千篇一律，只讲究常与法，缺乏生动性和吸引力，将常态与参差之美巧妙结合可以时书法显的丰富多彩，真正体现书法艺术之美。

连贯是书法艺术的重要要素之一。笔画与笔画之间，各个结构部分之间都应相互协调、衔接。使得字的各个部分避免分析，使其形成有机统一的整体。唐太宗李世民在王羲之传论中对连贯所造成的书法魅力作了这样的表述："烟霏露结，状若断而还"。

飞动是赋予书法活泼形象的方式之一。一方面其可以呈现出静态之美，另一方面其还可以彰显动态之美，使得书法具有生命力，让欣赏者获得更大的想象空间。书法艺术的动态美在一定程度上更能体现书法作者的思想与情感。当欣赏着欣赏书法作品时，感受到的是一种浑然天成的感觉，上下，左右结构的笔画搭配都是协调有序，尽显和谐之美。书法中体现的结构美不仅仅是指要全部统一格式。

中国的书法博大精深，其中没有孤立的线条和结构，一切都是浑然天成，各个结构，各种艺术美的有机结合，在书法的线条美中体现出了精神、情感的价值所在。两者相互依存，统一于书法艺术之中，是书法艺术的两个主要要素，作者用线条的粗细、方圆、曲直、刚柔等将自己内心的思想、情感表达得淋漓尽致。

（三）中国书法艺术的章法美

书法的章法是指字与字之间，行与行之间，段落与篇幅之间的结构问题。其所体现的是书法章法的相互对称，相互照应，好像一首旋律悠扬，动人心弦的乐曲。章法美的主要表现形式主要有体势上的起承转合，虚实方面的相辅相成，错落有致。一副充满作者心血的书法作品，在完美章法的表露思想与情感，如此一来会是书法作品充满生命力，使得力量感、立体感、节奏感有机融合，呈现出书法艺术真正的魅力。

体势上的起承转合，浑然天成，其是一种字与字、行与行间、段与段以及篇幅之间的和谐与整体性。虚实方面的相辅相成。书法字体的线条变化曲折，有笔墨之处即为实，虚指字的各部分之间之空白处。虚实相成的章法，是作者根据所表达的思想，所传达的意境，以及作者的书写风格临时制宜，一气呵成的。作者用眼、手、心灵三者的有机融合来实现黑白的和谐布局，黑的部分呈现出"金刀之割净"之美，使的白色部分达到"玉尺之量齐"之美。同时，书法作品的题识、题款字体的变化，以及其在作品中的位置和整个书法篇幅构建和谐之美，是章法美的重要体现。

错落有致，尽显参差变化之美。其是一种在平正、匀称之美之中的奇趣、变化美，于变易中求和谐的章法。主要表现在：字与字之间产生错位，字的中轴线有时与行的中线重合。虽然看似这些不同角度的变化会产生不整齐，不均衡的之处，但具有较深功底的作者会用线条、章法技巧来补足，使得整个作品在变化中造成美感。唐代怀素是错落有致，尽显参差变化之美的著名书法家之一。

（四）中国书法艺术的意境美

绘画、书法、诗词作品其本身早已不仅仅是一幅幅单纯的图画与文字，这些作品已上升为一件艺术品，是作者思想、情感的流露，是其内心世界的展现，其所追求的是一种意境美。作品的神采、精神是意境美的具体体现。宋代的黄庭坚曾云："观之入神"。彰显意境美的艺术作品都具有某种特殊的气质与精神，每个字的线条与结构的巧妙融合，创造了作品的和谐意境之美。宋代的书法家注重笔墨意态，强调字中有笔，妙用侧锋，勾勒出不同寻常的线条之美强调书法作品的生动气韵，善于用变化多样的线条来展现自己的审美趣味，传递自己内心世界的情感。

书法家们在追究意境美的同时强调章法，其意境美主要体现在以下几个方面：

1. 神采

神采是书法作品中的生动、灵气之处，是其个性的具体体现，是外观的形。在书法理论中，神作为形的对立面，是非常清晰、不可含混的。神采是意境、情感的表现形式，是作者的个性、思想情感、精神风貌、人生观与价值观的具体体现，是其个性美的作品中的成功体现。

2. 诗情

诗情画意往往是古人书画家所追究的一种境界，同时也是一幅书画作品成功的主要表现形式。将诗的意境、韵味融入书法中，会使书法更具有韵趣，产生别样的意境美。王羲之的书法以萧散简远、淡雅柔逸的魏晋风度而流芳百世，其主要原因是其将诗的优美意境与书法艺术巧妙融合，使得书法作品产生别样的魅力。

书法作为中华民族的传统艺术，是民族文化的重要象征与体现，本文主要从书法艺术的线条美结构美、章法美、意境美等方面分析、探讨了中国书法艺术的审美特征。多方面的巧妙结合与相辅相成创造了一种和谐美，并且随着时代的发展在古代书法境、韵、气、神、理的基础上，进行创新与拓展，使其赋予新的时代精神。

第二节　雕塑艺术

从应用于日常生活和图腾崇拜的陶器和玉器的造型上已可以看出我国原始先民在塑造立体形象方面的想象力和创造力，中国的雕塑艺术的历史亦可以追溯到原始社会末期。但雕塑与绘画在起源同步的情况下并没有同步发展，并没有形成绘画那样鲜明的中国特色，也没有涌现出众多的雕塑大师，更没有留下多少纯粹的雕塑艺术品，这是中国雕塑不为一般人重视的主要原因。中国的古代雕塑与西方古代雕塑产生于不同的社会制度、文化传统、哲学观念，无论在表现对象，表现技法及雕塑的功能方面都存在很大差异。西方文明渊源于古希腊和更早的爱琴文明，古希腊在公元前五世纪的古风时期就涌现出米隆、菲底亚斯之类的雕塑大师，他们崇拜神明，把神明和人间的英雄塑成拥有完美的比例结构和发达肌肉的人的形象，成为人们顶礼膜拜的对象，如此形成写实的传统，发展出纯粹的雕塑艺术。这种传统除了在中世纪的某些阶段，由于基督教禁止偶像崇拜而短暂退出外一直延续到文艺复兴、古典主义、浪漫主义的各个历史时期。中国古代信鬼神、崇礼教，故而雕塑广泛应用于礼器、祭器，发挥其装饰性功能，而没有机会成为一门独立的纯粹的艺术。无论是封建时代的陵墓仪卫雕刻，还是宣传石窟造像，雕塑一直以其实用性受到关注，少有文人士大夫的参与和文化所有者的重视，以"雕虫小技"的姿态难登大雅之堂，即便对雕塑史的研究也是近代才开始的事。当然一种文化艺术在历史上的地位并不因其长期的被忽视而被磨灭，中国有中国的历史文化特殊性，也有艺术的独特性，当我们欣赏、理解、认识这些古代雕塑作品时就会发现其独特的审美价值和艺术特点。

一、中国古代雕塑的装饰性

中国古代雕塑的装饰性相当突出，这是孕育于工艺美术所带来的必然胎记，无论是人物还是动物，无论是明器艺术、造像还是建筑装饰雕刻，都普遍反映出传承悠久的装饰趣味。在古代雕塑的发展中，到南北朝，在云岗、龙门、麦积山等处，可以看到许多极具装饰元素的伎乐飞天，同时也出现了夸张性的金刚力士，尽管未能直接反映生活，但从形象表现上来看，都是以现实的人物为依据，加以某些不可缺少的装饰、变化、夸张、以适合某种要求，究其创作源泉，也还是从观察生活、表现生活上得来的。隋唐以来，装饰性的雕刻艺术可以说达到空前的高峰，从艺术的典型因素来看，大足石刻和云岗北魏露天座像、南朝的辟邪和唐代的石狮，其刻在佛像身部及附件上的饰纹，将图案化了的装饰纹样以统一的手法合情合理的组织起来，从整体到局部衬托着活力无比的佛神。大足石刻中"如意珠观音"披袈裟，挂璎珞，花簇满身，花冠精巧异常，衣褶贴体，加之佛像的对称式坐姿和图案化的袈裟花纹，使之显出最佳的形式，装饰感极强，富有浓郁的中国风情。与此同时，装饰性对于增强佛像题材所表现的庄严肃穆气氛，也体现着规范性和严格性，所选用的形式、内容都是围绕着佛文化而展示演绎的，中国古代的装饰性雕塑在形式上是较倾向于夸张和变形之术，如辟邪石狮的整体造型完全是经过装饰化变形的，并且融合着青铜器和玉器的某种形饰、线刻图案来加强这种装饰品格，经过装饰艺术洗礼的石兽在现实中呈现的形象，往往比写实雕刻的石兽更威风、更勇猛，更显出神圣不可侵犯的身姿，树立它们镇邪主权的神威，能更好地发挥它们作为建筑装饰的功能。

二、中国古代雕塑的绘画性

中国古代雕塑具有明显的绘画性，中国古代雕塑与绘画之间有着较多的联结与共通，在原始工艺美术中就有显现了，所以也有这样的说法，说中国古代雕塑和绘画是一对同胞兄弟，都孕育于原始工艺美术，这种见地是不错的。从彩陶时代起，塑与彩互相补充，紧密结合，在陶塑上加彩（专业上称作"妆銮"）以提高塑造形式的表现力，到原始造型与原始捏塑工艺都成熟之后，"塑形绘质"仍是一种独立艺术。纵观现存的历代雕塑，有许多形式就是妆銮过的泥塑石刻和木刻、木雕。雕塑艺术发展到今天，已经纯化和单向发展了，所谓的"纯美术雕塑"是不加彩的，是以自然的本质来体现的，但民间雕塑仍保持着妆銮传统，这种加彩的民间艺术其装饰的水平有着独特的风貌，充满理想主义的期盼，如无锡惠山泥人、凤阳彩塑、天津"泥人张"的泥塑加彩等在历史的发展中不断完善，形成了一种民族化了的本体艺术。追根溯源，这种本体艺术的形成反映着中国绘塑不分的装饰雕塑语言，促成了雕塑与绘画审美要求的一致性，但这个"一致性"是不平衡的。因为在中国古代，绘画受到比雕塑高得多的重视，以至产生有相当级别的专职画师、宫廷画师，而雕凿塑像者始终只有工匠从事，文人、士大夫极少参与，虽然早期的绘画者也只是工匠与民间艺人参与，但从东汉晚期开始，文人士大夫不仅仅参与了绘画创作，而且逐渐成为中国古代绘画创作队伍的骨干力量，不由分说的统治着绘画艺术领域，使绘画艺术的地位高高凌驾在雕塑之上，并以其艺术观念影响雕塑。长此以往，无形中使得雕塑渗透着明显的绘画性，但绘画性的表现是依附于雕塑本身的体积和空间的,并十分重视轮廓线和身体衣纹线的韵律,这些线纹都像绘画线条一样,是经过高度推敲与概括提炼而形成的,而且相当注重色彩的对比性与协调性,有突出的个性张扬。如关帝庙的关公像,枣红色的脸膛衬现着关羽的忠义之气。这种色彩和线条把握泥塑的艺术形式在我国不同地区、不同民族中都有存见,较著名的有汉唐釉彩陶俑、敦煌莫高窟唐塑和麦积山石窟宋塑佛教像,以及太原晋祠宋塑侍女,还有大同下华严寺巨塑菩萨、平窑双林寺明塑和昆明筇竹寺清塑罗汉像等不朽作品。中国既塑又彩的这种艺术形式在历代相传中承袭下来,极大地展示了中国古代雕塑的绘画性,以至于至今仍有民间匠师仍然大都先勾勒人物线描草稿,像人物白描一般,再复制成雕塑,也不例外有人直接在硬质材料上勾线描稿,再雕而刻上,雕塑作品在这样的技巧下完成创作,带有必然的绘画性就完全可以理解了。

所以,我们分析和欣赏古代传统雕塑,要走进中国雕塑的历史,也需借用中国画的审美眼光,这样就能更好地、更切实际的把握中国古代雕塑的美感要点。

三、中国古代雕塑的意象性

中国古代的艺术是从民间走出来的,中国的艺术在不断传承中,是源于自然、高于生活的,精神图腾与艺术创作的想象推动着中国古代艺术不断地向前发展,中国的绘画与雕塑无论从形式到造型都浸透着浪漫与现实的结合,显示着艺术的功底与艺术的思想。

我们从中国艺术的背景来看,雕塑和绘画是在工艺美术的母体中共存与产生的,在漫长的千年进程中,它们只是工艺美术形式中不同的两种艺术形态、两种装饰手法,这就使得绘塑在共融中发展,也就使得线刻和平面性浮雕——画刻高度结合的、中国式造型方法能发达与持久的主要原因。

再则,中国的装饰艺术有着不拘一格的夸张性,形式不求再现,在物象表现中力追新奇酣畅,有如中国传统书法艺术中的狂草,绘画艺术中的大写意,京剧舞台上的脸谱,都不像西洋绘画和古希腊的雕塑那样去极力追求自然、摹仿自然、再现自然,而是有高度的意象性,主要是依据观察体验所得印象,再加以想象,把注意力放在物象的神韵表现上,经过主观加工美化而成艺术形象,和客观对象持有相当距离。中国雕塑亦是如此,它和中国画的艺术观念是一致的,而且贯穿了整个古代雕塑的程式,我们对一些古代雕塑稍作分析便可明了。如古代雕塑“十大明王造像”虽因元兵入川仓促停工,留下一组尚未竣工的艺术品,但从现有粗胚上斧凿刻痕观察,可以看到古代雕刻家纯熟的刀法与深厚的艺术功底，雕塑的整个气势刚健遒劲、雄浑有力，有如中国画中豪放的笔触，别具韵致。在古代雕塑中，秦始皇陵兵马俑虽然在形象表现上高出于其他时代的写实性，但这是主题性表现，是替代真人的，在表现上仅仅集中在俑的头部刻划，并且形象是规律性的、图案化的，形象是以层次等级分类的，并不是每件都各不相同的，而且身体部分则无一例外是十分写意的，就是比较写实的头部也只是与横向相对而言，也不能和西方的写实雕塑作同格比较，而且原则性的区别是在于艺术表达方式是大相径庭的，在本质上依然属于意象性造型。并且我们的古代雕塑象汉唐陶俑、霍去病墓石刻、历代造像无不显示意象的特点。中国古代雕塑的精到精妙是体现在装饰与工艺上的，艺术的表现始终是绕行在意象表达之中的，是从感觉与理想出发，象中国的写意画一样，艺术的表达在形式上简炼、明快，但意的衍生是以少胜多而耐人寻味，汉代四川说唱俑和霍去病墓石兽颇具代表性，这些作品以作者对物象的高度感悟和深刻理解，追求神韵，以形写神，像说唱俑的眉飞色舞兴高采烈的神情表达真是达到出神入化的境地，这种"栩栩如生"的感觉才是真正意义上的从艺术作品中传达出人的精神状态与生命活力。霍去病墓的石兽以有意味的基调夸张了动物的神韵，在形式上有严格的去舍，重在突出对象的特征，更具艺术感染力，还有霍去病墓石兽采取"因势象形"的手法，以巧妙的构思充分利用岩石的自然之势，只进行最低限度的艺术加工就能接近某种动物的形状，使石兽造型更显示出形与意的相交。

从整体的艺术形式来看，中国古代雕塑总的趋势与艺术表达是以意象为主的，但精与粗、主与次的对比是把握得很好的，重头部的刻划，头部是艺术家首要表现的部分，所以在中国古代的绘画与雕塑中，头大身小是一种人为的、程式性的造型，在头部的装饰也是下大功夫的，重在传神与美化，龙门奉先等大佛、服侍菩萨与天王力士像都严重地头大身小，但依然很美，可以说这是中国古代雕塑意象描写中扎实与精美之处。

四、中国古代雕塑审美的特殊性

中国式的文脉特征是世界上独有的，所以有着一整套属于自己的审美特殊性能，这种审美不管在任何情形下都离不开文化与人文背景和中华民族的气质，离不开生活条件、地理环境、哲学思想、伦理道德观念的联系，以"温柔敦厚"为诗之旨，并作为艺术的一种思想指导，表现在艺术上便是朴素美、含蓄美、内在美；雕塑亦然，中国古代大部分雕塑其内容是理想主义的，表现着人们的生活理想与精神理想，艺术上不是现实和写实的再现。中国古代雕塑给人的感觉不像西方古典雕塑那样非常写实，一览之下历历在目，而是神龙露首不露尾，含不尽之意于象外，象中国书画以藏锋用笔那样将力量包裹在内部，给人以更多品赏的余味。例如：严阵以待的秦始皇陵兵马俑、载歌载舞的汉唐女俑、威武雄壮的唐代天王力士都有这种效果，比之西方掷铁饼者的紧张迸发和拉奥孔群塑情绪激烈的外露，就能更好地领悟中国古代雕塑畜而不发的美感特点，从中也可以看出它是与其他中国古代艺术的审美理想是一致的。

中国古代雕塑审美的特殊性还在于大量的佛教造像这一块。虽然佛教美术源于古代印度，但中国艺术家在学习模仿的过程中，逐步融进华夏文化，在改造与提高中使其既保留了某些不可动的原在因素，又更完美地体现出中国形式和风貌，使佛像的造势逐步地形成了中国式的框架，并上升了佛教造像的"经规仪轨"，形成了所谓佛像有"三十二相""八十种好"的形象与神化特征，两耳垂肩，手长过膝而外，又如螺发绀青相，顶上肉髻相（不是普通发髻）眉宇间的毫相等，可以通过造型艺术加以表现的好相道，在雕塑造型中，在形象塑中都必须严格符合要求。再则，佛和菩萨的肢体演绎，特别是手势（称作手印或印相）各有含义，各种佛经人物依身份不同而有不同的造型（如有的三头六臂，有的千手千眼），不同的姿势（如接引佛才站着，其他佛皆取坐姿），表现形式都有严格的律定。当然，这种形式审美的特殊性是由理想主义的艺术产生的，在表达形式上是感情化的，因而形式的特殊审美也是必然的。

中国古代雕塑是具有思想性的艺术产物，有着强烈的民族性。所以，欣赏中国古代雕塑要把握住民族性这个基础的根本点，要综合各个特点来认识，虽然特点并不等于优点，但有了特点，一种艺术就能生存和发展，中国艺术包括中国古代传统雕塑之所以能够一枝独秀地屹立在世界艺术之林，全在于有着与众不同的许多特点——这些特点是全世界所承认的，并受到全人类尊重的。

第三节 戏曲艺术

作为中华民族文化宝库中的明珠，中国戏曲有着悠久的历史，深受各个时期民众的喜爱。而且中国戏曲由于自身的民族特征十分鲜明，因此被视为世界三大古剧之一。

中国戏曲是由角色化的演员运用演唱、舞蹈、动作和念白等表演方式当众展现故事情节的舞台表演艺术。戏曲艺术"是一种人类生命运动的特殊的展示方式。"文学、音乐、舞蹈、雕塑、绘画和武术融入戏曲，使戏曲获得了多层次、立体化、整体化的艺术美，实现了时间艺术与空间艺术，视觉艺术与听觉艺术，再现艺术与表现艺术、造型艺术与表演艺术的融汇整合，使戏曲成了具有多方面审美特征、极具观赏性的艺术。

一、戏曲的名称、指义

在我国古代戏曲史上，出现了不少用以指称戏曲的名词，诸如"戏剧""戏曲"者，或者是"戏""剧""曲"。就这些名称来看，最容易被混淆的两个就是"戏剧"和"戏曲"。尽管在唐代就已经有了"戏剧"一词，然而杜牧彼时提到的"戏剧"乃是游戏和戏弄的意思，与后来戏曲的指义相距甚远。在戏曲形成之后，便有人用"戏剧"来泛指戏曲。而"戏曲"直至宋元的时候才被提出，可以说它是伴随戏曲而生的。在西方话剧、歌剧等进入我国以后，为了区别西方戏剧和我国的传统戏曲，有学者就称西方戏剧为"戏剧""戏，曲"就成了中国传统戏曲的专门称谓。如此，这两个原本指代同一物的名词就有了不同的指义。不过还是有学者将二者看成是指义相同的名词，还都用来指称戏曲。

二、戏曲的艺术形态

不同的艺术形式，其艺术形态也独具特色。戏曲产生之后，古代戏曲理论家就解释了戏曲的艺术形态问题，这也经历了一个逐步完善和统一的过程。例如明代的周之标在《吴歈萃雅·又题辞》中首先就将戏曲的叙事性形态特征提了出来，但是戏曲作为叙事文学，要兼具"有是情"和"有是事"。此外，他也将戏曲代言体的形态特征指了出来。但戏曲之情实际上就是对剧中人物情感的体现，要求词人务必"肖之"。近代以后，新建立了戏曲史研究学科，学者们进一步深入认识了戏曲艺术形态方面的特征。例如王国维在《宋元戏曲史》中界定戏曲艺术形态的基本特征时就带有总结性。王国维给戏曲下的定义较为科学、明确——"现存大曲，皆为叙事体而非代言体，即有故事，要亦为歌舞戏之一种，未足以当戏曲之名也"。

根据王国维关于戏曲的定义，即要求戏曲在艺术形态上具有的特征包括：第一，一定要综合言语、歌舞等不同类型的表演艺术，其中的歌、舞是最关键的两种表演艺术；第二，戏曲一定要具有故事情节，也就是其所说的"演故事"，而歌舞表演只是手段，借助各种手段表现故事情节，进而感动观众才是最终目的；第三，戏曲是代言体而非叙述体。戏曲演员一定是扮演成剧中人物来对故事情节进行表演，而非以第三人称叙述故事。这一点便是戏曲与小说等叙事文学相区别的重要标志之一。

三、戏曲艺术的审美特征

（一）戏曲艺术美的丰富性

戏曲艺术表现手段的丰富多彩造就了戏曲美的丰富性，其中角色，音乐化的演唱和伴奏，虚拟的舞蹈化、程式化的动作和表演，以及艺术化的念白等起着突出作用。戏曲以演员的表演为中心，根据剧情需要由演员扮演故事中的具体角色。角色化要求演员的演唱、念白、舞蹈和表演动作都必须符合特定角色的特殊身份和个性，随着故事情节和戏剧冲突的发展，真实袒露特定情境中角色内心的情感冲突和变化，力求进入情景交融的审美境界。戏曲演唱的音乐化，集中体现在曲牌联套和声腔板式的优美设计和灵活自由的演唱上，戏曲演唱追求唱腔饱满圆润、抑扬顿挫、曲折变化和优美动听；戏曲的唱段，是诗词、散曲与音乐的融合，具有极强的抒情性和表意性；演唱要有心灵的体验和真情的投入，讲究声情并茂，真切传情，完美表达特定情境的独有情韵和人物鲜明的独特个性。戏曲伴奏的管弦乐和打击乐，激昂清越，特色纷呈。器乐伴奏配合演唱，呼应情节的发展和人物情感的变化，渲染情绪，烘托气氛，统帅节奏，丰富神韵，使角色塑造更加鲜明感人。虚拟的舞蹈化、程式化的动作和表演，是戏曲特有的表现手段，一个动作过程就是一段舞蹈，一段故事就是若干舞蹈段落的组合，连角色感情的表现也带有"眉飞色舞"的舞蹈意味，用优美、抒情的舞蹈表意传情，演绎故事。程式，是从生活中提炼出来的规范化艺术化的动作系列。舞台上演员的眉眼声气、举手投足、一招一式都有相对固定的一整套连贯的舞蹈动作模式，如挥鞭即策马，摇桨即行舟，虚拟实物，虚拟环境，虚拟时空，使表演生动，表意鲜明，给观众留下想象的时空。艺术化的念白、对白，是交待剧情、剖析人物内心活动、展示矛盾冲突的重要手段。中国戏曲不同的剧种往往都有自己的地域、语言、文化和表演上的特色，同一剧种还有不同的表演风格和流派，使戏曲的艺术美异常丰富。

（二）戏曲艺术的综合美

戏曲是艺术表现形式审美化的综合性的典型。戏曲融合了文学、音乐、舞蹈、绘画、雕塑和武术等艺术元素，是一种时空交融、视听兼备的综合性艺术。它有音乐和诗歌的时间性、听觉性，有绘画、雕塑的空间性、视觉性，又有与舞蹈、武术相同的以人的形体动作表演为载体的审美特征。演员的表演是创造戏曲形象的中心，其他艺术因素必须为演员塑造舞台形象服务。文学、绘画、雕塑、舞蹈、武术、音乐艺术在被戏曲综合时，为适应和完善戏曲的表现方式和特点，按照戏曲的规律进行了一系列演化，这种演化，同时就是戏曲艺术表现形式的审美化。

文学为戏曲艺术服务的直接形式是剧本。剧本必须适合舞台演出，即剧本提供的故事结构是舞台化的，要有时间和空间的相对集中性；剧本语言必须是表现性语言和戏剧性的动作语言，具有对时空环境和形体动作的提示性，才能为演员表演的二度创作提供基础。从内容上看，文学进入戏曲的，主要是小说、诗词和散曲。传奇小说就是故事，戏曲的最大特点就是在舞台上"以歌舞演故事"，通过戏中人物直观化的歌舞表演直接展示故事情节。戏曲故事的情节要新奇、曲折、巧妙、圆满。演法是按情节把故事分成时空灵活的线型的段（折、出、场），每一段线索清楚，情节完整，按时间顺序展开曲折变化的矛盾冲突，逐步把故事推向高潮，结局力求圆满，呈现出行云流水般的断而连，连而断的在各种对立、起伏、顿挫、曲折中使故事的演绎表现出"阴阳互含"的曲线运动的情节美、场面美。戏曲语言具有音乐性和抒情性，戏曲凡是重要之处，都靠唱来进行，戏曲的唱词是诗词和散曲，因此，从一定意义上说，诗词、散曲是戏曲的灵魂。诗词、散曲进入戏曲，发挥了长于抒情和富于声韵美的优势，使戏曲故事成了诗化的故事。由于诗化的要求，连戏曲的念白也包含了诗词的节奏和吟咏的韵味。同时，诗词也被戏曲化、世俗化了。表现在：一是诗词的人物化，唱词要由特定的角色演唱，因而必须符合特定人物的身份和个性，必须真实袒露人物的情感世界，才能充分表现人物的性格和命运；二是情境化，唱词要随时依据情节的进展，透露出人物所处的境遇，刻画面对的景致，实质也是抒写人物的情怀；三是音乐化，戏曲的诗词因为要演唱，因而必须符合音乐的曲调韵律的要求。诗词的戏曲化、世俗化，使戏曲贴近生活、贴近群众的同时，也使戏曲表现形式具有了诗意美和韵律美。

绘画使戏曲表现形式的审美化突出体现在脸谱、戏装和舞美设计上。其中京剧的脸谱最有代表性，脸谱以夸张的手法，用各种色彩在整个面部勾绘眉、眼、鼻、嘴和肌肉纹理的种种装饰性纹样图案，根据人物的身份、性格，或突出颜面上的某些部位，或作反常的、变形的、象征性的勾画，借以表现对人物的褒贬。从构图上看，有整脸、碎脸、歪脸、老脸、破脸、元宝脸、六分脸、粉白脸、三块瓦、十字门、豆腐块和象形脸等，谱式丰富，构图完美。加上色彩的装饰，所谓：红忠，紫孝，黑正，粉老，水白奸邪，油白狂傲，黄狠、灰贪，蓝凶，绿暴，神佛精灵金银普照，使脸谱成为人物道德品质和个性性格类型化的明显象征，使人物形象突出而鲜明，观众一望而知，感到新奇可爱。戏装又称行头，包括盔、冠、巾、帽、蟒、帔、靠、褶、衣、靴、鞋等，色彩鲜艳，图案华美，绚丽夺目，富有装饰美。类型化、装饰化的脸谱配上鲜明耀目、图案化的服饰，在错彩镂金的舞美设计的辉映下，突出了戏曲表现形式的视觉美。

戏曲表演人物上台时的"亮相"，不仅集中而突出地显示人物的精神状态，还具有雕塑的效果。"亮相"和表演的关节点上的"定型"，都是为了放慢节奏，在短促的停顿中方便观众审美静观。当主要角色大段大段地唱时，次要角色往往排列、环绕在舞台上一动不动，构成静态的"造型"，使戏曲表演呈现出场面性的雕塑美。

戏曲表演的做打，是中国舞蹈和武术的戏曲化、审美化。做，包括台步、圆场、走边、起霸、亮相、云手、趟马……等等舞蹈化的身段、程式动作。它既是体现人物性格心理的情节动作，又可以表现多种情感。如，翎子的不同做功可以表现人物喜怒哀乐的复杂情感："喜悦得意掏翎蝙蝠蹁跹形，气急惊恐绕翎蜻蜓点水形，深思忧虑搅翎二龙戏珠形，愤怒已极抖翎蝴蝶飞翔形，施礼搭躬涮翎双钩钓鱼形，拂袖而去摆翎燕子穿檐形。"髯口功通过擦（思忖）、挑（观看）、推（沉思）、托（感叹）、捋（安闲）、撕（气愤）、捻（思考）、甩（激恼）、抖（生气）和绕（喜悦）等不同做功，表达复杂的情感。帽翅功、水袖功、扇子功、手绢功等都是通过一套套精美的做功来加强表演的舞蹈性，表现人物的心理活动和情感，揭示人物品格，并增加装饰的观赏美。打，是指武打场面的翻、扑、跌、转等剧烈的大幅度动作，包括正翻、反翻、空翻、连翻、交错翻的"筋斗"；身体前扑、头部向下、凌空一翻、以背着地的"吊毛"；身体向斜前扑、以左肩背着地、就势翻滚的"抢背"；以及一个戏中主要人物手足并用、与敌对数人相互抛掷接踢武器，迅速准确，配合紧密，表现惊险复杂的战斗情景，形成新奇精彩、眼花缭乱的舞蹈性场面的"打出手"等等。戏曲表演的做打，五彩缤纷，使戏曲表演呈现出赏心悦目的舞蹈美。

音乐进入戏曲形成了曲牌联套体、板式变化体的戏曲音乐结构和昆腔、高腔、梆子腔、皮黄腔等四大声腔。从戏曲以唱念为主来看，声乐是主体，"不同的行当不仅在唱腔上常常选用不同的曲牌、板式，而且在演唱的发声、音区、唱法等方面也有很大差别。即使是相同的声腔板式，它们在不同的行当中也因旋律、节奏、落音等差异而具有不同的风格色彩。"就控制节奏而言，戏曲器乐的节奏感是音乐性的核心，锣鼓点引领着"唱念做打"，配合表演，伴奏唱腔，渲染气氛，控制节奏，使戏曲人物虚拟的程式化的动作表演有板有眼，声情并茂，生动传神。"戏曲锣鼓虽然仅有节奏、音色的对比，而无旋律上的变化，但它自身的性能发挥得很充分，音响、节奏变化极为丰富，且有一套完整严密的组合方式，艺术表现力很强，"起着统帅全剧节奏、接引过门和唱腔、引导动作和情绪的作用，使全剧始终贯穿着音乐美。

戏曲把文学、绘画、雕塑、舞蹈、武术、音乐按自身的表现规律和表演方式完美地融汇、整合成一个整体，这些中国传统艺术的表现形式在戏曲里得到了一种形式美的定型，极大地丰富和发展了戏曲的艺术表现力，它们共同整合、营构了戏曲艺术的综合的舞台造型美和情节展现的表演美，使戏曲表现形式的审美化达到了极致。

（三）舞台表演的直观美

戏曲特有的表演美、造型美、综合美是作为一个生动的过程在舞台上通过演员的表演集中展现的，因而它是舞台表演的过程性与直观性的高度统一。戏曲表演"让一切发生在观众面前"，使观众直接感知和亲身体验戏中所反映的生活，成为戏中生活的一个积极参与者，台上台下进行面对面的直接交流。"演员通过表演感动观众，观众则以情绪影响台上的演员。戏剧家饱含情感的处理，观众饱含情感的反应，在演出中汇成巨大的精神洪流—戏剧的'场'。观众既被演出所感动，也被这种群体性的精神洪流所感动。"这种直观感受、立体展现的审美特征使戏曲具有独特的艺术氛围和强烈的艺术感染力。

（四）戏曲表演的虚拟美

虚拟环境，虚拟时空，全靠演员用自身的动作表演调动观众的想象，创造出剧情需要的舞台环境和氛围。虚拟表演超越有限的"实境"，营构无限的"虚境"，使戏曲表演更加自由，拓宽了表现生活的领域，带给观众丰富的联想和想象，在观众的想象中共同完成审美意象的创造，因而具有涵泳回味的艺术魅力。"如《秋江》，舞台上空无一物，年迈的艄翁用他手中的船桨做出划动的姿势，观众知道他在划船。陈妙常上船后，船行中间，两人前进后退做出种种身段动作，表示风浪大作，或表示湍流急紧，逆流而上，或表示风平浪过，船又在平和的江水中徐徐行进。其中船桨这一实体与演员的虚拟动作结合，不仅让观众领会了剧情，而且突出表现了船上人物的细腻微妙的内心活动。"虚拟表演重在动作的高度美化和感情的充分抒发，创造超越实境的审美意境，在戏剧冲突中塑造典型环境中的典型人物，揭示人物的内心世界。

（五）戏曲表演的程式美

程式是直接或间接源于生活，经过音乐化、舞蹈化、装饰化提炼、概括的规范化、定格化的中国戏曲特有的艺术语言。它具有美感的视觉形象，具有相对独立的形式美，带有明显的假定性和规范性。戏曲的角色行当、唱念做打、化妆服饰都有自己的程式。程式使戏曲艺术能经济、准确、简洁地表现生活，使形象生动鲜明，具有强烈的舞台审美效果。程式虽有形式上的规范性，却可由演员根据剧情和人物塑造的需要灵活自由地加以运用，进行富有生机的美的自由创造。程式是随着戏曲的发展而不断发展的。程式使戏曲艺术既反映生活，又与生活保持一定距离，使典型形象比生活更精炼、更集中、更夸张、更美。

（六）情节演绎的曲折美

戏曲的剧情是由一系列矛盾冲突构成的，是怀有各种目的的人物之间性格冲突的提出、发展和解决。戏曲通过人物行动构成的戏剧性生活场景来推进剧情的展示，充分演绎不同戏剧人物之间、人物与环境之间、人物内心的激烈矛盾冲突，把剧情推向高潮。戏曲表演集中表现紧张激烈的戏剧冲突，才能激起观众的强烈兴趣和情感反应。"紧张是冲突的基本特征，巧合有助于冲突的集中，误会也是一种冲突，悬念是对冲突如何发展的心理预期，延宕是冲突的量变过程，惊变是冲突过程中的一次飞跃，壮举是冲突激化时的行动，滑稽是以轻松方式反映的矛盾冲突"等。正是这些由冲突和曲折引起的富有戏剧性的审美元素的综合效应，才使戏曲情节的演绎具有强烈的吸引力和巨大的感染力。

（七）戏曲艺术的写意美

戏曲表演要求以简代繁，以少总多，言简意赅，讲究生动传神，即强调通过外在形象的塑造传达出内在的神韵，抒发主体的胸臆情怀。从整体追求上看，中国戏曲轻环境重感受，轻故事重体验，轻时空重心境，含蓄蕴藉，追求神似，注重当众展现人物的灵魂，注重整体效果的传神写意。在戏曲表演中看不到露骨的污言秽语、流血斗殴和性的场面，表演时点到即止，不重形似，讲究传达神韵，创造出一种超脱、空灵、古朴、高雅的审美境界，具有撼动人心的感染力量。表现手法的突出特点是夸张、变形，追求超乎常形之上的艺术真实。如，戏曲表演的翎子功、帽翅功、水袖功、手帕功等生活中并不存在，是为了传达神韵，表达情感，而进行艺术夸张和变形的结果。戏曲舞台也是一个空灵写意的结构，不刻意创造立体、逼真的戏剧空间，也没有写实风格的布景，全靠演员虚拟的传神的表演来指代，为观众留下很大的想象空间，靠观众诗意的想象来会意，共同完成戏曲艺术别具一格的审美品位和艺术价值的创造。

第四节 绘画艺术

作为文明古国的中国，其文化底蕴是极其深厚的，而中国的绘画更是源远流长，已有六千多年的历史，并以它独有的民族特色为世人所赞叹。它以强烈的东方文化情调、表现方法、表现形式和使用工具自成一家。和世界其他民族的绘画艺术相比，特别是同西方的绘画相比，有着很大的相异性。中国绘画可分为人物、山水、花鸟三大类种；有工笔、写意、钩勒、没骨、设色、水墨等技法形式；有独特的透视和构图法则；有壁画、屏幛、卷轴、册页、扇面等画幅样式。并以特有的装裱工艺装潢画幅。中国画有一整套的画理画论，并以绘画同诗文、书法篆刻相结合，形成了其显著的艺术特征。

一、追求神似

在中国画的作品中对物象的描绘，和客观中的物象相比，有相当大的差异性。这一点无论是最早的人物画、花鸟画和山水画中均可找到。即便是在绘画技艺不发达的远古时期，画家们也不以画得像不像而苦恼，人们在头脑中能天然地将这些画作同自然物象对应起来，很大程度是一种"符号提示"，这一点可在中国的象形文字中略见端倪。但绘画毕竟是对客观物象的描绘，画家们在"像不像"的问题上，即绘画理论上所谓的"形似"上也作过一些争执和思考。一直到东晋大家顾恺之首先在理论上提出不以形似为满足，才明确提出"以形写神"的主张，把"传神写照"作为绘画的最高境界。他的这一主张和审美观点是在中国文化结构中的合理选择。因此很快这一观点便被视为中国绘画的最高境界，追求神似成为中国画家在表现方法上的准则。这一审美法则的奠定具有划时代意义，对后世中国绘画的影响之大，至今仍不可小视。

人物画家要刻画的是人物所具有的精神气质，山水画家要描绘的是山川的神采气韵，花鸟画家要写出花鸟禽兽的勃勃生机。为了神完意足，画家采取"遗貌取神"的表现手法。中国画家作画以追求神似为本，往往不计太多其他。因此一幅优秀的中国画，虽没有对现实的物象作逼真的描绘和精到的刻画，但都能生气勃勃，神采焕发，给人以美的享受。

相传苏东坡画了一幅朱色竹图，有人对他发难："竹子哪有红色的？"而苏东坡不以为然地答道："难道竹子又有墨色的吗？"这一佳传说明中国绘画不以现实的酷似为能事，苏东坡的朱竹，风致潇洒，别有情趣，画出的是竹子的精神，至于朱画还是墨画则无关紧要。既然传神重要，那么凭借什么去传神？顾恺之提出以形写神论，他认为这个"神"字存在于客观本体的形象之中，神是通过形表现出来的，没有形，神就无从寄寓，而这里的形并不是客体物象的全部或原本，只能是在对神的描绘之中，对客体物象部分元素的选择而已。也可以说"以形写神，形神兼备"是客观之物和画家胸中之物的完美统一。

二、注重意境

画家在对客观事物的观察认识、体验感受中，产生了某种情感。通过艺术构思，用绘画的语言将这种思想感情充分表现出来，我们把这种画面上传达出来的，画家营造出的某种意味深长的感人境界称之为意境。意境可以说是情与境的谐和，意与象的统一。是画家的感情理想与客观物象融和统一而产生的境界。这种境界往往有言外意，意外味，弦外音，能使人通过联想和理解获得共鸣。即所谓："情与境合，意与象通"。在近现代山水画领域，黄宾虹山水重内美，究画理，以理趣美，静穆美为其独造；李可染山水则重造境，在写实中寄寓沉凝肃穆的哲思；石鲁山水却能以人格力度契入画作，张扬了一种浪漫主义精神，具有奇崛之美感；钱松（FDCF）求其朴拙美；傅抱石却敢于驰骋才思，在纸上浇铸出他极强个性的山水画风骨，他的画意境恢宏壮阔，动势险绝而视域深远迷离，"纯以气象胜"，实为画中太白。他能在"烟云供养"中"搜妙创真"，拓展传统山水画的表现力，令人耳目一新，在"外师造化"之时窥见性灵之真，到达"中得心源"之真知境界。纵览有成就的画家，均是在外部世界进行客观寻找，与向内部世界进行主体感悟中，发现"真实"与"神境"的。是一种主客相互触通的产物。

三、不受时空限制的构图

中国画的表现空间为非可视空间，是主观臆造的空间，它不受两眼视线的限制，不用消失点，画面的构图形式可直长、横长、方形、矩形、长矩形、圆形、椭圆形、横幅或横卷，可长达几十公尺，一百多公尺。清代乾隆帝下江南的《南巡图》便是十个十二丈的横卷。也可以将有的画分成四条、八条、十六条来画，这种特殊的空间处理格式称之为"通景屏"。

在山水画中，不用消失点，也叫散点透视法，画山水须抓住远近距离，除了注意空间感之外，还要考虑空气感，使得画与人之间似乎有空气流动的感觉。宋代王希孟的《千里江山图》、夏圭的《长江万里图》都是横扫千里的巨构,而明代徐渭的《百花图卷》,则尽四季花卉于一幅之中。这种突破时间、空间限制的表现方法,使画家获得极大的创作自由,他们不再受自然的束缚,而成了驾驭造化的主宰,体现了中国画家非凡的胆识。这种表现方法是适合我国民族欣赏习惯的。例如我们在欣赏傅抱石、关山月的《江山如此多娇》这幅巨作时,并没有觉得它在时序上、感觉上有任何不合理的存在,我们对近景的草木葱茏,一片江南景色,远景是冰山雪岭,一派北国风光,并不感到时序的错乱,同时我们对绵延不尽的崇山峻岭、莽莽无垠的肥沃原野、奔腾的长江、黄河、蜿蜒的万里长城,以及世界屋脊上的巍峨雪山,其视野纵横万里的假定空间,也没感到有什么不合理,反而觉得这样我们伟大民族的豪迈气魄被表现得淋漓尽致。这种独创的表现方法是和自己民族审美习惯相一致的。这种把形式和内容和谐统一在一起的思维模式、创造模式,正是中国画艺术上的成功之举。

四、独特的程式化表现

从客观物象中提出共同性,概括成程式,即把某一种事物的特征找出来,加以强调。比如中国画中的线条就是一种程式化的东西。中国画在描绘客观物象时总结出一整套的"法"——即画法,和一整套的"理"——即符合艺术规律的道理。如画人物画有"十八描",画山石有各种皴法,画树叶有种种点叶法等。再如有些作品,似乎不符合自然之理而符合艺术之理——即视觉习惯之理。如"雪中芭蕉",用月亮表示黑夜而不染黑;还有"墨竹""墨叶"。这种独特的"法"与"理"也可称之为"程式化",它是艺术家长期观察自然物象,并加以剖析,经过概括、提炼、夸张,使之成为有规范性形象的结果。艺术程式的创造是作者对形式美规律的掌握和应用,因此程式可以成为某种特定艺术形式中最稳定的结构之一。

中国戏曲的程式和中国画的程式是一脉相承的,都是中国文化现象的一种独特表现。演员演吃饭饮酒,不能真的把菜饭搬上去;演划船不能真在台上放水;绘画也是如此,画松树用的是"松叶点",充分表现出松特有的形象;画山岩用小斧劈加折带皴,表现出那棱角分明的坚硬石质;而远处起伏的山峦,则用披麻皴或雨点皴,表现出那已是土质松软的老年山了。程式化方法使画家容易掌握自然物象的特征,在此基础之上,再去根据个人感受组织变化,进而着力于神似的追求。

程式要符合好看的审美要求。时代不同,程式也要发展,要创新,不能抱住老程式不放。每个时代都应有本时代的程式,而创造程式,需要反复不断地尝试。程式是经过无数人甚至几代人的努力而得到的。当然，程式化也曾给中国画的发展带来负面影响，有些画家依赖固定的程式，不深入生活，更谈不上思考，使得作品艺术品位低下。但这并不是程式化本身的过错，而是画家的不合理运用所致。一位优秀的中国画家，应能创造性地运用程式以表现自己独特个性，或突破程式的束缚，使自己的作品永葆青春，为时代创造出更多更好的绘画作品。

第五节 染织绣艺术

一、传统文化符号与染织艺术的融合

（一）染织艺术中传统文化符号的发展与体现

在中国五千多年的历史中，传统文化符号是一个民族或地区的重要标志，承载着一个民族或地区的文化精髓。随着时间的推移、文化的发展、历史的进步等，这种极具代表性的文化符号被人们所记忆和传承。在中国传统染织艺术中，传统文化符号是其重要的代表和设计对象，经过无数工匠和设计者的发展，传统文化符号在染织艺术中得以进一步发展和应用。传统文化符号不仅仅在形态上给人以美学、文化的引导，更通过设计者对于文化符号的理解、认识等，赋予传统文化更多的精神活力，并且在形态与表象之间建立起沟通的渠道。

在本质上，文化符号能传达、承载一定的文化信息和思维。德国哲学家恩斯特？卡西尔强调："神话、语言、艺术和科学等各种符号形式，是人自身创造的真正的中介，借助于这些中介，人类才能使自身和世界分离开来，而正是由于这种分离，人类才使得自身与世界紧密地联结起来。"很显然，文化符号已经成为人们本身的属性，并且能创造和改变世界。不仅如此，他还指出："符号化的思维和符号化的行为是人类生活中最富于代表性的特征，并且人类文化的全部发展都依赖于这些条件。"笔者尝试从文化符号的角度思考人与人、人与社会、人与文化、人与艺术，其实就是从人化的世界思考艺术和人本身。

染织艺术对于传统文化符号的表达较为彻底、生动。染织艺术能够依照丰富多样的材料、色调等，表达文化、传承艺术。在染织艺术的创作过程中，对传统文化符号的使用往往面面俱到。根据不同的类型、材质、使用功能、地域特征等，染织艺术中的传统文化符号各有不同，且生动形象。在不同的历史时期，染织艺术设计中对传统文化符号的选择也是不一样的。传统文化符号在染织艺术设计中一般分为图画与符号图案两个类型。

图画类包括龙、鹿、象、龟、鱼、凤凰等。符号图案类包括笔、墨、纸、砚、海螺、法轮、宝伞、白盖、莲花、宝瓶、金鱼、盘长、八卦、福字、禄字、寿字、禧字、万字、回纹、曲水纹、山石、海水、江崖、祥云、花瓶、宝灯、如意、宝扇、宝剑、渔鼓、拍板、葫芦、花篮、横笛等。借鉴这些丰富多彩的传统文化符号，染织艺术设计得到了进一步的发展，以传统文化符号为主题或者应用传统文化符号的染织艺术作品层出不穷、风格多样、类型众多。将传统文化符号传承到染织艺术中，成为染织艺术展示中国传统文化、弘扬中国风的重要途径。

众多的传统文化符号应用在染织艺术中，可以产生各式各样的变化，但是有一点是相同的：这些传统文化符号富有浓厚的中华民族气息，成为表现染织艺术中国风格的重要元素。

（二）染织艺术中传统文化符号的美学特征

染织艺术在艺术表达手法上兼具绘画与刺绣的特征，然而染织艺术往往有着绘画所难以表达的艺术特征。随着染织艺术的不断发展，其融合了中西方绘画、现代染织技术、当代艺术设计的理念和传统文化符号，展现的是现代艺术与传统艺术的结合，其内涵相当丰富，既具有与绘画形式相同的审美特征，又有着绘画所不具备的美学价值。染织艺术综合了绘画、现代设计理念和中国传统文化符号等多种表现形式，因此展现出现代与传统相结合的美学特征。

染织艺术设计的美学特征主要表现在其内容和内涵上。染织艺术对传统文化符号的运用，不但是对其符号形式的运用，而且能够传递出传统的精神、思想、道德、伦理等。如，在染织艺术设计中，常用如意等传统文化符号表达喜庆、祥和的气氛，尤其在婚庆场合中，如意染织物品能表达人们的情感与祝福。中国传统艺术讲究的是意境、内涵，而染织艺术在设计内容上，使用传统文化符号表达内在的深刻内涵。设计者通常用简约的设计手法和传统图案纹样相结合，营造悠远的想象空间和深邃的诗意境界，使人体会到含蓄的精神特质。

在中国传统艺术中，写意的思维与原则往往被重视和应用，形神兼备、意形结合被认为是塑造境界的有效方式，染织艺术也是如此。在传统的染织艺术中，图案往往表达对美好生活、美好事物、美好未来提道：往与憧憬，所以设计者往往通过对传统文化符号与图案的进一步处理，达到寓意与符号文化的融合。如，在染织艺术中，蝙蝠常常被作为重要的设计内容，设计者以五只蝙蝠的图案充分表达人们对"福"的祈盼。又如，通过对谷物纹样的多样化设计，象征人们对丰收提道：往。这些简单的传统文化符号把生活中普通的事物与人们的心理情感和传统艺术有效结合，赋予了普通事物内在意义，充分反映了中国传统文化符号的来源和对传统艺术的承载。染织艺术设计者通过艺术的手法，赋予了这些普通事物生命力。在染织艺术中，传统文化符号具有符号文化价值，受到人们的认可和喜爱，与使用者之间产生了内在情感的交流和传递。在中国特定的文化背景下，这种艺术与情感的交融令传统文化符号经久不衰且历久弥新。

（三）传统文化符号与染织艺术的融合与发展

传统文化符号与染织艺术的结合，让染织艺术焕发了生命力。在这样的融合中，我们可以对比发现染织艺术的美学意义和艺术特点，更能通过染织艺术中传统文化符号的应用、表现，了解中国传统文化符号的传承意义和承载渠道。随着信息科技的发展，艺术的表现和传承发生了多样化的变化，适应现代人的审美观是当前染织艺术的重要课题。设计者不仅仅要研究传统文化符号的特征和艺术内涵，更要坚持传承与发扬中国传统文化内涵，赋予染织艺术更多的时代感、艺术感。

将传统文化符号充分与现代染织艺术相结合，使染织技术在现代染织技术发展的背景下，更能传承和弘扬传统文化符号的内涵与属性，让染织作品更具有鲜明的文化性、民族性、时代性。染织艺术设计不能照搬传统文化符号，而要基于中国传统文化符号的特征作出改变和创新，使之与时代发展相结合。如旗袍设计，其在时代和文化的发展中不断推陈出新。在中国传统文化符号的使用中，虽然现代旗袍设计与传统旗袍设计使用类似的图案和样式，然而在加工工艺、图案处理、剪裁方式等方面，现代展现出了与传统的不同。这样的设计方式，在传承和保留了传统旗袍设计与艺术展示的同时，避免了生搬硬套的模仿，让旗袍在现代社会中焕发出新的生命力。所以，传统文化符号在染织艺术中具有举足轻重的作用，而其艺术设计的灵感与传统文化的精髓密不可分。

二、中国民间刺绣装饰纹样的构成

中国民间刺绣是观赏与实用并举的工艺形式，绣品不仅图案精美、流光溢彩，具有较高的装饰价值，其反复绣制的工艺还能增加衣服的耐用度。中国的民间刺绣承载着厚重的传统文化与民族精神，是中国农耕文化的产物，是与人民生活紧密结合的艺术门类，也是参与和使用人数较多的一门实用艺术。后人在注疏《左传》时就曾说："中国有礼仪之大，故称夏，有服章之美，谓之华。"刺绣，堪称是最具有华夏文明特色的传统手工艺之一，作品题材丰富多样，纹样造型简洁、生动、夸张、稚拙，透露着民间艺人们强烈的民俗情怀和审美趋向，而民间刺绣纹样构成的具体、生动、生活化、民俗化的感人特征又使之独具魅力。刺绣图案的相对制约性，使其题材相对具象且形式规范，这种源于生活和自然的抽象，展现了一种生动的感性之美。中国民间刺绣以其独特的构成方式，把民间美好的事物以图案的形式呈现给观者，让我们在惊叹刺绣工艺美的同时，还对其纹样的形式构成产生浓厚的兴趣。通过分析民间刺绣纹样的构成方式，探寻其艺术创作的规律，可将其浓厚的乡土装饰意味发扬光大。

（一）独立式纹样构成形式

能够独立存在而又具有完整感的纹样即独立式纹样。从绣品的装饰部位和组织结构上分析，一般可将其分为三种类型：单独纹样、适合纹样和边角纹样。以上三种结构形式都以独立成形、平面化和完整性结构为特点，且具有独立的审美特征。

1.单独纹样构成形式

单独纹样的构成是民间刺绣常见的一种构成方式。从艺术效果看，其构图完整，形象生动自然，不受固定外形的约束。独立成形的特点使其得到了广泛运用，如肚兜、手帕、帽尾、抱肚荷包、服装的袖口和前塔等就时常会用单独纹样做装饰。

2.适合纹样构成形式

在一定外形内配置纹样，纹样的组织与一定形状的外轮廓相吻合，这种构成形式即为适合纹样。这种构成在民间刺绣中也极为常见。由于民间刺绣大多用于日常生活用品，如肚兜、裹肚、枕顶、窗帘等，因而最常见的图形主要包括方形、圆形、三角形等规则的几何形，也包括一些自然物的形状。适合纹样讲求构图严谨、布局均匀。

3.边角纹样构成形式

边角纹样常用于修饰衣物的一角、对角或四角，因此它常常被饰用于裙角、帕角、裤脚等地方。它表现为一定的形状，但又不像适合纹样那样拘束，有一定的自由度，可以自成独立的图案且不受外形的限制。

（二）象征性纹样构成形式

象征性纹样构成是民间艺术审美观念的典型代表，它往往对某些特定审美内涵的图形形象或局部形象加以丰富的联想、想象，抛开自然的物象形态，自由组织画面并借表面形象来深化内在寓意，使绣者的观念暗寓其中。这种具有含蓄美的构成方式在中国民间艺术中有着广泛应用。

已知最早的刺绣象征图形是《尚书注疏·卷五·益稷》里记载的"天子衮服十二章"。十二章衣裳服饰，是以日、月、星辰、山、龙、华虫六章做绘于衣上，宗彝、藻、火、粉米、黼、黻六章绣于裳上，即"衣绘而裳绣"，通过这些绣绘与天子服饰上的纹样来表现天子的地位、权力和责任。

中国民间刺绣艺术常使用内涵丰富的动植物如鱼、鹭鸶、鸡、蝙蝠、石榴、牡丹等图形形象，并打破时空的限制，将不同时间、地点、季节的场景铺绘在一起，通过精心的搭配，构成和谐美好的画面，巧妙地表达诸如"吉祥如意""富贵荣华""多子多孙"等保护生命、繁衍种族的主题。质朴的劳动人民在日常生产和生活实践中创造出了很多富有吉祥寓意特征的纹样，如将瓜果蔬菜类中的"葱"谐音"聪"，寓意聪明；"蒜"谐音"算"，寓意会算账；"金鱼"谐音"金玉"，寓意富贵幸福；"石榴"寓意多子等。这种谐音寓意的表示手法，反映了劳动人民纯朴的审美情趣。

鱼在民间纹样中常被视为祝福得子、生殖繁衍的象征物。同时"鱼"与"余"谐音，所以鱼又象征富足有余；牡丹在民间被称为富贵之花，同时还有长生不老、富贵耄耋、金玉满堂等寓意，常与鹭鸶、蝙蝠等组成画面，表达一路富贵等主题。鹭鸶又称白鹭、白鸟、属玉、春锄等，羽毛洁白，腿高颈长，姿态优美，常与莲花、荷叶等组成画面，祝贺官吏升迁。

（三）特定对象配以特定题材的纹样构成形式

对于不同的对象，刺绣纹样配有不同意义的图形。用于儿童服饰，大多绣"娃娃抱鱼""刘海戏蟾""榴开百子"之类的纹样，以祈祝孩子健康成长，长大后有所作为；对于中年人，多是花鸟鱼虫、梅兰竹菊、戏曲故事以及诗句吉语等，寓意福禄富贵，吉祥如意，亦有附庸风雅之意；对于年长者，则多是松鹤寿桃、猫蝶图一类，祝愿长寿安康；对于新婚夫妇，大多是"麒麟送子"、石榴葡萄、龙凤鸳鸯、莲花金鱼等，用以表达多子多孙、夫妻和美的意愿。这些图形所指的含义是为大众所熟知和认同的。这些图形纹饰体现了民间艺人在刺绣构思中的一个突出特点：率直自然。绣者质朴直率地表现他们想表达的意图，不拐弯抹角，不添加多少陪衬，构图简洁而明确。正如阿恩海姆所说："人类用视觉图像对概念作出的一切解释，都包含了审美的成分。"

某种特定的对象给予特定的纹样构成以特定的意义，用在不同的地域表达一样的含义，这就是范式。由于这是民间艺术家共同创造的特定符号，因此它具有最广泛的普遍性，从而上升为一种集体表象。

第五章 中国传统建筑文化

第一节 宫殿建筑

宫殿建筑又称宫廷建筑，是皇帝为了巩固自己的统治，突出皇权的威严，满足精神生活和物质生活的享受而建造的规模巨大、气势雄伟的建筑物。这些建筑大都金玉交辉、巍峨壮观。

一、宫廷古建筑的概述

从秦朝开始，宫成为皇帝及皇族居住的地方，宫殿则成为皇帝处理朝政的地方。宫殿建筑的规模在以后的岁月里不断加大，其典型特征是斗拱硕大，以金黄色的琉璃瓦铺顶，有绚丽的彩画、雕镂细腻的天花藻井、汉白玉台基、栏板、梁柱，以及周围的建筑小品。北京故宫太和殿就是典型的宫殿建筑。

为了体现皇权的至高无上，表现以皇权为核心的等级观念，中国古代宫殿建筑采取严格的中轴对称的布局方式：中轴线上的建筑高大华丽，轴线两侧的建筑相对低小简单。由于中国的礼制思想里包含着崇敬祖先、提倡孝道和重五谷、祭土地神的内容，中国宫殿的左前方通常设祖庙（也称太庙）供帝王祭拜祖先，右前方则设社稷坛供帝王祭祀土地神和粮食神（社为土地，稷为粮食），这种格局被称为左祖右社。古代宫殿建筑物自身也被分为两部分，即前朝后寝：前朝是帝王上朝冶政、举行大典之处，后寝是皇帝与后妃们居住生活的所在。

中国宫殿建筑以北京的故宫为代表。故宫又名紫禁城，是明清两朝皇帝的宫廷，先后有24位皇帝在此居住过。故宫占地面积72万平方米，有房屋9000多间，故宫周围是数米高的红：色围墙，周长3400多米，墙外是护城河。故宫规模之大、风格之独特、陈设之华丽、建筑之辉煌，在世界宫殿建筑中极为罕见。故宫分前后两部分，前一部分是皇帝举行重大典礼、发布命令的地方，主要建筑有太和殿、中和殿、保和殿。这些建筑都建在汉白玉砌成的 8 米高的台基上，远望犹如神话中的琼宫仙阙，建筑形象严肃、庄严、壮丽雄伟，三个大殿的内部均装饰得金碧辉煌。故宫的后一部分内廷是皇帝处理政务和后妃们居住的地方，这一部分的主要建筑乾清宫坤宁宫、御花园等都富有浓郁的生活气息，建筑多包括花园、书斋、馆榭、山石等，它们均自成院落。

二、宫廷古建筑历史特征

宫殿建筑最大的特征是硕大的斗拱、金黄色的琉璃瓦铺顶、绚丽的彩画、高大的盘龙金桂、雕镂细腻的天花藻井、汉白玉台基、栏板、梁柱，以及周围的建筑小品，以显示宫殿的豪华富贵，像北京故宫的太和殿就是这样：一座豪华的古建筑物。

汉朝长安城里的三级宫殿：长乐宫，未央宫、建章富，合称"汉三宫"。长乐宫是由四组宫殿（长信、长秋、永寿、永宁）组成。当时，刘邦就在这里处理政务。长乐宫周围大约有一万米。

未央宫建筑在长乐宫以西半公里左右的地方，汉高帝七年（公元前 200 年）由丞相萧何主持所筑的皇宫。当时未央宫建造极为豪华，它建在一个高台地上，由拥多个殿宇和台阁组成，周围约 8900 米。

建章宫是由一组庞大的、密密层层的宫殿群组成的。殿宇台阁林立，号称千门万户"。它平地崛起，殿比未央它还高。东西有 20 多丈高的凤阙。由于建章宫建筑在建章门以西，所以整个建筑群同未央宫隔城相对。

"汉三宫"距今已有两千多年的历史，当时的建筑早已无踪影了，但是，我们从现存的遗址看，还可以想象出整个建筑的规模和布局。

在西安城东南部，有一个兴庆宫公园，它的前身就是 1270 多年以前唐朝一处宫廷——兴庆宫的旧址。兴庆宫占地面积大约 2106 亩。它的最大特点是把宫廷与园林结合在一起。在唐朝的长安城里，有三大宫廷建筑：太极宫、大明宫、兴庆富，而兴庆宫是规模最大、最豪华富丽的一处。兴庆宫东部偏南的地方是沉香亭，这是专供唐玄宗和他的贵妃杨玉坏欣赏牡丹的处所。沉香亭的西南方向不远有一个椭圆形的大水池，面积 18300 平方米，名叫龙池。池水很深，池面碧波荡漾，池边树木葱郁，风景十分优美。可以看出当年的兴庆宫就是这样一座殿宇和园林结合的大宫廷。

北京故宫又名紫禁城，是我国古代宫廷建筑保留最完整的一处。故宫是明、清两朝皇帝的宫廷。明朝先后曾有 14 个皇帝在这里居住，清朝先后 10 个皇帝在这里居住。故宫规模之大，风格之类。建筑之辉煌，陈设之豪华，是世界上宫殿所少见的。故宫占地面积 72 万平方米，建筑面积 15 万平方米，有房屋 9 千多间。故宫周围是周米高的红围墙，周长 3400 多米，城外是护城河。从整个建筑布局来看，故宫可分为前后两个部分：前部分称"外朝"，主要建筑有"三大殿"，太和殿、中和殿、保和殿。三大殿两侧是文华殿和武英殿。"外朝"：是皇帝举行重大典礼和发布命令的地方。：

"外朝"后面部分是"内廷"，也叫"后停"。这一部分的主要建筑有乾清宫、交泰殿、坤宁宫和御花园。内廷的东西两侧是东大官和西六官，是皇帝处理政务和后妃们居住的地方。

故宫是一处豪华壮丽的殿宇之海，这处宏伟的古代宫廷建筑群，充分显示了我国宫殿建筑艺术的高超水平。

三、艺术特征

中国宫廷建筑具有审美价值的特征形式和风格。自先秦至 19 世纪中叶以前基本上是一个封闭的独立的体系，2000 多年间风格变化不大，19 世纪中叶以后，随着社会性质的改变，外国建筑，特别是西方建筑的大量输入，中国建筑与世界建筑有了较多的接触和交流，建筑风格发生了急剧变化，中国的宫廷建筑在艺术风格上也发生了变化。

中国古代建筑艺术在封建社会中发展成熟，它以汉族木结构建筑为主体，也包括各少数民族的优秀建筑，是世界上延续历史最长、分布地域最广、风格非常显明的一个独特的艺术体系。中国古代宫廷对于日本、朝鲜和越南的古代建筑有直接影响，17 世纪以后，也对欧洲产生过影响。和欧洲古代建筑艺术比较，中国古代建筑艺术有三个最基本的特征：

审美价值与政治伦理价值的统一，艺术价值高的建筑，也同时发挥着维系、加强社会政治伦理制度和思想意识的作用；植根于深厚的传统文化，表现出鲜明的人文主义精神。建筑艺术的一切构成因素，如尺度、节奏、构图、形式、性格、风格等，都是从当代人的审美心理出发，为人所能欣赏和理解，没有大起大落、怪异诡谲、不可理解的形象；总体性、综合性很强，古代优秀的建筑作品，几乎都是动员了当时可能构成建筑艺术的一切因素和手法综合而成的一个整体形象，从总体环境到单座房屋，从外部序列到内部空间，从色彩装饰到附属艺术，每一个部分都不是可有可无的，抽掉了其中一项，也就损害了整体效果。

四、重视表现建筑的性格和象征含义

中国古代建筑艺术的政治伦理内容，要求它表现出鲜明的性格和特定的象征含义，为此而使用的手法很多。最重要的是利用环境渲染出不同情调和气氛，使人从中获得多种审美感受；其次是规定不同的建筑等级，包括体量、色彩、式样、装饰等，用以表现社会制度和建筑内容；同时还尽量利用许多具象的附属艺术，直至匾联、碑刻的文字，来揭示、说明建筑的性格和内容。重要的建筑，如宫殿、坛庙、寺观等，还有特定的象征主题。

总之，中国宫廷古建筑形成于中国的封建社会，不但代表统治阶级至高无上的权利和地位。具有鲜明的时代特色，对于研究我国古建筑具有重要的作用。

第二节 园林建筑

园林是在一定的地域运用工程技术和艺术手段，通过改造地形（或进一步筑山、叠石、理水）、种植树木花草、营造建筑和布置园路等途径创作而成的一个美的、有机的自然环境和游憩境域。因此园林是一种空间艺术，是自然美与古典美高度的统一。

我国的园林艺术，如果从殷、周时代囿的出现算起，至今已有三千多年的历史，是世界园林艺术起源最早的国家之一，在世界园林史上占有极重要的位置，并具有极其高超的艺术水平和独特的民族风格。在世界各个历史文化交流的阶段中，我国"妙极自然，宛自天开"的自然式山水园林的理论，以及创作实践的影响所及，不仅对日本、朝鲜等亚洲国家，而且对欧洲一些国家的园林艺术创作也都发生过很大的影响。为此，我国园林被誉为世界造园史上的渊源之一。

园林建筑是与园林环境及自然景致充分结合的建筑，它可以最大限度地利用自然地形及环境的有利条件。任何建筑设计时都应考虑环境，而园林建筑更甚，建筑在环境中的比重及分量应按环境构图要求权衡确定，环境是建筑创作的出发点。在中国古代各建筑类型中它可算得上是艺术的极品。在近五千年的历史长河里，留下了它深深的履痕，也为世界文化遗产宝库增添了一颗璀璨夺目的东方文明之珠。

我国古典园林一般以自然山水作为景观构图的主题，建筑只为观赏风景和点缀风景而设置。园林建筑是人工因素，它与自然因素之间似有对立的一面，但如果处理得当，也可统一起来，可以在自然环境中增添情趣，增添生活气息。园林建筑只是整体环境中的一个协调、有机的组成部分，它的责任只能是突出自然的美，增添自然环境的美。这种自然美和人工美的高度统一，正是中国人在园林艺术上不断追求的境界。

一、古典园林建筑的特点

建筑与环境的结合首先是要因地制宜，力求与基址的地形、地势、地貌结合，作到总体布局上依形就势，并充分利用自然地形、地貌。其次是建筑体体量是宁小勿大。因为自然山水中，山水为主，建筑是从。与大自然相比，建筑物的相对体量和绝对尺度以及景物构成上所占的比重都是很小的。另一要求是园林建筑在平面布局与空间处理上都力求活泼，富于变化。设计中推敲园林建筑的空间序列和组织好观景路线格外突出。建筑的内外空间交汇地带，常常是最能吸引人的地方，也常是人感情转移的地方。虚与实、明与暗、人工与自然的相互转移都常在这个部位展开。依次过度空间就显得非常重要。中国园林建筑常用落地长窗、空廊、敞轩的形式作为这种交融的纽带。

为解决与自然环境相结合的问题，中国园林建筑还应考虑自然气候、季节的因素。因此中国南北园林各有特点。比如江南园林中有一种鸳鸯厅是结合自然气候、季节最好的离子，其建筑一分为二，一面向北，一面向南，分别适应冬夏两季活动。

总之，园林建筑设计要把建筑作为一种风景要素来考虑，使之和周围的山水、岩石、树木等融为一体，共同构成优美景色。而且风景是主体，建筑是其中一部分。

二、中国古典园林建筑的形式

（一）廊

廊的特点狭长而通畅，弯曲而空透，用来联结景区和景点。狭长而通畅能促人生发某种期待与寻求的情绪，可达到"引人入胜"的目的；弯曲而空透可观赏到千变万化的景色，因为由可以步移景异。此外，廊柱还具有框景的作用。

（二）亭子

园林中最常见的建筑物。主要供人休息观景，兼做景点。无论山岭际，路边桥头都可建亭。亭子的形式千变万化，它可以任凭造园者的想象力和创造力，去丰富它的造型，同时为园林增添美景。

（三）厅堂

私家园林中最主要的建筑物。常为全园的布局中心，是全园精华之地，众景汇聚之所。厅堂依惯例总是坐南朝北。厅的功能多作聚会、宴请、赏景之用，其多种功能集于一体。因此厅的特点：造型高大、空间宽敞、装修精美、陈设富丽，一般前后或四周都开设门窗，可以在厅中静观园外美景。

（四）阁

私家园林中最高的建筑物，供游人休息品茗，登高观景。阁一般有两层以上的屋顶，形体比楼更空透，可以四面观景。

（五）舫

水边或水中的船形建筑，前后分作三段，前舱较高，中舱略低，后舱建二层楼房，供登高远眺。

三、中国古典园林建筑的风格

（一）表现含蓄

中国古典园林重要的建筑风格之一。追求含蓄乃与我国诗画艺术追求含蓄有关，在绘画中强调"意贵乎远，境贵乎深"的艺术境界；在园林中强调曲折多变，含蓄莫测。这种含蓄可以从两方面去理解：其一，其意境是含蓄的；其二，从园林布局来讲，中国园林往往不是开门见山，而是曲折多姿，含蓄莫测。往往巧妙地通过风景形象的虚实、藏露、曲直的对比来取得含蓄的效果。如首先在门外以美丽的荷花池、桥等景物把游人的心紧紧吸引住，但是围墙高筑，仅露出园内一些屋顶、树木和圆内较高的建筑，看不到里面全景，这就会使人引起遐想，并引起了解园林景色的兴趣。

（二）强调意境

中国古典园林追求的"意境"二字，多以自然山水式园林为主。一般来说，园中应以自然山水为主体，这些自然山水虽是人作，但是要有自然天成之美，有自然天成之理，有自然天成之趣。在园林中，即使有密集的建筑，也必须要有自然的趣味。为了使园林有可望、可行、可游、可居之地，园林中必须建筑各种相应的建筑，但是园林中的建筑不能压倒或破坏主体，而应突出山水这个主体，与山水自然融合在一起，力求达到自然与建筑有机的融合，并升华成一件艺术作品。

（三）平面布局简明有规律

中国古代建筑在平面布局方面有一种简明的组织规律，这就是每一处住宅、宫殿、官衙、寺庙等建筑，都是由若干单座建筑和一些围廊、围墙之类环绕成一个个庭院而组成的。一般地说，多数庭院都是前后串联起来，通过前院到达后院，这是中国封建社会"长幼有序，内外有别"的思想意识的产物。同时，这种庭院式的组群与布局，一般都是采用均衡对称的方式，沿着纵轴线（也称前后轴线）与横轴线进行设计。比较重要的建筑都安置在纵轴线上，次要房屋安置在它左右两侧的横轴线上，这种布局是和中国封建社会的宗法和礼教制度密切相关的。它最便于根据封建的宗法和等级观念，使尊卑、长幼、男女、主仆之间在住房上也体现出明显的差别。这是封建礼教在园林建筑布局上的体现。

（四）地域文化不同园林建筑风格有异

洛阳自古以牡丹闻名，园林中多种植花卉竹木，尤以牡丹、芍药为盛，对比之下，亭台楼阁等建筑的设计疏散。甚至有些园林只在花期是搭建临时的建筑，花期一过皆被拆除，基本上没有固定的建筑。而扬州园林，建筑装饰精美，表现细腻。这是因为，扬州园林的建造时期多以清朝乾隆年间为主，建造者许多都是当时巨商和当地官员所建。目的是炫耀自己的财富、粉饰太平，因此带有鲜明的功利性。扬州园林在审美情趣上，更重视形式美的表现。这也与一般的江南私家园林风格不同，江南园林自唐宋以来追求的都是淡泊、深邃含蓄的造园风格。

纵观中国古典园林的建筑形式和风格，我们可以看到，表现在古典园林中的这种具有古代中国人审美特征的园林观，绝不仅仅限于造型和色彩上的视觉感受以及一般意义上的对人类征服大自然的心理描述，而更重要的还是文化发展的必然产物，即通过园林艺术对人的生活环境的调节，来把握人本身的存在特征和意义。

第三节 陵墓建筑

一、陵墓地面雕塑的艺术特点

陵墓地面雕塑是配合地面建筑陈设的各种石雕和石刻，为地面上的雕塑，这种雕塑多数是以群的形式出现，而且规模宏大。例如：在秦汉时期，秦汉王朝统治者，为宣扬统一功业，显示王权威严，追求奢侈豪华的生活享受，不惜耗资巨大，为自己营建陵墓，想把在生前享受到的一切全部带到他们幻想的死后幽冥"世界"里。据司马迁《史记·秦始皇本纪》记载："及并天下，天下徒送诣七十余万人，穿三泉，下铜而致椁，宫观百官，奇器珍怪徙臧满之……度不灭者久之"。可见规模之宏丽。而且陵园分为内外两重垣墙，也显示了建筑的高大宏伟。陵墓地面雕塑还带有仪卫性、纪念性。最具代表性的作品就是汉代霍去病墓前的石雕群，这组石雕整体造型洗练，浑厚质朴，深沉雄大，它不仅显示了汉代的雕刻水平，而且是我国雕塑史上最杰出的作品之一。它是汉武帝为纪念大将霍去病的战功而修建的。墓前的《马踏匈奴》《虎伏》等二十余件石兽雕刻，都是因材施艺，既突出了动物的神似，又保留了石材天然的面貌。《马踏匈奴》像高 168 厘米，长 190 厘米，是纪念性石雕中最具代表性的一件作品，它用花岗岩石雕出一匹战马将匈奴侵略者踏翻在地，战马矫健轩昂，庄重沉稳，踏在马下仰面朝天的匈奴则手握弓箭犹作挣扎欲起之势。作品运用带有浪漫主义的象征性的艺术手法，颂扬霍去病击败匈奴的历史功绩，作者没有表现墓主本人，而是用雄骏的战马形象颂扬墓主人坚苦卓越、英勇豪迈的英雄气概，具有纪念碑意义。《虎伏》利用石料自然形态稍事加工，使其神形得以体现，气势雄浑，充分显示了石质材料本身的属性特征。它雕刻于一石，形体以流畅的线与扭曲的团地结石有节奏感，其势作伏卧状，一触即发，使人联想到英雄，激起对他的崇敬和怀念。除此之外，墓前还有《跃马》《石鱼》《人与熊》《野猪》等，这种把墓型、石雕与墓主人的历史功绩有机地结合起来，整体上构成了一个形式活泼、内容丰富、气魄雄伟、寓意深迥的艺术意境，成为我国最早的纪念碑式的石碑。

在南北朝时期，帝王贵族的墓前，一般都蹲伏着两只巨大的异兽，左为天禄，右为麒麟，它们不是现实生活中的动物，而是传说中的瑞兽，它们具有辟邪镇墓的作用，安置在这里作为墓主人的守护神，以象征权势与珍贵，其形体高大威武，表现出宏伟豪迈的气势。石兽整体动势呈 S 型线，与当时绘画中的"秀骨清像"相一致。气势连贯，表现出生命的律动、气韵的起伏。它将巨大的石块，渗进了主观的审美情趣，将某种理想、愿望、权力神化了。这时期的雕塑在继承汉代造型技巧的基础上，又形成了自己特殊的艺术格调。在立体雕塑上着意于对线纹的强调，造型手法更加注意夸张变形，使其作品具有强烈的装饰性，体现出了鲜明的时代风格。

在唐代的陵墓雕刻中，以唐太宗的《昭陵六骏》和唐太宗、武则天合葬的乾陵雕刻为代表，气势雄大，极负盛名。《昭陵六骏》是为了表彰唐太宗建立唐王朝而使用过的六匹战马。六骏都是半圆雕的高浮雕，分别刻立在高约 5 尺、宽约 6 尺的长方形石座上，表现了马的立行、奔驰等各种姿态，在这组雕刻中作者除了表现马的驯良稳健外，还突出了马的神骏姿态，同时也通过细节的描写而使形象更富有真实性和表现力。六骏都有强有力的筋肉表现，造型健美，神态逼真，气度非凡，体现了一种雄健豪迈、深沉悲壮的精神美。

这组雕塑纯熟地使用了"起位"这一典型浮雕创作技巧，使作品产生了强烈的体积感。写实能力的提高及表现的自由是唐代雕塑艺术成熟的表现，能处理四面观看的圆雕，用雕塑形象反映生活的范围进一步扩大。在艺术风格上，理想的追求与手法的真实互相统一，简单朴素的规律化处理和生动真实的表现相统一，也可以看出雕塑作品的各部分和群像中每一个雕塑之间的统一协调，及被特别地强调出来的整体感。同样也显示出由拙朴凝重向矫健灵动转变的艺术风貌。

由上可知，中国陵墓地面雕塑是为了护陵纪念功绩，显示尊严的雕塑，其艺术特点主要有：一是服从整体设计意图，富有象征性和寓意性；二是石兽造型，趋于神化和理想化。

二、陵墓地下雕塑的艺术特点

陵墓地下的雕塑特点集中体现在俑上，俑，最初是替代奴隶殉葬的模拟品，后发展为替代被役使的卫士、奴仆和乐舞伎的偶人。春秋战国时渐多，秦汉至隋唐盛行，主要有陶俑、木俑两类，也有瓷、砖、石、金属俑。至宋代因流行纸冥器而渐衰。俑的形象实际上都是当时现实生活中的人物，它一方面反映了当时的社会生活，另一方面体现了当时的艺术风尚和高超的雕塑技巧。

秦始皇陵兵马俑坑出土的数以千计的兵马俑，以其宏大的气势给人以深刻的印象，有诗人曰："秦王扫六合，虎视何雄哉！挥剑决浮云，诸侯尽西来。"生动概括了当时秦王指挥百万大军以摧枯拉朽之势兼并六国，完成统一大业的辉煌业绩。并显示出对人的力量的肯定。人物、战马都与真实的一样大小，毫无夸张之处。秦兵马俑刚出土时的壮丽情景，给人以强烈的心灵震撼。站在发掘现场，仿佛是站在一个雪洗后的古代战场；看到那些头颅离躯，肢体破损的秦兵俑，就像看到当年奋战肉搏后倒在战壕里的战士。它真实地再现了每个细节，如发式、衣服、铠甲甲片有规律的重叠相压线等，都予以一丝不苟地刻画和质感表现；体现了秦代雕塑注重写实的特点。陶马则以其矫健的肢体和警觉的神态，显示了我国雕塑家对动物雕塑高超的技术和深厚的工艺传统。兵马俑的出土，不仅否定了"中国古代雕塑不发达"的说法，而且以鲜明的艺术风格和宏大的气势，向世人展示了秦代雕塑的高超艺术水平，即使同时期的古希腊雕塑也没有如此惊人数量所体现的宏伟气魄和浩大精神的作品。这样大规模的雕塑艺术，在思想性和艺术性方面都有很高水品，实为世所罕见，被誉为"20世纪最壮观的考古发现"，"世界第八奇迹"。

汉代俑的体量比秦俑小，但其艺术价值更高，真正展现出俑的艺术魅力。

汉俑最初是以骑马俑为主，到中期多为车马俑、乐舞俑等，表明初期刚刚结束战乱，对武治天下的重视，中期反映了人们爱马的风尚和对富豪的炫耀。最具代表性的是四川出土的《击鼓说唱俑》，作者于写实的基础上恰到好处地做了夸张变形，表现说唱者那种生动、有趣、丑中见美的特殊神气，可见当时的雕塑艺术水平之高，也说明在当时贵族蓄养俳优之风非常盛行。

唐代的三彩俑，它是施以多种色釉烧制而成的陶俑。三彩俑有人物俑、动物俑等。《唐三彩女立俑》是唐代最具代表的作品，从陶塑艺人对人物的脸容、身材比例以及人物神情的刻画，可以看到艺人娴熟技法和高深的造诣，而且能感受到大唐盛世的宽松气势。同时，通过女俑形象的线条美，亦可从中体会到中华民族传统雕塑与中国绘画的渊源关系。

由此可见，中国古代陵墓雕塑的艺术特点具有：一规模宏大，气势壮美；二形象写实，刻画逼真；三反映墓主的爱好、时尚和社会状况；四艺术手法夸张、提炼，意境深远。

综上所述，我们谈论中国古代陵墓雕塑的艺术特点，不管它是陵墓地面的雕塑还是墓中陶俑的塑造；不管它是装饰性的还是绘画性的，或者意象性的等等，它都会以一种由外在形象，给人引发一连串的遐想，把人们引向一个神秘的艺术世界。这些特点不一定就是优点。但正因有了特点，一种艺术就有了它存在与发展的理由和价值。也正因为有了这些与众不同的特点，使得中国艺术，包括中国雕塑艺术能以一枝独秀屹立在世界艺术之林，才能被世界承认和尊重。

第四节 民居建筑

传统民居是我们民族五千年灿烂历史中一颗璀璨的明珠，千千万万遗留下来的古建筑有着数不清的故事，告知世人中华民族曾经的辉煌和强盛，同时也为后人留下了丰富的建筑思想和建筑文化。

一、古民居的建筑特征

木结构和大屋顶是中国古建筑的两大特色。木结构是承重结构，构件间通过榫卯连接的，这种连接方法抗震性较西方石材更优越，而且墙不直接承重，故有"墙倒屋不塌"的美称。其中，叠梁式木结构和穿斗式木结构可以说是现代框架结构的雏形以及中国古建筑特有的斗拱构架，受力合理，而且还能充分利用木材的力学性能。古建筑的屋顶形式多样，其中最常见的是庑殿式和重檐歇山式，而且构造巧妙、美观实用。飞檐翘角、弧形屋面、宝顶鸱吻等等建筑符号使得原本庞大笨重的屋顶变得轻巧、飘逸，并且利于排水采光。

木结构、大屋顶同风火墙、脊饰、廊柱、月梁、雀替（南方叫牛腿）、美人靠等中国传统民居符号都鲜明地体现了中国建筑的美学特征和高超的建筑艺术。古建筑风格留给后人的不仅仅是这些建筑构件的精妙绝伦，还有许多值得继承和发扬的建筑思想和文化传统。

由于古民居精益求精的建筑特征限制了其在现代民居中的应用，使得古民居风格的建筑多体现在高端地产中，中低端地产由于造价等原因仍然以简约主义的现代建筑风格为主。要使得古民居风格得到推广，最重要的是在经济上得到人们的承认，所以，借鉴工业化的发展成果，实现建筑部件的工业化和模块化，变古民居的人工雕刻为工业化生产，从而极大地降低建造成本，在大众可以承受的经济能力内拥有古民居风格建筑所带来的品位和欣赏，才有可能实现古民居风格建筑的普遍推广。

二、古民居的建筑符号

传统民居的布局多彩用中轴线的方式，几间几进逐次展开，层次性非常鲜明；或依山傍水，层层叠砌。就传统民居布局来看，古建筑的导向性非常强，前堂后院、庑廊亭阁，布置很明了，而且布局充分考虑了当时的实际社会价值观与人居习俗，比如古建筑中的"左祖右社"的布局思想就充分体现了这一点。虽然我们现在已经抛弃了那种思想，但这也告诉我们布局必须在充分考虑具体自然环境的同时，还要考虑人们的习俗爱好、社交礼仪。现代建筑很多情况下只是为消费者提供了一个居住的壳，其功能远远不如古建筑丰富。另外中国古建筑的布局不同于西方，西方传统民居思想是为了体现建筑物的立体和建筑物本身的个性，而中国古建筑思想却是重点去体现建筑物的整体美感和意境，追求"步移景异"的效果，讲究诗情画意、形神兼备。

传统民居决不推崇矫揉造作之风，而是根据地区气候环境和建造实地情况，因地制宜，将民族文化和风格与当地习俗结合起来，形成了鲜明的地方特色但又不脱离民族建筑风格。不管是北方凝重、素雅的徽派建筑，封闭、清雅的北京四合院，还是南方清秀、活泼的江南民居，坚固、朴实的泉州民居虽然都各有自己的特色。徽派建筑的高墙深院、敦厚的马头墙既是徽派建筑的特色，也是为了防止火灾而创造出来的建造方式；四合院这种特殊的房屋布局是因为北方风沙大、阳光相对不足的实际情况的基础上而创造设计的；江南水乡环境清秀、河网交错，河边居民便临水开辟敞窗或水门，建起了骑楼；泉州地区濒临海边、灾害频仍，所以当地居民便未采用传统的木架结构形式，而变为采用石材为主。这些风格虽然具体建造形式有所不同，但却有相似的传统民居符号和建筑精神，身临其境便能感受到蕴涵于其中的民族文化底蕴。

三、古民居的建筑风水

提到中国古建筑，当然离不开建筑风水学。关于风水学，多数学者认为其中的确含有不少的迷信成分，不过也有合理的建筑思想。中国古建筑风水学的精髓就是"龙真""穴的""砂环""水抱"四大原则，传统的风水学中所述的这四个原则或许太神乎其神，但总的来说就是要找到"生气"的地方，一个避风向阳，山清水秀，流水潺潺，草木欣欣，鸟语花香，莺歌燕舞之地。试想生活在这么优美的地方，即使不"飞黄腾达、家财万贯"，也会"心情舒畅、精力充沛、平平安安"。其实风水学的目的就是寻求建筑与自然环境的最佳结合，塑造舒适的人居环境，追求建筑的意境美，这不正是今天我们探讨的"花园城市"的目的吗？风水学不仅为人们提出了塑造什么样的人居环境，还为人们的家居布局提出了一些值得借鉴的意见，当然风水学在评价某些风水元素时使用吉凶作为衡量标准是不太合理的，不过将风水元素对居住者的心理和生活方式的影响好坏作为评价其作用还是比较可取的。比如风水学所说的"横梁压顶""角煞"是属于"凶"的，实际上是因为"横梁压顶""角煞"会长期对人的心理造成压力，久而久之，使人的精神疲劳，从而影响生活和工作，当然做事就不会顺心了，这便是所谓的"凶"。

建筑风水学一度被认为是迷信，其实这和迷信有着本质的区别，这只是建筑风水学被扭曲理解的结果。其实，建筑风水学就是要求做到建筑、环境和人之间的和谐统一，极力发挥建筑和环境对居住者产生有益的作用，规避和纠正不利的影响，实现建筑物作用的扬长避短，从而升华民居的家居功能，实现健康民居的理念。合理的布局、协调的空间比例和恰当的细部处理便是可以运用于现代民居的建筑风水学的思维体现。现在的部分民居中，有的过分地去追求房间的宽敞明亮，而忽略了房间高宽比，最后的房间虽然空间很大，但仍使人感到压抑，极大地降低了房屋的舒适功能。现代建筑中广泛被运用的大窗户或者玻璃墙等建筑元素，可极大地增加家居的视野范围，这是对家居面积狭小的不利特点进行的补偿。

古民居建筑质朴典雅，清新脱俗，精妙绝伦，是中华民族五千年文化积淀的结晶。古民居建筑所体现的因地制宜、尊重自然、天人合一、人文关怀等建筑思想更是我们民族的财富，继承和发扬这些优秀的传统思想和风格，是塑造民族风格的关键所在。近年来，也有不少楼盘采用了传统的建筑风格，取得了可观的经济效益，获得了社会的广泛认可。随着科学技术的广泛应用，中国古民居风格必将更加广泛地运用现代民居的建设之中。

四、中国民居建筑与装饰艺术

（一）民居造型与装饰艺术

中国的民居建筑，由于各民族的生活习俗、人文条件及审美观念的差异，加之各地的自然条件、环境因素的不同，因而，各地民居的建筑造型、细部装饰以及结构方式也就不尽相同。例如新疆喀什维吾尔民居，在建筑艺术上形成了具有创造性的维吾尔柱式系统。早期的喀什维吾尔民居，仅在木柱材料的柱头本身作鼓形、球形或倒六棱柱形等造型，有的甚至无柱头，柱身直接与柱托相连。随着社会的发展及其后受到中国传统文化和西域文化的影响，柱头的造型也随之产生了变化，并在制作工艺上出现了彩绘和木拼贴技术。在柱身的装饰上，喀什维吾尔民居采用柱裙装饰，柱身造型主要为四棱柱；造型装饰要素主要采用植物及花卉纹样或几何图案。总的来说，柱身在整个柱式装饰中，造型及装饰纹样相对较简洁，起到承上启下的作用。维吾尔人依据自己对美的理解与感悟以及对本民族文化传统的追溯，在柱式的处理上大胆地体现出自己的民族特色。新疆喀什地区特有的民居建筑是传统的伊斯兰风格，经过当地维吾尔族传统艺人们坚持不懈地一代代传承和不断创新，喀什维吾尔民居柱廊造型装饰才得以保存和发展，而传统的"师徒传承"的工匠模式也使得这种建筑文化得以保存并发展下去。因此，我们今天要不断发掘有经验的维吾尔民间艺人，借助于他们的力量把传统工艺传承下去；与此同时，还要积极鼓励年轻人参与到对传统工艺制作的学习中，培养新一代的艺人匠师。另外，还要将研究机构、专家学者、学校和传统艺人相结合，建立新时代的"师徒制"，多渠道地将喀什维吾尔民居的柱廊装饰发展下去。

（二）民居纹样与装饰艺术

门窗是传统民居建筑中的重要组成部分，因为它不仅具有通风和透气的作用，同时不同门窗纹样的艺术形式也为人们带来了视觉上的享受。在我国的传统建筑中，门窗构件是人们平时接触最多，感受也最直观的装饰构件。传统门窗的样式种类繁多、图案丰富，是民居住宅中最为突出的装饰构件和不可或缺的结构构件。在传统建筑中门窗图案有着广泛的设计素材和丰富的寓意，使得建筑更多了一份神秘感。例如陕北窑洞的门窗，作为民居装饰的一种艺术语言，不仅具有丰富多彩的民间传统装饰样式和文化内涵，同时也对华夏文明中传统艺术的创新具有指导意义。首先，陕北窑洞的门窗装饰纹样与陕北众多民俗文化艺术形式一样，是陕北人在长期的社会实践中逐渐形成的特殊装饰形式。在陕北窑洞门窗上人们普遍采用的形态内容主要有动物、人物、图符、植物等等。有些装饰运用了艺术的变形手法，或写实、或抽象，体现了素材本身的形式美感。另外还有陕北窑洞的窗棂子，也就是我们平常所说的窗格子，一般是镶嵌在窗框里面用来装饰门面的，有着很强的实用性。这些窗格子的传统构造十分考究，上面雕刻有各种花纹和线槽，能够形成许多优美的图案。从现代装饰角度去看，一个好的窗子可以算得上是一个好的画框，让生活在窑洞里的人可以透过这扇分割优美的画框来观看室外的景色。而在建造过程中为增加装饰性和趣味性，时常会创造一些形状不同的窗棂，如福寿延年、仙桃葫芦、扇状瓶形、石榴蝙蝠等等。陕北窑洞的每一个院落里的窗棂子上都传承了黄土历史文化，具有厚实、淳朴、突出人文气息的艺术特征。

民居与装饰艺术的关系不仅仅体现在陕北窑洞的门窗纹样上，在徽州古民居的建筑上也有体现。明清时期的徽商富甲一方，为了提高声望，大部分徽商衣锦还乡后，一掷千金，大修宅院，建造宗祠、牌坊，光耀门庭，也正是因为这个原因，徽州民居在装饰上都比较崇尚精致、完美。徽州民居装饰强调文化内涵，讲究情趣，而徽州本身又拥有着深厚的文化底蕴，因而当时徽州这种稳定的经济自然而然地促进了徽州文化的发展，孕育了徽墨、歙砚、程朱理学等文化，在民居建造上受朱熹平淡自然的美学思想影响，民居普遍采用青瓦白墙，使得建筑具有质朴简约的设计美感。徽派民居在材料上也少用金石，多彩用具有地方特色的石、木、砖等原始材料；在装饰上则体现了中国传统文化的博大精深、沉稳与含蓄。例如在装饰的颜色上，徽州民居一般不上色，表面显露出木料材质本身的美感，而木雕表面的装饰只是涂一层桐油用来防腐。目前，保存原来风貌较好的村落主要有西递、宏村、呈坎、唐模等等，这些地方都比较完整地保存及体现了徽州民居独特的装饰风格，整体风格中既给人简约平和的感觉又精致完美。

总之，门窗装饰作为建筑装饰的重要组成部分，是传统民居装饰风格的一个缩影，传统民居的门窗在建筑中不仅具有隔断空间、装饰空间的功能，还带给人以美的视觉享受，同陕北的窑洞门窗一样，徽州民居门窗的装饰风格也成为徽州乡土人情和社会文化观念的反映。

中国传统民居孕育了辉煌灿烂的中华文化，在神州大地上，保存着大量的传统民居建筑装饰，具有很高的历史和文化价值。传统民居是社会民俗综合条件下的文化产物，在民居建筑装饰中体现了中国传统的吉祥观念，通过刻画动物、植物纹样等表达吉祥的寓意。民居建筑的装饰是传统文化外在表现形式之一，它包含了一个地域的民族、习俗以及传统的审美价值观念等丰富的民俗文化内涵。对中国民居建筑与装饰艺术的研究可从一个侧面了解中国传统的建筑艺术，也能透过其表面去追逐中国悠久的民族文化艺术。随着社会的发展，一些传统老建筑被损毁或拆除，古老的民居越来越少，我们应该加强保护传统民居建筑，因为它们不仅仅是简单的传统建筑，更是古老的中国居住文化的载体。

第六章 中国饮食文化

第一节 饮食文化

饮食在任何国家、任何地区，甚至任何历史时期都是居民日常生活中的根本内容。在我国夏商周时期以前，部落游牧时期原始部落居民的饮食文化充满着血腥与原始的气息，这种生产力发展十分低下的部落时代的饮食还没有形成完全意义上的饮食文化体系。随着夏商周时期封建时代的确立，生产力的发展让居民开始了定居生活。由此，吃穿住行各个生活的基本面才真正结合在了一起。饮食文化在封建社会随着朝代的发展演替，沾染上了不同朝代中制度层面与其他种族文化层面的新内容、新习惯。因此，饮食文化也在其内容上、习惯上以及自身的社会意义上一步步地走向多元化，并在不同的地区产生了地域性特征。本文在饮食文化的研究上，重点选取了几个历史时期作为研究参照，分析了古代饮食文化中存在的精华与糟粕，并对饮食文化与古代文化之间的联系进行了相应探究。

一、饮食文化的内涵

饮食文化的本质是一种文化形式，是一种集合了物质创造与精神创造的人类财富。动物饮食称之为捕猎，人类饮食才能称之为文化。以北京元谋人为例，他们可能已经懂得用火，并知道熟食与生吃的区别。这表明，他们在吃的问题上出现了与动物不同的方式。因此，元谋人的饮食习惯在一定程度上也可以算是饮食文化的一部分。

饮食文化并不只是吃那么简单。饮食文化是一个由多方面习惯与创造融合的文化体系。在饮食中，饮食使用的炊具，诸如明火橱灶；饮食使用的餐具，诸如锅碗瓢盆；还有饮食中食物的制作过程、烹饪技巧，人们的饮食行为习惯、禁忌讲究。另外，饮食中的食物、菜品等更是饮食文化中的重点内容。除了吃的以外，喝的也是饮食文化中不可或缺的一环，古人饮酒谓之吃酒，只是后来的发展过程中，吃酒的叫法改为了喝酒。饮酒饮茶或吃饭吃菜，其自身包含着的行为习惯也是饮食文化中重要的一环。

饮食文化不仅包括吃喝，在日常生活中，饮食活动、饮食节日也是中国传统文化中遗留下来的宝贵财富。总之，任何地方、任何国家的饮食文化都是一个包罗万象的文化体系。精神产品与物质资料共同支撑起了饮食文化自身的整体架构。饮食文化不会随着时间的推移而消逝，因为饮食本身是与人类共存亡的。

二、汉唐时期，古代饮食文化的重大转折时期

经过了秦朝统一六国在全国范围内统一文化的历史阶段，饮食文化在此时期已经随着生产力的发展，在日常烹饪食物、烹饪方法上有了显著的变化与提升。汉唐时期是一个我国古代封建王朝快速发展的时期，社会经济、政治局面相对稳定繁荣，国家战乱相对较少。同时又开展了与外域的商贸活动往来，中外文化在此阶段相互融合、相互学习。在如此安定且繁荣的封建社会王朝环境下，百姓安居乐业、生活富足，饮食方面发生的转折尤为明显。

在此时期，中国古代饮食生活方式中的一个重要变化就是，在饮食制度上，汉代之后开始形成了一日三餐的饮食习惯，在此之前，饮食生活在先秦时期主要是一日两餐制。从汉代开始，一日三餐制逐步确立，经过了漫长的封建时代的演替直到今天依然是居民饮食的标准餐制。

与此同时，汉唐时期的饮食文化还在烹饪调料上出现了创新。在东汉时期，我们日常烹饪中不可或缺的必加调味料酱油已经开始使用到饮食制作中了。醋的产生与老抽的生产虽然没有直接的历史证据证明，但从文献记载上，确实出现了关于西汉时期商贾经营贩卖醋与老抽的记载。而当时对这种调味料的称呼并不是今天的醋，而是酢。

汉唐时期起，中国古代饮食文化中出现了一大领域上的创新与变革，那就是茶文化的兴起。关于的茶的生产与饮用习惯，汉唐时期出现了很多流传于今世的发明和创造。据文献记载，茶起源于周代封地，巴。其地特殊产物"香茗"可能是茶的早期描述。在茶的产生与发展过程中，茶从最初的药用发展为饮用，在相当长的时间内困于原产地西南，缓慢地向东南方向传播。直到汉代三国时期，茶已经出现在了长江中下游地区人们的日常饮用之中，以茶代酒的说法也由此产生。汉唐时期茶文化的兴起为古代饮食文化的发展留下了浓墨重彩的一笔。

此外，汉唐时期饮食食物上，粟、稻米、小麦等粮食产物作为日常烹食的主食地位开始形成。肉制食品在日常饮食生活中所占比例较多并演化出屠

户这一职业。蔬菜在汉代也出现了一些发展，如在温室培育韭菜。

三、古代饮食文化的精华，地方菜系

说起古代饮食，最先想到的便是古代形成并一直沿袭至今的地方菜系。鲁菜、川菜、粤菜、淮扬菜、浙江菜、北京菜、闽菜、湘菜、安徽菜，是其中比较有代表性的古代传承下来的菜系。在古代饮食文化中，由于地区饮食群体的不同产生了不同的特殊饮食需求。饮食文化的地域性，正是因为长时间的地域磨合与改造而形成的。中国古代不同地区的人们有着不同的饮食背景，并由于自身的性格差异表现出不同的饮食喜好。具体分类来说，川菜主要就是四川、重庆的本土菜系，四川地区古代居民热情好客、性格火辣。因此自身菜系中也具有辣味十足的特点，颜色鲜艳、材料讲究，外来食客络绎不绝。鲁菜起源于山东，与京师相近。在长时期的封建王朝演进中，鲁菜常常被作为宫廷御膳。究其代表菜品来看，如糖醋鲤鱼、红烧大虾，表明鲁菜偏重于中和、清香的口味特点，在北方一直受到统治者的青睐。说到菜系，就不能不提老北京菜系，北京作为封建王朝的中心在饮食上也处于全国的中心地位，汉族、满族、蒙古族的政治定都全部以北京为中心，因此北京菜在融会贯通不同民族的饮食文化精髓的同时，又与鲁菜有着密切的联系。北京菜在发展过程中，逐渐形成了集多种烹饪方式为一体，菜品精致高端的特色。北京的主要代表菜品有：老北京烤鸭、涮羊肉、翡翠白玉羹等。

通过对古代饮食文化的研究，以汉唐时期为重点，表明古代饮食文化的形成和发展与自身所处的社会环境具有很大的关系，安定的政治与经济环境是饮食文化发展的黄金条件。通过对古代饮食文化发展过程的探究，我们可以知道，不仅是生产力条件决定了人们饮食水平的高低，基于民族与地域的内在要求也使得饮食文化内容得以向不同方向进行延伸。结合地域特色观察古代饮食文化，有利于了解古代不同地域中百姓阶层与帝王阶层的生活风气和社会面貌。

第二节　酒文化

酒作为用粮食、水果等含淀粉或糖的物质经发酵制成的饮料，一经转化到社会和社会关系的各种意识形态中来，被人们用一种约定俗成的文化模式确定下来，这就叫酒文化。就酒文化而言，它是饮食文化的主要支柱之一，人要在社会上生存，第一个条件是饮食，其次才可能是穿和住。饮食二字可以和生命画等号，那么酒文化也和人类创造的灿烂文化一脉相承了。自古以

来，酒不仅是人类的兴奋剂，也成了合法的麻醉剂。人类学家指出：古人嗜酒时，为了有多余的稻、麦及葡萄酿酒，不得不辛勤耕耘，从而使农业技术不断发展，更上层楼。可以说，饮酒文化是同人类进步一同成长起来的。同时，酒是神圣的东西，而且在人类的日常生活、重大的政治和军事活动中，甚至在科学技术、文学艺术中，都起到了难以估量的作用。酒之所以被称为文化，原因就在这里。

一、酒文化概念的提出

Tylor 在《原始文化》中提出文化是指人类社会中"知识、信仰、艺术、道德标准、法律、风俗以及个人的其他能力和习惯的复合体"。从而我们可以认为，文化包括人类社会的全部遗产，囊括社会生活的全部领域。酒对人心理状态的特殊影响以及酒的社交媒介功能，使酒和生活方式（以及其他多种文化现象）密切交织在一起，形成了形形色色的酒文化，以至于酒成了各种民间故事、传说和社会习俗中不可缺少的角色。

二、酒文化的历史

从现存的文字典籍中我们可以看到，"酒"在古代就有深远影响。其中，纵情肆欲，荒淫透顶者有之：殷纣王荒淫无道，"喜作长夜之饮"，"以酒为池"，县（悬）为肉林，使男女倮（裸）相逐其间；身无羁绊，放浪形骸者有之：晋朝名士刘伶嗜酒如命，经常乘一辆小车，提一壶酒，让仆人扛着铁锹跟在后面，叮嘱仆人：如果我死去，就地随便埋掉；饮酒为文，才思奔涌者有之："李白斗酒诗百篇"，晏殊"一曲新词酒一杯"；浅斟细酌，交谊叙旧者有之："草草杯盘供语笑，昏昏灯火话平生"；寂寥落寞，有酒无朋者亦有之："无人竭浮蚁，有得至昏鸦"。凡此种种，蔚为大观。

中国的酒文化可谓源远流长，甲骨文就已有了"酒"字，写法是"中间是个酒瓶，两侧曲线表示酒溢出"，显然在甲骨文以前酒就出现了。据载：公元前 21 世纪建立的夏王朝各代统治者大都喜欢饮酒，尤其夏朝末代帝王桀，每天只知和宫女、侏儒等喝酒玩乐。周武王灭商建立了周王朝，西周的统治者以商纣王酗酒亡国之事为戒，开始实行酒禁政策。当历史进入春秋战国时，祭祀、会盟用酒和各阶层人们饮酒的礼仪规格与限制越来越松。两汉施行酒禁政策，虽说汉代统治者一再下令禁酒，但远比不上秦代严格。魏晋南北朝时，人们对酒产生了特殊的兴趣。虽说时有酒禁，但是总起来看是放纵饮酒的。隋唐的统一，农业的持续发展，为酿酒业的发展打下了基础，唐代各阶层人们均喜欢饮酒。及至宋代，内忧外患，宋人不再具有唐代人的豪情壮志，他们转而在酒色之乡寻求安慰，及时行乐。于是统治者对酒采取暗中鼓励的政策，借以多征收酒税以充实国库，所以宋代酒禁是松弛的，除了官僚士大夫外，市民饮酒之风也兴盛起来，各种酒肆在全国城乡普遍设立。古代人做官不仅仅以科举谋仕，在宦海沉浮中，酒文化也起到了相当大的作用。同时，酒文化也广泛地渗透到民俗事项中，比如：朋友相聚、红白喜事、乔迁、庆功、过诞辰、造房、打基、占卜、祭天祭祖、重大节日等。

三、酒文化对我国各民族民俗的影响

人们认为在节日里饮酒，可以有除瘟疫、绝鬼气等功效。此时的酒又被赋予了一层新的含义——民间信仰风俗。

（一）汉族

古代汉族节日饮食风俗饮屠苏酒，流行于全国各地。除日（或元日）用以调酒，称屠苏酒。俗传元日饮此酒，可除瘟气。全国大部分地区汉族和一些少数民族节日饮食风俗吃中秋酒，如夏历八月十五中秋节，各家各户设宴摆酒，合家团聚而食，或邀客畅饮，山东等地称之为"圆月"。另一汉族节日饮食习俗饮头脑酒，流行于湖北荆州等地。每逢夏历正月初一，合家老幼均衣冠整肃，顺序拜贺，圆桌饮食，进椒柏酒、屠苏酒。此外，汉族还有饮分岁酒、吃年酒等习俗。

（二）少数民族

酒文化不仅对汉族的民俗影响很大，对少数民族民俗的影响也同样深远。

北方少数民族以饮马奶酒和高度酒为主，如蒙古族的马奶酒和藏族的青稞酒。流行于内蒙古古、新疆牧区蒙古族的传统饮料马奶酒，也称马奶子、酸马奶，它是用马乳制成的一种传统饮料，是奶酒的一种，酒精度极低，饮之兴奋不易醉，常用来招待尊贵客人，还可用马奶酒治疗疾病。藏族传统饮料青稞酒，流行于西藏、四川、青海、云南、甘肃等地区。青稞酒是藏族男女老少酷爱的饮料，婚丧嫁娶和节假日都是必不可少的。

南方少数民族以植物酒和低度酒为主，如黎族的风俗酒、水族的梅酒。酒在黎族人民生活习俗中也是较为重要的，有婚礼酒、孝丧酒、过年酒、待客酒、判理酒、祝寿酒、决心酒、祭祀酒等名目。水族的土产米酒杨梅酒，流行于贵州三都等水族地区。黎族传统饮料座酒，流行于海南黎族地区。

除了以上介绍这几种酒外，少数民族酒的种类还有处酒、傈僳族兰花酒、九阡酒、丽江窨酒等，单从酒的名目来看就已相当丰富了，更不用说与之相联系的酒的民俗了，更是异彩纷呈。

四、当今酒文化现象

（一）内涵增加

随着社会的发展，饮酒的增多，相应的酒文化包含的内容也不断丰富。各类与酒有关的内容，最为著名的就是"喝酒辞令"。古代社会传统宴席中，大小酒宴，头三杯都得干，叫作"见面礼、见面礼，三杯都见底"。然后陪酒者开始敬酒，为了表示诚意，自己先干一杯，才开始敬客人，三千一敬之后，开始喝感情酒，可互喝。现代社会也对劝酒词朗朗上口："感情深，一口闷；感情铁，喝吐血；感情浅，舔一舔；没感情，赏个脸；看不起，洒一地。"然后喝宴酒，喝到高潮时，就开始喝游戏酒，以猜拳行令者为多。

（二）交往功能的增强

酒是一种中枢抑制剂，可抑制大脑皮层的活动，使皮层下低级中枢脱抑制而产生出兴奋、话语增多、欣快、情绪释放、消除焦虑和对抗其他负性情绪等作用，如"酒逢知己千杯少"的欣快、满足感，"一醉解千愁"的消除负性情绪作用，"酒壮英雄胆"时对焦虑和恐惧的弱化，"李白斗酒诗百篇"的兴奋作用等。正因为酒的这种不同于其他食品和饮料的特性，使酒具备了促进情感交流沟通的社交属性。饮酒行为除了个人的需要和满足之外，在人类的社会行为中还扮演了重要的"媒介"角色，是人类生存实践中的一个重要手段。酒往往是某种期望、情感和信息的载体，有人则是透过酒品看人品。因此，酒喝得多与少、实与虚，意义远远超过喝酒本身。

第三节 茶文化

中国茶文化源远流长，它的发展反映我国社会文化发展和社会进步，是古代劳动人民探索自然，了解自然界，征服自然的伟大的创举。茶文化也是中国灿烂文化重要的组成部分，茶的利用经历过食用、祭祀、药用、宫廷贵族专用及广大劳动人民饮用的发展过程，从茶到茶文化的形成过程是广大劳动人民创造社会文明的结晶。

一、茶文化的发展过程

什么叫茶文化，我认为茶文化是指茶叶的种植技术，茶叶品评技法、茶具、艺术操作手段的鉴赏、品茗美好环境的领略等整个品茶过程的美好意境，是饮茶活动过程中形成的文化现象。茶的利用和茶文化的发展过程是我们的祖先为生存，探索自然征服自然的过程。茶文化的发展经历过食用、祭祀、药用、宫廷贵族专用及广大劳动人民饮用的发展过程。我认为茶最首先是作为食物而被利用的，古代人们为了生存，用收集各种植物的根、茎、叶、杆、花、果、实来充饥，只要能吃不会中毒，都会拿来食用，特别是社会发展到农耕时代，生产力水平低下的情况下，"求之植物之食，尝尽百草"也就很平常了。茶叶确实可以食用，尤其是茶树鲜嫩的芽叶，茶叶在我国的大多山区仍有直接食用的习惯。至今在我国部分地区或一些少数民族保留着吃茶叶的习惯，苗族和侗族的油茶、基诺族的凉拌茶等民俗。

茶叶的食用和药用及其祭祀是相互交融的过程，在食用过程中人们逐渐发现茶叶的药用价值《，神农本草》中说："神农尝百草，日遇七十二毒，得茶而解之"。神农为帮人民治病去痛，亲尝各种植物而多次中毒，终于寻找到用茶可以解毒的方法。并取名为"荼"，（今之茶）。除了解毒，人们又发现茶的其他药效，"茶叶苦，饮之使人益思，少卧，轻身，明目"《（神农本草经》）。正因为茶能治病、提神，所以人们把茶归入药材一类看待，我国古书中有很多关于茶叶药用作用的记载，也为现在国内外医药界所肯定。如茶叶中含有多种化学成分，如咖啡碱、茶碱、碳水化合物、蛋白质和茶多酚等，都是人体不可缺少的营养及药用物质。茶在防病和治病方面的作用，对于防治痢疾、肠胃炎、糖尿病、高血压、动脉硬化、癌症等都具有不同程度的功效。既然茶叶具有食用、又具有药用价值，作为上品用于祭天、祭地、祭祖也就在顺理成章了。

茶的饮用和茶文化是社会不断进步的产物。茶由药用时期发展为饮用时期，是在战国或秦代以后，饮茶习俗逐渐形成，饮茶始于西汉，起源于巴蜀，经汉、三国、两晋、南北朝，逐渐向中原广大地区传播，饮茶是上自帝王将相达官贵人，下到平民百姓，儒生、道士、僧尼，社会各个阶层人士，都爱好饮茶。三国时吴主孙皓密赐韦曜以茶代酒，可见茶已是东吴宫廷的珍贵御用饮料。《南齐书·武帝本纪》："我灵上慎勿以牲为祭，唯设饼、茶饮、干饭、酒脯而已"。死后以茶为祭，可见齐朝皇室非常喜爱饮茶。《广陵耆老传》："晋元帝时有老姥，每旦独提一器茗，往市鬻之，市人竞买。"意思是晋帝时有一老妇人每天早晨提一壶茶水到街市卖，市民争相购买饮之，这反映当时老百姓有饮茶好习惯。三国两晋至南北朝，民间饮茶的习惯已经较为普遍。茶之形成文化，应归功于唐代陆羽。唐代开元年间，陆羽著作《茶经》问世，书中将荼字减去一横，才真正成为茶字。陆羽的著作《茶经》是世界上第一部茶叶的专著。晚唐杨华《膳夫经手录》记载："开元、天宝之间，稍稍有茶；至德、大历遂多，建中以后盛矣。"我国人民饮茶习俗始兴于中唐开元年间到德宗建中

（780 年）以后，饮茶和茶文化日益发展达到盛期，以后遍及中华大地。

二、唐代是茶文化的发展繁荣的重要时期

唐代是我国古代封建社会经济快速发展，文化繁荣，社会和谐的重要时期，自唐太宗以来采取休养生息，发展农业生产，创建了贞观之治和后来的开元盛世，也是茶文化发展繁荣的重要时期。陆羽《茶经》的问世更加有力地推了茶文化的发展，随着社会的发展和进步饮茶已经成普通百姓日常生活习惯，茶文化也就进入寻常百姓家。此时京城以及全国的各府县城茶楼、茶馆比比皆是，百姓到茶楼、茶馆品茶已成为时尚。

茶文化的发展也与儒、佛有着很深的渊源。《庐山志》载，早在晋代，庐山上的"寺观庙宇僧人相继种茶"。晋东林寺慧远曾以自制茶款待陶渊明："话茶吟诗，叙事读经，通宵达旦"。中华有名山，名山有名寺，名寺种名茶。如黄山毛峰就产于黄山的松谷庵、云谷寺，东山洞庭寺的碧螺春、杭州龙井寺的龙井、武夷天山观的大红袍、庐山栖贤寺的云雾等等都产于名寺。僧人种茶、制茶、饮茶、传播茶文化，为中国茶叶生产和茶文化的发展及传播立下汗马的功劳。

茶文化与儒学关系更密切，许多文人墨客一生爱茶、写茶、赞茶，写出了不少赞茶诗篇。著名诗人白居易写到："匡庐云雾窟，云蒸翠茶复。春来幽香似，岩泉蕊独浓。无它今把酒，无比此壶中"。他一生爱茶，以茶养生，助文思。又如他在《何处堪避暑》一诗中写道："游罢睡一觉，觉来茶一瓯"，以茶陶冶性情，于忧愤苦恼中寻求解脱。杜甫在诗中写道"落日平台上，春风啜茗时……。"

据日本史书记载，圣武天平元年（公元 729 年），即唐玄宗开元十七年，传教大师最澄来中国留学、带回茶籽试种于江州坂本。公元 805 年后，日本高僧荣西禅师两次来我国留学后，回国时带回了许多经书与茶种，曾著《吃茶养生记》一书，将饮茶与修禅结合起来，在饮茶中体味清虚淡远的禅意，此书成为日本茶道的理论依据，推动了日本茶文化的发展。

朝鲜受中国茶文化的影响很深，李朝时代的《东国通鉴》：新罗兴德王时，遣唐大使金氏，蒙唐文宗帝（在位公元 827 年至 840 年）赏赐茶籽。

我国古代劳动人民，在社会不断发展进步中弘扬中华文明，传承茶文化。推动优秀的中华茶文化的传播，使茶文化不断走向世界。

三、丰富文化内涵，拓展茶和茶文化的产业链

在《茶经》这部茶叶专著中，就载有著名诗人有关茶的诗句。如西晋·左

思《娇女诗》中："心为茶荈剧，吹嘘对鼎领"的诗句。张孟阳《登成都楼》中："芳茶冠六清，溢味播九区"的诗句。据茶史家朱自振先生调查，自晋及清，我国咏及茶事的广义茶诗大约有一万七、八千首。著名诗人几乎都有咏茶的诗。其中最为世人传诵的则是唐·袁高的《茶山诗》，皎然的《饮茶歌诮崔石使君》，卢仝的《走笔谢孟谏议寄新茶》和唐·皮日休的《茶中杂咏》，陆龟蒙的《奉和袭美茶其十一咏》等。

有名的茶书（法）、茶画，虽然没有茶诗那么多，健其中传整佳作载入史册者也不少。台湾茶人蔡荣章先生列岛有关茶的书法作品，就有晋·王羲之的《兰亭集序》，唐·怀素的《苦笋帖》；宋·苏轼的《啜茶帖》《一夜帖》，蔡襄熬《精茶帖》；骥·唐寅的《瘦坐》，文彭的《卢仝饮茶歌》长卷；清·了敬的《论茶六绝句》等三十四种。描写茶事的名茴，则有唐·阎立本《萧翼赚兰亭鬮》，宋·刘松年《斗茶图》和《茗圆赌市鳳》，元·赵原《陆羽烹茶图》，明·文徵明《惠山茶会图》。唐寅《品茶图》，清·金农《玉川先生煎茶图》，近代则有傅抱石的《蕉阴煮茶图》等。

在篆刻艺术作品中，清·黄易与赵之琛都刻过"茶熟香温且自看"的闲章，童大年有"天地一壶间"的闲章。

茶其中的艺术作品更多。从唐代起各地名窑就烧制出著名的陶瓷茶具。如越窑在唐代烧制出"青瓷荷叶盏、托"和"秘色瓷茶盂"，从紫砂茶具问世后，明代制壶大师供春、时大彬、惠孟臣和清代的陈鸣远、杨彭年、邵大烹都曾制作出传世的紫砂茶壶。尤其是杨彭年与书画家陈鸿寿合作，刻制出融诗文书画与紫砂艺术为一体的《曼生壶》，使茶文化有了新的载体。

历代茶人，尤其是精通文纯艺术者，把他们豹理想和造求融入与茶相关的文化艺术作品之中，使这些作品鲜活起来、厚羹起来，威力人们争相收藏的珍品，甚至成为国宝。这就是文化的魅力，就是茶与文化结合的奇妙之处。茶不与文化结合，就是普通的农产品，一旦与文化结合起来，就成为有生命、有灵魂的东西。它的价值就成倍成几十倍地提高了。

在当代社会中，文化的表现形式更加丰富，茶与文化的结合，也必然有新的延伸，新的形态，新的载体。它可以和现代艺术结合起来，用于茶艺演示；可以和音乐、舞蹈、戏剧、曲艺结合起来，在茶馆、剧场和盛大的茶会上演出；也可以制成光盘、拍成电影和电视剧供人欣赏，成为新的文艺作品，成为现代人生活的新内容。

第七章 中国娱乐民俗

第一节 民间竞技

一、中国传统竞技运动

（一）武术

武术是中华民族的文化精华之一，源远流长，博大精深。传说黄帝轩辕氏与东方九黎首领蚩尤争斗时，皆"以角抵人，人不能向"。"角抵"是武术的源头。东晋时葛洪所著的《抱朴子》，对武术理论的总结和武术运动的发展起了重要的作用。武术在发展过程中与中国传统医学、中国传统哲学、中国传统道德等传统文化密切相关。武术界自古重视武德和修身养性。我国的回族、土家族、满族等少数民族受武术的影响较多。回族的查拳、瑶族的瑶拳、畲族的畲拳、傣族的武术，都具有丰富的套路和独特的民族风格。据文献记载，傣族武术在汉代已具雏形，白族武术在南诏时期（公元649年—902年）就达到发达成熟的水平。回族武术在很长的历史阶段中更是名家辈出。壮、藏、苗、布朗、布依、仫佬、哈尼、拉祜、水、德昂等民族亦有民间武术活动。

（二）中国象棋

中国古代象棋最大的特点在于其竞技性，它采用两方对弈的形式，通过双方最大限度地发挥个人包括体格、心理、智力等方面的能力，从而打败对方，最终取得比赛胜利。其主要有以下几方面特点：第一，古代象棋具有明确而严格的比赛规则，对弈双方必须按规则行事，具有公平公正性。第二，古代象棋要求对弈双方具备良好的心理素质、体力支撑、智力水平和技术能力，并在比赛过程中最大限度地挖掘个人潜能。第三，古代象棋带有一定的竞赛性和娱乐性，对弈双方在比赛过程中可以体会到彼此对抗的乐趣，并在比赛结束后一决胜负。基于以上一系列特点我们不难看出象棋堪称中国古代竞技类体育运动中最具代表的比赛项目。

中国古代象棋作为一项体育项目可谓历史悠久。在历经百年洗礼，经历无数挑战后仍被传承下来，且在秦汉、唐宋时期，发展至我国古代体育史上两大巅峰。这一传统体育运动是我国各民族共同的创造结晶，它集中原文明特色于一身，不仅在宫廷显贵中得以盛行，更为民间百姓所喜爱，显示华夏儿女的勇敢和智慧，是各个民族都极为喜爱的传统体育项目。

作为中国古代体育运动的一大组成部分，它不仅从侧面展现了古代人民的生产与生活方式，更为后世体育事业蓬勃发展做出了极大贡献。古代象棋，在启迪思维、挑战智力的基础上，还富于极强的娱乐性和极高的艺术价值，有着深厚的历史积淀，堪称我国古代文明之瑰宝。它凝聚了中国独有的东方特色，是东亚乃至世界体育史上不可缺少的组成部分。时至今日，在世界各国所开展的国际象棋体育竞赛中，仍然能够看到中国古代象棋的影子，可见它深深地影响着世界体育事业的发展。古代象棋凝聚了中国古代人民无数智慧与汗水，是汲取了几千年中华文化精髓的独特体育项目。它棋制严谨、玄秘深奥，千变万化、引人入胜，既充满着辩证关系，又富含人生哲理，让对弈双方在没有硝烟的战场中互相搏杀，着实是一场思维上的较量。正因中国象棋蕴含着深厚的艺术与文化价值，华夏儿女更应将其传承并发扬光大。

（三）龙舟比赛

龙舟比赛是起源于中国古代的一项民间娱乐活动，有很强的地域性、群众性、竞技性和民俗信仰。现代社会的龙舟竞赛，在舍弃了其原始的娱乐性和民俗信仰的同时，增加了竞技成分，更多地注重其团队的合作精神，以及坚忍不拔、顽强拼搏的体育竞赛精神。随着社会的发展，龙舟竞渡被赋予了新的内涵，形成了包括发展地方经济、弘扬民族文化在内的龙舟文化。

纵观我国的龙舟竞渡，其竞技地点全在南方。中国的江南多水，溪流湖泊遍布江南水乡，这为龙舟竞渡提供了非常便利的比赛条件。在我国古代，龙舟竞渡有着很强的民族性，它是和各地的民族和历史相联系的。中国地域辽阔，人们分布在广袤的山川河流，各族人民在历史的进展中形成了富有本民族特色的传说，龙舟竞渡也就带有一定的区域性、民族性和民俗信仰。

当代龙舟比赛还打破了江南一统天下的局面，把属于南方水乡的比赛项目移到了北方，如今这一江南水上体育运动已经在北方安家落户。2003 年元月 3 日至 5 日中国龙舟协会首次在吉林举办比赛。这次比赛吸引了许多外国龙舟队伍参赛，它把属于江南的民间水上运动北迁，在冰天雪地的异常情况下举行，这表明龙舟比赛已经跨过长江，越过黄河，打破了季节的限制，渐渐由区域性地方性的少数民族娱乐活动变成全国性的正式的水上体育运动，成为中国本土的水上比赛项目。冬季龙舟赛是人类挑战大自然、挑战人体极限，在不同于常规的条件下举办的龙舟比赛。在异常的气候、异常的季节下举办国际龙舟赛，将是世界龙舟史上的首创，更显示了龙舟作为中华民族优秀传统体育运动的独特魅力和它所体现的同舟共济、团作协作、顽强拼搏的精神。

当代龙舟竞赛在保留古代娱乐性的同时，更多的增加了比赛的竞技性和大众性，成为以纯粹的比出胜负为目的，以快慢来决定输赢的体育项目，它讲究的是集体划船的技巧和成员之间的团结协作精神，决定胜负的关键是各队的集体智慧和队员的协调一致。

（四）拔河运动

拔河作为一种体育运动，起源于先秦时期的战争。相传吴楚交战，公输班游楚，以"钩强"战术教导楚人御敌，"公输子游楚，为载舟之戏，退则钩之，进则强之，名曰钩强。遂以钩为戏，起此"。这种水上战术的训练，目的是阻挡敌方的战船。无论"钩"或"强"，都需要很大的力量，间接地起到了锻炼的作用，也颇富娱乐性。渐次，"钩强"从军事训练转为民间的游戏节目，而其发源地则在荆襄一带。

民间的游戏活动最初称之为"施钩"。《荆楚岁时记》云："为施钩之戏，以缠作篾缆相胃，绵亘数里，鸣鼓牵之。"《隋书·地理志下》记南郡、襄阳二郡，"又有牵钩之戏，云从讲武所出，楚将伐吴，以为教战，流迁不改，习以相传"。"牵钩"以竹缆为比赛工具，竹缆两端系有很多小钩，分两队拉拔。其时击鼓助威，欢呼呐喊，伴以歌唱，声震远近，可见场面宏大。

发展到唐代，拔河的名称和比赛规则逐渐固定下来。根据《封氏闻见记》的记载，相比"施钩"而言，唐代"拔河"的变化主要表现在：1.从游戏安全出发，改变过去的篾缆，代之以大麻绳。2.改变民间游戏篾缆绵亘数里的长度，麻绳的长度一般为四五十丈。长度的缩短，有利于游戏在宫廷中举行。3.确立新的游戏规则，如划分界线，在麻绳的中间插入旗帜一面，"以却者为胜，就者为输"。

（五）毽球运动

毽球运动是继承华夏民间体育中踢毽子游戏，结合现代球类运动的规律，新兴的一种现代体育项目。踢毽子在我国民间出现的较早，流传的也较广泛。它以其特有的技巧性、激烈的对抗性和快速多变性受到广大群众特别是青少年的喜爱。

毽球运动的产生、发展与变化，符合人们的心理、生理与动作技能形成的客观规律。《全民健身计划》的重点是青少年，热点是老年，难点是中年。毽球运动对这三种不同年龄的人均适合。青少年可以进行毽球比赛，体会其对抗性，中、老年则可根据自身条件选择运动量，不受年龄、职业与身体条件的限制，是一项可以充分发挥自己的运动项目。

毽球具有中华民族的代表性，是在中国传统毽子的基础上吸收现代体育元素的运动项目，毽球不仅是一项运动，也承载了非常深厚的中国精神与文化内涵，可谓"自主创新，民族特色"。在这种优势背景下，毽球已经具有成为一项国际性优秀体育项目的实力。目前最重要的是如何推广和开展各种类型的毽球体育赛事，带动整个毽球事业的发展，把毽球打造成一个民族体育品牌项目。

（六）跳皮筋

我觉得跳皮筋好处很多。首先，它锻炼了幼儿的跳跃能力和下肢力量，培养了幼儿对体育活动的兴趣，而且，幼儿边跳皮筋边说儿歌，发展了协调能力和节奏感。其次，孩子们在跳皮筋时不满足于一两种跳法或一两首儿歌，他们自发创编了多种跳法，还把学过的儿歌或古诗改变节奏来边跳边说，如"锄禾日当午，汗滴禾下土。谁知盘中餐，粒粒皆辛苦。"有的孩子还自编儿歌。这些活动不仅发展了幼儿的创编能力，而且巩固了幼儿在语言课上所学的知识，培养了幼儿对文学作品的兴趣。最后，跳皮筋是一项集体活动，孩子们共同游戏，制定共同遵守的规则，充分发展了幼儿与同伴交往和协作的能力。

二、少数民族传统体育竞技运动

少数民族传统体育共有300多种，无论从整体，还是从单项或某个民族来看，都呈现出绚丽的文化光彩。例如秋千，除了在全国普遍流行的两根绳子吊一块板的样式外，苗族和土家族还有同时可坐8个人的大秋千，其形制像大纺车，主架高10米，在粗壮的横木上凿孔穿插8根木杆，形成8副秋千扶手，4对男女青年间隔坐在秋千板上，转动时下面的人以脚蹬地加力，停止时谁在最上面就罚谁唱歌；傈僳族、仡佬族、羌族、壮族等有四人秋千，其形制与八人秋千相同，也是垂直旋转，故称车秋或转转秋；彝族、哈尼族、壮族、苗族等有磨秋，其形制类似于天平，运动起来如磨盘旋转，故名；青海土家族的轮子秋，是把一副连着车轴的轮子竖起来，在上面的轮子上平放一架木梯并拴牢靠，在梯子两端各拴一个绳圈，坐上人，足蹬地，使之运转起来；维吾尔族的"沙哈尔地"（空中转轮）与土家族的轮子秋相同，只是构架要大 10 多倍，有的高达近 20 米；怒族的转秋类似于车秋，但 4 个秋千上各可乘二至三人，因此就有 10 多人同时加入游戏；拉祜族的秋千像大水车，玩的人可随"车轮"转动升空或降落，同时还能前后摆动；柯尔克孜族的两人秋千是在 3 米高的秋千架上吊拴 3 根绳子，两个人都蹬在中间那根绳的下端，各用旁边一根绳拴在背后，荡起秋千之后，在运动过程中从地上拾起或往地上放下一些小物件，以表现技巧和勇敢。此外，纳西族、朝鲜族、景颇族、普米族、锡伯族、畲族、阿昌族等也都有自己充满情趣的秋千或游戏。彝族的传统体育运动，仅仅在云南省就有摔跤、秋千（荡秋、磨秋）、梭镖、石索、葫芦飞雷、陀螺、弹弓、弩弓、赛马、骑术、棋类（十六赶将军棋、月亮棋）、跳牛、跳板凳、跳大火钳、球类游戏（棕球、鸡毛球、赶老牛、叶子球）、追逐游戏、弹戏、抛丢游戏、骑马打架、砸跳、跳大海、舞龙、舞狮、跳河、跳乐、跳脚、跳歌、跳霸王鞭、游泳、潜水、打棒、蹲斗、顶头、抵肩、拉手、扭扁担、三方拔河、跳高脚马、爬油杆、武术、射火药枪、顶扁担、绵羊拉绳、跳小单门、跳火绳、"没度比拉"（蒙住眼睛的人在划定的圈内捉单脚跳躲的人）、彝族抽（姑娘们排成一纵队，后面的人抓住前面人的腰带，领头的人要设法捉住队尾的人，让她替自己当领头人）、斗羊、斗鸡等 50 多项体育游戏活动。

在众多的少数民族节日里，体育游戏比赛和文艺表演是必不可少的活动内容，其主要目的是为了娱乐。有的是为了娱神，有的是为了自娱，有的兼而有之。比较典型的有蒙古族那达慕大会，赛马、射箭、摔跤是那达慕大会必有的传统三项比赛。朝鲜族在本民族许多传统节日里都有打秋千、跳板、摔跤、顶瓮竞走等比赛活动。藏族有赛马节、淋浴节；苗族有斗马节、龙船节；侗族有花炮节、斗牛节、摔跤节；普米族有跑马节、转山会；傈僳族有刀杆节；瑶族有游泳节；多民族的跳铜鼓、跳芦笙、郊游爬山采花等节日，都是以体育游戏为主要目的的。

中国各民族的体育游戏，有一半以上是两个以上的民族所共有的，有不少项目是十几个或几十个民族共有的。与其他文化一样，体育文化也反映出中华文化多元一体的特色。流传较广的民族体育游戏有武术、摔跤、赛马、马术、秋千、登山、赛龙舟、舞龙、舞狮、踩高跷、游泳、风筝、玩羊拐、举重、踢毽子、射箭、射弩、滑雪、滑冰、钓鱼、爬杆、爬树、老鹰捉小鸡、跑旱船、投绣球、围棋、象棋、麻将、斗牛、跳竹竿、跳鼓、拔河、扭扁担等。同一项目在不同地域有不同特点，在不同的民族中表现出不同的文化风格。中华民族崇尚龙，舞龙（常伴以舞狮）是全国性的多民族体育活动。汉代的《春秋繁露》中就有关于民间舞龙习俗的记载。龙是能兴云布雨的神物，中国具有悠久的农业文明，希望龙护佑风调雨顺是自然的。狮子雄壮威风，辟邪镇恶，以舞狮伴舞龙顺理成章。中国舞龙，南北风格不同。北方以武为主；南方以文为主。北方强调龙的威武豪迈，气壮山河；南方突出龙的灵活敏捷，变化自如。传统的重大节日中常以舞龙舞狮活动烘托节日的欢乐气氛。除汉族外，我国舞龙的少数民族有白、阿昌、侗、畲、苗、彝、水、土家、瑶、侗等。1995 年初，国家体委正式批准将舞龙活动列为全国比赛项目。

三、民族传统体育的竞技特点

（一）对抗性

对抗性是民族传统体育竞技特点的一个重要属性。通过研究发现，在全国民运会 15 个竞赛项目中，武术散打、抢花炮、珍珠球、摔跤、拔河、毽球、木球、蹴球、押加 9 个项目都明显带有对抗性。运用项群理论可让其更加明确其对抗性的特点：技能主导类同场对抗项目有可抢花炮、珍珠球、木球、蹴球、押加、拔河。隔网对抗：毽球。对抗格斗：摔跤、武术散打。对抗已经成为民族传统体育的一个重要特性，和竞技体育当中的对抗性有异曲同工之处，但是也有着很大不同之处，其不同点在于激烈程度不同。西方体育提倡的是一种搏的思想，竞技体育的目是以争夺优异的名次为主导，所以就必然造成激烈的对抗。而中华民族传统体育里面，许多对抗性项目是本着娱乐的目的进行。所以，对抗程度的激烈性就比竞技体育差了很多，同时在民族传统体育中也包含着大量的中庸和谐的思想，这也是造成传统体育对抗性不够激烈的重要原因。

（二）集体性

民族传统体育的产生不是某人的个体行为，而是群众的集体创造，民族传统体育活动的开展也是群众的集体参与。表现在各民族传统的体育项目中，就是群体的一种行为。特别是在各民族的传统节日时，以民族、氏族、村寨为单位，无论老少，无论男女都是节日的主角，都是民族体育活动的参与者。云南西双版纳傣族泼水节，一般要举行龙舟大赛，方圆几十里的各族群众到澜沧江畔，载歌载舞，观看龙舟大赛。驾舟者由十几名青壮年男子或女子组成，比赛时锣鼓喧天，人们呐喊助威，最先到达目的地的为胜。泼水节期间，人们相互追逐，竞相泼水，洗涤污垢，以示祝福。还有彝族的火把节也是集体进行的传统体育盛会。火把节上，人们燃起火把，载歌载舞，尽情欢歌。

敬火、祭火的古老习俗，各种传统体育活动斗牛、摔跤、赛马等也成为火把节的主要内容。许多民族的传统体育项目在某些方面有一定的相似之处，显然是在民族发展过程中与周边民族的相互交流中逐步形成的，如赛马、芦笙舞、毽球、秋千、射箭、射弩、摔跤等。各民族的交流融合，对民族传统体育发展的影响是深远的。在历届少数民族传统体育运动会上百项表演项目里，这种交融的现象尤为突出。民族传统体育竞技的集体性正是这种交融的体现。这是现代竞技体育所不具备的特征，这也是民族传统体育项目中独有的竞技特点。

（三）娱乐游戏性

民族传统体育在比赛和平时练习的时候本身就具备着娱乐和游戏色彩，其竞技的本质就是为了娱乐和游戏。在为民传项目分类中，特别设置了娱乐游戏类，这更加鲜明地突出了传统体育竞技中带有娱乐和游戏性的鲜明特征。这是民族传统体育产生之时就具有的特性。反映在我国各少数民族的社会生活中，娱乐和游戏的特性就更为突出。所以，人类的生产劳动以及节庆、喜庆等都是开展娱乐活动的时机，正是由于民族体育竞技的娱乐和游戏性质，使得它不像现代竞技体育那样具有极强的竞争性和商业性，而是具有轻松、娱乐、游戏的特点。人们参与活动，更多的是要达到愉悦自我，放松自我，增进交往，接受传统文化熏陶的目的。现代体育的竞技特点只能通过竞争、比赛的方式来体现出它本身具有娱乐观赏性的价值，而民族传统体育的竞技特点是本身就能表现出来的，不需要媒介和手段。这也是民族传统体育在竞技特点研究中区别于现代竞技体育的一个分界点。

（四）地域民族性

民族传统体育竞技特点中，带有明显的地域性特征。这主要表现在：属于同一个门类的传统体育项目，但是在不同的地区与不同的民族中，所表现出来的竞技形式是不同的。例如高脚马项目，湖南的苗族、土家族地区的玩法、比赛方式与云南贵州等地的玩法各不相同。属于较力类的摔跤项目就分化出朝鲜摔跤、博克、藏族摔跤、回族摔跤等几十种摔跤的运动比赛形式。不同民族，不同地区对同一种运动项目的表现出来的竞技形式是不同的。这是现代体育竞技特点所不具备的。

（五）健身安全性

健身安全性是传统体育竞技形式的又一大特征，其中表现为两大特征。一是技能的传习，训练的目的与过程，二是比赛过程。首先在大部分传统体育的项目的教学训练中，教练或师傅，都是以学习技艺、强身健体为教学训练的唯一目的。特别是传统武术，其运动的基本形式、目的，都围绕着养生健身来开展。其次是传统体育的过程比赛过程，更加突出了其竞技安全性的特点。一般现代体育在激烈的比赛中，都有着很大的运动损伤与受伤的危险，但是有在传统体育当中却很少见，传统体育在比赛中，始终奉行着以娱乐游戏为目的的内在宗旨，这就成为传统体育竞技运动中很少有大的运动损伤出现的原因。

（六）规则性

此特性是所有体育的竞技特点都所具备的特点。在传统体育项目的竞技特性中也不例外的包含了大量的规则性。一个运动项目，没有规则，就无法进行。所举例的传统项目中，基本每项运动，都有其自身明确的规则。在以往的时期传统体育带给人们带来的是其运动竞技毫无规则、杂乱无章等错误的理解。其实传统体育和现代竞技体育一样，每一个项目都有明确的规则。这不仅体现在传统体育的比赛方面，更体现在传统体育技术动作的运用上。

（七）时代性

在社会历史发展的进程中，各个时期都给予民族传统体育一定的影响，因而传统体育也间接地反映出时代的特点。传统体育项目的竞技特点是根据时代变化而变化的，这也是传统体育能永保生机的一个重要因素。

时代发展到了今天，为了传统体育的竞技特性能适应当今社会的需要，在器材制作，比赛规则等诸多方面也有很大的改进。如朝鲜族的秋千的器材，射弩所用的弓和弦，抢花炮的发射器和花炮等，在保留其原有特点的基础上，都采用了现代化的器材加以改进，由此可以明确看出传统体育其竞技发展的时代特性。

第二节　民间游戏

所谓民间游戏是相对于电子游戏而言，"指那些在广大民众中广泛流行、并且成为代代传承的文化传统的游戏"，比如很多人小时候玩过的"跳房子""踢毽子""打玻璃球""翻花绳"等等。这些游戏有着独特而稳定的表现形式和游戏规则，不需消费、无须过多的游戏道具和特殊的场地要求，是一种没有功利色彩的消遣、娱乐、玩耍活动，贯穿于整个人类发展史，具有丰富的文化内涵。

一、民间游戏的举例说明

（一）放风筝

风筝古称"纸鸢"或"纸鹞"，在我国具有悠久的历史，时至今日，风筝运动经久不衰。在公园广场，亦或是空旷草地，都可见得风筝飞舞，其中各种造型的风筝蔚为壮观，为人们的休闲时光增添不少乐趣。同时，风筝作为一项民族传统体育运动，深深地烙上了中国文化的印记，充分表现了人们的美好向往和健身情趣，富有浓郁的民族特色和乡土气息。作为一种民俗，风筝是一种以消遣休闲、调剂身心为主要目的的一种游戏娱乐活动，使劳作后的人们得到休息，以益于个人的体能、心理情绪、创造力和道德感。

近代以来，随着西方竞技体育的传人，以及当今社会人们对竞争、平等、拼搏、追求成功、冒险、挑战等人格特点的共同需求。以及随着农耕文明的瓦解，当今西方文化的强势入侵，由此对中国的传统体育产生了深刻影响。风筝不仅作为一项休闲娱乐活动，同时也已成为一项运动，融入竞技元素。特别是20世纪80年代以来，中国风筝运动的发展具有明显的现代性。1986年，风筝被纳入全国正式体育比赛项目，从此，传统的风筝运动走上了组织化和规范化的竞技发展道路。并伴随着风筝协会组织的建立和完善，以及比赛规则、裁判制度的建立和完善，竞技比赛活动走向正常化和正规化使得风筝运动得到了长足的发展，并促使更多的人参与到风筝运动中，使传统的风筝体现着时代的魅力。

（二）抖空竹

空竹，是我国民族传统体育文化中璀璨的明珠，是我国首批入选非物质文化遗产名录的项目。空竹古称"胡敲"，也叫"地铃""空钟""风葫芦"，山东济南俗称"老牛"。空竹运动在我国历史悠久，具有深厚的文化底蕴，它是一项集娱乐、健身、竞技、观赏、休闲为一体的民族传统体育项目。该项目不受场地、季节、时间限制，适合男女老少，玩法不一，运动量可自由控制，深受广大群众喜爱。

抖空竹表演时讲求花样的变幻莫测、技术的精巧娴熟以及招式的新颖奇特。在我国的民俗技艺表演中，有所谓的"要、变、练"三大形态，其中"要"即是"要坛子"，"变"是"变戏法"，"练"就是"练空竹"。在追求"奇、变、巧"的过程中，空竹表演的艺术层面便衍生出来，空竹艺术的具体呈现即是其技术、形式和力量的融合，同时包含比例、对称、均衡、和谐及节奏的统一。在空竹的抖动中，表演者通过双手握杆的扯拉抖动，将运动和技艺有机结合起来，在变化多端的节奏中利用人体多种姿态，在动态中将力度、幅度、速度、力量等糅合于空竹技巧当中，完成各种高难、优美的动作。这对表演者来说，是一种很好的身体和精神的双重锻炼，对于观赏者来说也是一种健康休闲、调节身心的娱乐方式。通过全身的协调，把心灵与情感的内在驱动力和精神的蕴涵力完整表现出来，得到鼓舞，获得自信，从而以无穷的创造力去征服更高的难度，达到更高的境界。

（三）跳绳

跳绳作为一种体育活动，最早起源于中国，至少有一千多年的历史了，跳绳在古代知名人士为"荡绳"或"跳白索"。《北齐书·后主传》记载：游童戏者好以两手持绳，拂地而却上，跳且唱高末。由此可知，跳绳活动显然在北齐就有了，到了唐朝称为"透索"，每年中秋节以透索为戏，已成为时令。元、明时期，跳绳成为燕云地区的重要时令活动。明刘侗等《帝京景物·灯市》记载："（元夕）二童子引索略地，如白光轮，一童子跳光中曰跳白索。"白索即白色的绳子之意。这是描写当时燕京元夕灯市上玩耍的时令游戏活动。这种跳绳活动在北方流传了近一千四五百年的时间。清朝出版的《有益游戏图说》中也有关于跳绳的记载，那时跳绳称为绳飞。民国以后才称为"跳绳"。到了现代，跳绳运动得到了广泛的开展、普及和提高。许多国家把它列为体育课的内容，我国把它列为"国家学生体质健康准"测试项目之一。

跳绳分四大类，即速度、体力、行进、花样。速度以双踏锣为主，训练跳绳的姿势、跳法、和速度。体力类，以"双飞"为代表，即跳一次绳从脚下过两次。行进类包括跳绳跑步和抢绳走步。花样类可分为十二大类，数十套绳路，几百种跳法。十二大类为：绳操、绳舞、绳拳、绳技、绳阵、趣味跳、跳长绳、跳双绳、多绳交叉跳、跳绳的行进动作、跳绳接力和跳绳接力竞赛。

跳绳运动是一项具有非常大锻炼价值的运动项目，在跳绳运动过程中按照科学的健身方式健身，能更好地促进锻炼者的身心健康。

（四）踢毽子

踢毽子，又叫"打鸡"，起源于汉代，盛行于南北朝和隋唐，至今已有两千多年的历史了，是湘、鄂、渝、黔四省边境地区民间传统体育娱乐项目之一，深受该地区青少年儿童的喜爱，尤其是少年女子，是我国一项古老的民族民间体育活动。而毽球运动是继承华夏民间体育中踢毽子游戏，结合现代球类运动规律，新兴的一种现代体育项目，是中华民族传统文化宝库中的一颗灿烂的明珠。两者是继承与创新的关系，有其共性，也有其个性。

经常踢毽子，可以促进人体运动器官和内脏器官的发育，对改善腿部，腰部力量以及灵敏、协调柔韧、耐力、平衡能力等均有明显作用对于改善心血管系统和呼吸系统功能也具有很重要的作用。在学习疲劳或工间休息时进行踢毽子活动，还可以起到调节人的情绪，缓和工作学习给人带来的紧张，提高工作效率的作用据研究，一般人若连续进行了一分钟的踢毽子活动即可达到较大的运动强度若进行分钟的踢毽子，则相当于九分钟内骑自行车跑五公里或八分钟跑 1600 米的能消耗。踢桩子的能盈消耗是由踢的方法，次数和速度速度决定的。由此可见，踢毽子具有很高的锻炼价值。

总之，踢毽子运动具有群众性、娱乐性、健身性，技艺性和科学性毽子制作简单，挤带方便，活动时不受场地条件限制，室内外均可进行并且运动技术容易掌握，运动盈可大可小，是一项值得提倡和推广的体育项目。

二、民间游戏的社会价值

（一）启蒙教育功能

民间游戏的启蒙功能由人类社会早期启蒙功能和人生早期启蒙功能两个部分构成。游戏发生基础的第一基石是先民们的各类生产劳动，正如普列汉诺夫所说的"游戏是劳动的孩子"。在人类漫长的进化过程中，游戏的出现意味着我们先民除了为生存而必须从事一系列顺应自然、改造自然的活动外，还有一种能使人们在精神上得到愉悦感受的审美形式，即原始的游戏活动。这体现出原始游戏的启蒙功能在于它使人类由非审美向审美演变。日本教育家井深曾说："人的一生中学习潜力最大的时期不是在中小学，更不是在大学，而是人们不太重视的学龄前幼儿时期"，从中国俗语"从小看大，三岁看老"中也能看出我国对幼儿教育的重视程度。在游戏中，人们可以体验活动的想象力和创造力，从长远的发展眼光看，想象力比知识更重要，因为知识是有限的，而想象力是无限的，它是知识更新的源泉。因此，游戏不仅能传授知识，更重要的是能开启智力。

（二）提高民族认同感

民间游戏是我国民俗文化的重要组成部分，是民众广泛参与的群体性活动。有着悠久历史和丰富文化意蕴的众多民间游戏，积淀和蕴含着不同地域和民族的审美情结。在相同游戏竞技中，人们能够找到群体凝聚力，达到本群体、本民族认同的作用，并促使群体内部产生亲近感。如龙舟赛就在我国各民族共同崇拜龙图腾遗存形式的基础上，体现出我们共有的伦理道德和价值观念。因此，民间游戏不仅能让参与者了解和传承本地和本民族文化，还能使其受到本地和本民族传统文化和精神的熏陶。人们在活动参与的过程中不仅能亲近自然，愉悦心身，还能通过模仿现实生活中的事物和人物的行为及习俗，建立起民族认同感。

（三）发展民族竞技文化滋养源

竞技体育项目源于人类早期的游戏，如高尔夫运动的起源就是苏格兰牧羊人在草原上拿牧羊棍打羊粪蛋或者马粪蛋，现在这项乡野村夫的嬉戏却转变成了绅士运动。因此可以看出，创新民间游戏是民族竞技运动产生的滋养源。占世界人口近1/4，且拥有数千年历史文化底蕴的华夏民族有无数民间游戏。如果充分利用"打造民族文化"的大背景，那么在现代奥运为代表的竞技体育大家庭中，我国民族文化孕育出的竞技运动项目肯定会占有一席之地。

（四）构建和谐生活的调节剂

民间游戏是身心的宣泄，其结果有益于参加者心理和生理的健康，进而能调节人们间的关系，为社会的安定创造一种较为和谐的气氛。事实证明，参加集体游戏可以培养参与者的群体合作性和勇敢、果断等个性品质，同时还可以互相学习到怎样解决矛盾与冲突。另外，集体游戏还能使人掌握现实规则，从而切身理解什么是自由和限制以及怎样去适应现实规则等。因此，民间游戏在一定程度上构建了游戏团队的和谐氛围，是和谐生活很好的调节剂。

第八章 中国口头文化

第一节 民间神话与传说

中国传统民间神话传说所演绎的文化性灵范式是炎黄子民自身造就的一种颇为本源的群众文化。它始终体认着古老又年轻、传统又现代、高雅又通俗、精英又大众的生命标识，且将随着华夏悠久文化历史的长河不断地加以延续拓展，贯通融合于国人的血脉流程，并存储映射在社会各阶层百姓的心理结构中，终归蕴藉了温馨恬适、广袤精髓、清新醇厚的艺术凝聚力。

一、华夏民间神话叙事体例的人文旨归

中国是统一的多民族国家，栖息于这块美丽富饶的土地上的众多民族皈依于整个中华民族的和睦大家庭，使各民族绚丽多姿的古代神话传说最终构成了中国民俗民间文化的生命整体。中国传统农业社会主要是按照血缘与地缘关系为纽带加以聚合而成，以血缘纽带维系的宗法观念渗透、融入、契合到中国传统的社会心理与生活组织的众多层面，从而形成了中国民俗文化的崇尚自然、注重人伦、讲究礼仪、孝亲敬祖、修己务实、皈依性灵等审美特色。

民俗以民族的群体为载体，以群体的心理结构为依据，是一种集体性的文化积淀，是人类物质文化与精神文化的一个最基本的组成部分。民俗文化是人类在历史发展过程中所创造的物质与精神财富的审美范式。

华夏民间文化传统架构中的内容和形式势必随着历史的发展变化而有所变迁。正如《诗·周南·关雎序》所载："美教化，移风俗"。为此，民间文化在与其他文化融合的同时又一脉相承、历久弥新、意味隽永，并表现出了历史传承性与时代变迁性的有机整合。民俗旅游是一种高层次的文化旅游，它满足了游客"求新、求异、求乐、求知"的心理需求。三国时期著名文学家、思想家、音乐家嵇康早年丧父、家境贫困，励志勤读、精通玄学，因受

魏宗室赏识而被封为浔阳长，后又升任中散大夫，娶魏文帝异母兄弟穆王曹林女为妻，世称"嵇中散"，并排位于"竹林七贤"序列。嵇康崇尚老庄，尤好道家导气养性之说，并讲求养生服食之道。嵇康极力反对名教思想，不满司马氏集团篡权，并声言"非汤武而薄周孔"，终为司马昭所杀。嵇诗长于四言，善鼓琴而以弹奏《广陵散》著名。亳州百姓为纪念这位著名的古代文学家而在涡阳县城中心的乐行公园修建一座"嵇康阁"，以表达民众的敬重情愫。

中华民俗文化中强烈的地域性、民间性、娱乐性体现了一个地区生活方式、心理素质、文化情趣的积淀，是该地区最直接、最生动、最真实的特色表征。故而，民间神话传说具有民族性、地域性、传承行、集体性等生命情韵。每个地区和民族皆具有自己独特的生活方式、时尚习俗、风土人情，蕴含了独特俊逸的审美价值。中国传统神话传说作为中国传统文化的一个组成基因，养成独特而亮丽的生命个性。

二、华夏民间传说叙事模式的生命情趣

中国传统文化包容着强大的艺术生命力。无论人类如何选择生存方式，世界未来怎样快速嬗变，民间传统文化心理模式将终究伴随炎黄子孙而世代承续。华夏民间神话传说势必演进为社会日常生活中普遍存在而又隐藏不露的一种社会教化样式，并终归是最走向凡俗、最愉悦情感、最恪守行为、最近乎民众的生命陶冶范例。

钟敬文曾经凭借"三分法"对中华民族文化加以划分，他认为："第二条是中层文化干流，它主要是市民文化。第三条干流是下层文化，即由广大农民及其他劳动人民所创造和传承的文化。而其中的中、下层文化就是民俗文化。故而民俗文化就是广大群众在长期社会生活中所创造、继承和发展而成的民族文化。范围很广，包括我们常说的物质文化、精神文化以及社会组织"。由此可见，民间神话传说理当是一个民族在长期的共同生产实践和社会生活中逐渐形成并世代传承的一种较为稳定的文化现象。中华民俗文化是在中国古代农耕文明的土壤中生长而来的，带有先天独特的个性特征，深深地影响着中国传统文化的生命嬗变。

中国传统文化是在一个相对封闭的地理环境中加以孕育、发展、拓进的，在数千年的历史进程中始终构建着一脉相承、连绵不断的文化体系。中国神话传说始终以原始信仰范式承传于后世，且成为生命佳话。譬如说，原始神话传说在传承中始终表现出浓重的神秘性，使世人总是生存于难以捉摸、无法解释、神秘莫测的气氛中，而产生的恐惧、敬畏、崇奉心理，并导致了盲目信从的民俗行为。相传项羽有一天逃难来到楚殿集，正赶上阴雨连绵、道

路阻断，盐商被困于旱路而难以入夏水乘船贩运。有一盐商愿出高价雇人用独轮车把盐推到西洮河上船，因雨水太大而无人应承。项羽当时虽说十几岁，却生得虎背熊腰、力大无穷，在泥泞坎坷的土道上推起车来不觉费力，一口气推了三十多公里直到河岸，将盐送到船上。项羽推车过后的路陷数尺，导致雨水顺车辙向南回流而越冲越宽，周围百姓乘势顺车辙疏浚，且越挖越深，年复一年便成了一条大沟。随后乡民知道推车的是楚霸王，就礼誉此沟为"霸王沟"，以示尊崇敬重。

华夏古国在民间深藏着博大、雄沉、恢宏的优秀文化因子，构成了绵延不断的历史信息链。它传递着中华民族心理的生命密码，成为民族个性特征和独特精神的重要表征，并终将为民族精神提供了品性的培育、性灵的认同、浓厚的营养、彰明的昭示、存世的启迪和审美的意趣。像伟大的哲学家、思想家和道家学派创始人的老子就诞生于楚国地界的涡阳县境。老子生活在春秋时期，曾在周国都洛邑（今河南洛阳）任藏室史，潜心研究各类经典，学识渊博。后见周室衰微、诸侯争霸、内乱迭起，遂归隐而骑着青牛西游去秦国，至函谷关时，为关令尹喜挽留。经尹喜再三劝说，将其道学观点加以总结整理，写出了五千言《道德经》。老子因其广袤深邃的哲学思想而被尊奉为"中国哲学之父"。老子的思想随后为庄子所承传，并与儒家和后来的佛家思想一起构成了中国传统文化的生命内核。可以说，中华民间神话传说是民族精神、个性特征、生命情趣的审美载体，并蕴含着凝聚社会的融汇力、亲和力和生命力。

中华民间神话传说的文化特质具有其他社会诸多要素所无可取代的演绎功效，如若建构起一种适合于社会主义和谐社会建设的新型民间文化，此类文化理念便会深入于人心，在思维方式、行为习惯、道德规范的层面上发挥广泛、稳定、持久的作用，对国人综合素质的陶冶升华起到潜移默化的影响。

第二节 民间故事与中国故事

民间故事以现实世界中形形色色的普通人的生活遭遇及其理想愿望为叙说中心，用巧妙的虚构方式编织而成，富于趣味性与教育性。它们有的贴近实际生活，有的饱含神奇幻想，有的诙谐函默，有的寄寓哲理，构成一个多姿多彩的艺术世界。

一、民间故事的生成动因

从民间文艺学的角度来看，民间故事是一种口头散文叙事文学。

（一）对美的追寻是民间故事生成的重要推力

人本主义心理学家马斯洛将人的需要分为五个层次，即：生理需要、安全需要、归属和爱的需要、尊重需要，以及自我实现的需要。其中自我实现需要是最高层次的需要。此外，马斯洛还谈及人对美的需要，认为任何时代的人类都具有审美的需要，"审美需要的冲动在每种文化、每个时代里都会出现，这种现象甚至可以追溯到原始的穴居人时代。"这种需要促使人们对生活、情感进行描述。虽然在一部分精英阶级看来民间故事是粗鄙而简陋的，因为在他们眼中，民间故事是民众生活真实图景的展示而缺乏与生活之间的距离，民间故事的表述均为土语方言而缺乏精致的辞藻（语汇），故事情节简单罕见跌宕起伏的曲折，主题明确而缺乏探寻的深意……但是，作为民众对生活最直观的描述，民间故事展现着社会最底层民众的超越功利的审美追求。无论人的文学素养是优是劣、欣赏水平是高是低，人性中总是包含着对美的追求。学者万建中在其著作《民间文学引论》中对此有过论述，他认为"民间文学存在的价值，首先在于它是美的。人们之所以热衷传播，也主要在于可以获得审美享受。我们在强调民间文学一些特殊价值的时候，不能忽视其作为文学的审美特征。"民间故事是社会底层民众对美的最直观感受，它展现着民众对于生活平淡无奇、周而复始的美的强烈感受，这种情感促进民间故事不断的生成。

首先，民间故事的生成是社会底层民众对于生活之美的最直接描述。

民间故事往往是民众对于日常生活中的人或事的最直观反映。作家文学与社会生活总是相对而存在，保持一定距离。这种距离一方面是创作者的刻意追求，另一方面源于作家在对作品进行构思的过程中往往将自己置于一个并未亲身经历过的环境之中，并对这一并不完全熟悉的环境进行假设，即使作家曾经对设置情景进行过考察与体验，但他可能只是作为这种生活的观察者和描述者，而不会成为他所描述的生活中的一员。而民间故事的生成是"饥者歌其食、劳者歌其事"的直抒胸臆，作为生活的一部分从未从民众的现实生活中分化出来。更多的时候民间故事自身就是民众对日常生活的真实描述与主观表达。"在这种特殊的创作活动中，创作的主体，常常又是对象本身，主、客体之间几乎相融无间。"民间故事的讲述者自身就是民众中的一员，民间故事讲述者在讲述中往往是在"聊"的状态下与听众交换对生活的感受，对生活中美的描述。民众毫不隐讳地称赞美丽的人、宣扬善良的品行，穷小子会因为做好事得到宝贝、娶到美丽的媳妇，过上富裕的生活，找活佛类型的故事就是最典型的例子。民众在民间故事中寄托着对于生活的美的追寻。同时，民间故事的每一个听众与读者都可以根据自己的生活知识、人生经历对文本背后的意义作出独特的理解，并将自己的解读通过再讲述、再创作的方式传承下去。这种传承与生成方式使民间故事中蕴含的美与生活浑融一体，不可分割。

其次，民众对于美的集体追求是民间故事不断生成的动力。

民间故事是民众集体性的审美追求，其生成是一种群体性集体创作的结果。即使民间故事的文本最初是由某个人最先创作而成的，但是在其传承过程中，由于被无数讲述者不断的讲述而逐渐形成了符合大多数人审美的故事文本。当然，大多数民间故事的产生和流传都具有一定的区域性，并不是与所有的民众都具有关联性。尤其是在传播手段并不发达的传统社会，民间故事的集体性也体现为一种区域性，即民间故事被一定范围内的群众所接受和喜爱，并因受到这一区域内民众的喜爱而带上了区域民众的风格。而这个区域的范围可大可小，它可能是一个村落、一个民族，也可能是一个国家。同时，民间故事的传承过程也是民众对于民间故事进行审美选择的过程。那些符合民众审美的民间故事文本往往会获得更多的讲述机会，进而得到更为广泛的传播。

最后，民众重复的审美体验不断促成民间故事的讲述与生成。

听众对某一文本有可能是第一次倾听，也可能多次倾听，即使是在重复倾听的情况下，听众大多也不会表现出厌倦之意，反而乐在其中。这种重复经历的审美体验需求不断促成民间故事的讲述与生产。同时，民间故事的讲述是一种不断重复的讲述。这一方面是由于每一次讲述都具有一定的差异性，听众可以从中寻找新的发现；另一方面，由于民间故事总是在某一情境中进行的，由于每一个讲述的"小语境"都不会完全相同，如不同的讲述者、不同的参与者、不同的讲述方式、大家不同的反应、讲述中出现的突发事件都会成为重复经历的审美体验填充新的审美内容，此外，接受者对于民间故事的接受往往不仅仅在于求新，他们往往能够从对同一文本的反复收听中获得经验，由此可以对讲述者的讲述作出预测，从而获得一定程度上的满足感。同时，这种不断地重复也能使接受者对自己所携带文化传统相互印证。

民间故事是民众对自身生活途径的描述，其中体现着民众共同的审美情感以及审美需求，是民众对于"美"的集体表达。民间故事中构建起的瑰丽多彩的民间艺术世界在漫长的历史时期中满足了无数民众的需要，并在民众源源不断的审美需求中不断生成、更新。

（二）民间故事的功能促进民间故事生成

马林诺夫斯基在《文化论》一书中写到"一物品之成为文化的一部分，

只是在人类活动用得着它的地方，只是在它能满足人类需要的地方。……所有的意义都是依它在人类活动的体系中所处的地位，它所关联的思想，及所有的价值而定"。民间故事是文学的一部分，蕴含着民众的活动、观念与情感，承载着民众创造的文化信息。作为民众生活中随处可见的文学活动，民间故事具有教育与娱乐功能，同时作为祖先和族群历史的记忆，民间故事又是承载着民众文化传统的活态的文本。在当代，作为生活文化现象的民间故事仍然在文化体系和实际生活中发挥着重要效用，不断催生新故事的产生。

1.民间故事是民众共同创作并共同享用的生活文学。

无论是在传统社会还是在当代，民间故事的发生和传播都不是单独的行为，而是与民众的日常生活、生产及各种仪式密不可分的。换言之，民间故事即是人们生活的最直接的反映，甚至是生活的本身。其涉及的内容广泛，大多贴近民众的日常生活，是当地文化传统的口头书写，同时又深刻影响着人们的生活，体现着民众普遍的生活愿景、道德标准、价值观念。如，民间故事中常常蕴含着许多生活经验和劳动技能，在娱乐的同时给予民众以指导。其宣扬的惩恶扬善、善恶有报的思想在潜移默化中起到了感染教化的作用。民众还常常通过讲述民间故事来表达对社会压迫的不满和抗争。在故事中，常常有富有而奸诈的人最终遭到报应，而穷苦而善良的人得到幸福，故事通过这样的情节使讲述人和听众得到心理上的快感，实现感情宣泄的目的。与作家文学相比，民间故事"姑且一说""姑且一听"的随意讲述方式往往更容易颠覆传统与权威。同时，民间文学并非高高在上的文学，无论身份尊卑、地位高低，任何人都可以进行讲述，任何人都可以倾听故事，任何人都可以对故事发表评论，任何人都可以对故事进行修改……故事是生活的文学，为全体民众所享有。

2.民间故事是民众传播知识与道德教化的重要途径。

在人类文化发展进程中，广大劳动民众在很长一段时期内无法接受正规良好的教育。在中国的传统社会中，民众受教育情况普遍低下，而民间故事所反映的伦理思想多是从人们的日常生活需要出发，蕴含着丰富的民俗知识及民间道德观念，为生活提供遵从的依据。民间故事的讲述人往往是那些德高望重、人生阅历丰富、见识广博的人，他们具有丰富的生活阅历和人生经验。在讲述过程中，他们常常会将自己在多年生活实践中累积的经验和阅历融入自己所讲述的故事中，向人们打开一个崭新的空间。同时，讲述人会在故事中融入自己对生活的理解，通过一些生活故事，告诉人们应该如何正确面对生活；通过故事中的一些禁忌情节，告诉人们如何规避生活中的风险，等等。这一时期，民间故事成了广大民众记录民族历史、英雄伟业，传播生存技巧、生活文化、劳动知识，并对日常生活做出道德评判的有力途径。即使在当下民间故事的道德教化功能仍然存在，但在其他教育手段的介入下，其功能渐渐萎缩。但是，不得不承认，民间故事始终是离生活最近、最唾手可得的道德教化手段，任何人都可以信手拈来一则善恶有报的民间故事，以最简单、最直接的方式赞美人性中的善良、真诚、勇敢，对人性中的丑恶、虚伪、自私进行毫不掩饰地贬损，引导人们弃恶从善。瓦尔特·本雅明在论述民间故事中的童话时曾说："童话因为曾经是人类的第一位导师，所以直至今日依旧是孩子们的第一位导师。童话始终暗暗存在于故事之中。……无论何时，童话总能给我们提供好的忠告；无论在何种情况，童话的忠告都是极有助益的。"同时，当代教育手段并不是完美无缺、面面俱到的，对于生活中的细节，以及一些正规教育未能涉及的部分，民间故事会给予适当的补充。如在性教育方面，民间故事中的"荤故事"在一定程度上满足了人们的求知欲。尤其是对于儿童来说，民间故事中所包含的生动形象和瑰丽想象在幼儿教育中仍然起到重要作用。

3. 民间故事是最常见的娱乐生活、宣泄情感的方式。

人的精力作为一种能量在人体内部的分配不总是收支平衡的，有时候会产生一些剩余能量。此外，人在日常生活中常会遇到一些困难、矛盾、挫折、失败，对人造成某种强烈刺激，结果导致人的情绪产生一些变化——忧伤、悲痛、愤怒、焦虑。心理学家们把这种由于外界的刺激而在人体内部产生的心理反应，称之为额外能量。这些能量不断地进入人们的精神系统，使人们的精神系统处于不断变化的状态之中，永远不可能达到绝对平衡，而只能是相对平衡。刘守华先生在其著作《文化学通论》中提出"文化迫力"的概念，用以指人类为满足物质和精神生活的需要而创造文化并维系文化的压力。人类在社会群体生活中生存和繁衍，必须有维系群体生活所需的各种制度，也需要实施这些制度的文化手段，还需要更多的文化条件，这就是文化迫力。

虽然这种文化迫力是必需和必要的，它体现了人的社会性，但是人又具有生物性本能，而这种文化迫力对人的本能造成了压迫与束缚，它使人的本能在文化的框架中受到压制，在制度、规范、礼仪、价值体系中被紧紧束缚。文化系统这种源于自身的压力和束缚必然会造成人的社会性和自然性的冲突。由此，人们需要一种能够调节身心、宣泄情感的娱乐方式。传统社会中，民众的娱乐方式较为有限。民间故事中幽默、诙谐等因素为人们艰苦的劳动生活添加了一抹亮色，成为民间休闲娱乐的一种独特形式。讲述人通过讲故事、说笑话等方式来达到消除疲劳、缓解精神紧张，从而达到情感满足的目的。广大民众通过听故事、听笑话等方式来达到上述目的。随着时代的发展，虽然民众的娱乐、宣泄方式变得多种多样，但是听和说一直是健康人的本能，民间故事的传播正是基于人们此种本能的一种活动。参与民间故事活动不需要很高的文化素质。讲述民间故事，特别是笑话，仍然是当代最简捷、最方便的娱乐与宣泄方式之一。

4.民间故事是时代及民族历史记忆的载体。

民间故事作为历史的记忆，不可避免地记录下其产生流传过的时代特征，并保留下不同民族的民族历史、风俗习惯，记录下故事产生流传时代人们生活世界的原貌。人类不是个体的存在，他需要自身所在的族群对自己有认同感，同时自己对族群也需要一种归属感。认同感既有血缘上的联系，更重要的是对族群文化的依赖性，这种依赖性是后天形成的。在笔者对辽宁省凤城市的考察时发现，作为满族聚集地的凤城市，几乎每个满族民众都会讲述关于努尔哈赤的故事，如《努尔哈赤脱险》《义犬救主》等。这些关于民族英雄、民族战争、民族禁忌方面的故事，构成一个族群的"共同的记忆"。这种记忆往往是关乎本民族（或民族英雄）存亡的重大事件，可能并非历史所载，但却为本民族民众所广泛认同，使个体有了与族群相同的心理，从而产生满足感和归属感，使群众形成更加稳固的关系。

综上所述，民间故事是民众心绪情感表达最直接而简单的方式，人们在故事中表达情感、寄托愿望、鞭笞丑恶，从而获得内心的平和。民间故事中关于人性的真、善、美，关于爱情、关于人与人之间的关系这些永恒的母题的讲述不断促使民间故事被一代代讲述者所讲述，并不断催生新的故事的生成，以满足更多听众的需求。民间故事承担着多种功能和意义，更使之焕发出勃勃的生机。它不仅仅是当代民众世界观的组成部分，也是儿童教育的手段；不仅仅是民众休闲娱乐的方式，也是民众情绪宣泄的途径。此外，群体凝聚、身份认同的重要功能使民间故事在各个族群中被代代传颂。

二、民间故事的特点

（一）鲜明的教育意义

古往今来，无论是封建社会还是资本主义社会，儿童文学都是教育工具，这是毫无异议的，现在的社会主义时代，我们更加重视儿童的教育和儿童文学的教育作用。在中华民族五千年的文明史中，积累了丰富的民族文化。其中民间故事也是研究室的组成部分，正如明朝吕得胜在他的（小儿语）序言中说："余不愧浅末，乃以主身要条。谐以声音。如其俚，使童子乐闻而晓焉，名日（小儿语）。是欢呼嬉笑之间。莫非理义身心之心学"，这是明确地阐述了"小儿语"是在玩笑娱乐之中发挥教育作用的。以《劳动挣来的一个卢布》为例，它真实深刻，通过生物细致的故事情节反映了劳动人民怎样教育子女，年轻人怎样培养自己热爱劳动的好品质。故事的开头首先了老铁匠夫妇在教育儿子方式所持的不同态度，父亲要儿子靠劳动去挣一个卢布，可母亲却偷偷给了儿子一个卢布，连续两次都被父亲识破而将卢布掷进炼铁的火炉，但儿子都无动于衷。因为钱不是他靠劳动挣来的，所以他根本就不知道珍惜。第三次，当他真的凭劳动挣来了一个卢布，父亲又把钱扔进炉子里时，他向炉子扑去，一边哭诉一边在炉灰中摸寻自己挣来的钱，父亲说："孩子！现在我相信，这是你用汗水挣来的钱——你过去是否会珍惜别人的钱的。别人的钱掉好不心痛；而自己用劳动挣来的钱是会爱惜的！的确是这样的！"通过以上这一系列富有戏剧性冲突的情节，故事真实而略带夸张地表现了普通劳动人民的生活情况和思想感情，同时，也巧妙地完成了一次对子女的教育，深入浅出，自然朴素，寓教于乐。再如《三兄弟牵金牛》，故事中说义为南乡的剡水里有一头金牛，要牵走这条金牛除要寻找到千年陈稻草、千年棕榈毛和千年菩提树之外。最要紧的还要大家"一条心"。有兄弟三人凭着他们的毅力和"一条心"，终于把金水牛牵上了岸，可是走到半路他们开始各自打起自己的小算盘都想把金水牛占为已有兄弟三人为此吵了起来，结果那条看不见的"一条心"的绳子断了，金水牛一个打虎跳跑掉了，跑回它的老家八宝山去了，剡水里再也没有金水牛了。这个故事的教育意义也是非常显著的，故事中三次提到"一条心"，对突击主题起到了强化作用。

（二）神奇的幻想色彩

民间故事往往是从神话、传说发展而来的，虽然在思想内容和艺术形式上已有很多新的发展，但在创作和流传方式、幻想成分等方面与神话，传说依旧保持着联系，当然，民间故事不像神话那样，以原始思想观念为基础，通过幻想表现人们征服自然、改造社会的愿望。而是以人和人的关系基础，在既有现实又有假想成分的情节中，表现人们的社会生活和表达人民的思想感情。民间故事也不同于传说。传说大多是通过历史上实有的事件、人物或地理上的名胜古迹来表现主题，民间故事则是以通称的人物和广泛的背景表现主题，它不必凭借历史事件和历史人物，也没有对各种事物的解释，而只是原原本本地讲故事。一般情节完整，层次分明，人物性格典型化。以神话传说《牛郎织女》和民间故事《三兄弟牵金牛》比较，《牛郎织女》以曲折离奇、瑰丽动人、充满浪漫主义气息的故事情节、反映了广大劳动人民对等级制度的不满和抗争、反映了广大劳动人民热爱幸福生活的美好理想，反映了青年男女对爱情自由的执着追求。《牛郎织女》中的人物虽然理是历史上著名的人物，但是在中国几千年的文明史中，类似牛郎织女的悲剧何止千千万万，《牛郎织女》的故事情节不仅有社会事实作依据。而且牵牛星、织女星实有其物、更有真实感。《三兄弟牵金牛》也同样具有丰富的想象，充满浪漫色彩。但故事的时间、地点比较含混。并且有不存在的千年陈稻草、千年棕榈树、千年菩提树，还有一头完全出自想象的金水牛；故事中下水牵金水牛的情节也带有极大的幻想性，而三兄弟则是他们那一类人的代表，具有典型化的人物性格。通过以上的分析就可以看出，民间故事的幻想具有更大的自由性更加广阔的背景。可以更少羁绊。

（三）与现实生活的紧密联系

在民间故事中还有现实性比较强的，它更多地按照生活的现实面貌进行艺术概括，反映生活中的现实矛盾，较少奇异的色彩和离奇的情节，它所描绘的大多是常见的人和事。反映的是劳动人民的现实生活和心理愿望。在这类故事中当然也有虚构、但这种虚构也还是立足于现实基础之上。接着生活的逻辑性展开的。这类故事往往具有鲜明的倾向性，基本采取写实的手法艺术地再现生活的真实。在封建社会中，妇女处于被轻视、被凌辱的地位，超人的智慧和无畏的胆略。这是对当时社会重男轻女观念的反抗，是对劳动妇女的肯定和赞赏，《巧媳妇》就是这样一个民间故事。《巧媳妇》取材于家庭生活事件，在反复测验中巧姑轻而易举地获胜，显示了她的聪明、才干和勇气。故事结构完整，开始先进铺垫、叙述三个大媳妇愚笨，心眼不灵活，张古老心里很发愁，便想替小儿子找个乖巧一点的媳妇掌管家业，可是打听了很长时间也没有找到一个合适的，最后他想了一个巧妙的法子，经三个儿媳妇各出一道难题，这三个媳妇想不来哭起来，由此便引出巧姑，巧姑为她们巧解难题，引起了张古老的注意。他决定亲自去试试这位姑娘，一试之下，果然是位聪明的姑娘，便请人做媒，把巧姑娶了过来。娶了过来之后。张古老还想让巧姑当家，但是还必须想出一个让大家心服的办法才行，张古老又出题试这四个儿媳妇，当然又是巧姑得胜，做了当家人。以上这三试表现了巧姑的聪明才干和乖巧伶俐，故事的最后一个部分则推向了高潮，表现出巧姑以极大的勇气和智慧与官府的无理要求作斗争，作为封建时代的妇女如此抛头露面与知府大人当面周旋，表现出对社会观念的抗争，她的"巧"正是劳动妇女在长期生活斗争实践中的来的丰富知识的集中体现。巧妇的一言一行，都表现了她作为生活主人的风度和气魄，与现实生活有着不可分割的联系。再如德国民间故事《公理的地方》，则以一个带有哲理性的小故事，表现出劳动人民期望公理的心态，揭露了统治者冷酷、虚伪、坚持反动立场的本质。这个故事同样也是现实生活真实、典型的反映。

三、中国故事

（一）中国故事是关于中国文化、精神和传统的整体形象展示

无论立足国内还是"走出去"，中国故事就是中国独特的道义精神、生活感悟和民族人生表现的故事，所谓中国故事不仅是涉及中国情境的具体叙说故事，而且是关于中国文化、精神和传统的整体形象展示。这里的核心是关乎中国文化传承中的形形色色的人物活动和事件聚合，而所显示的则是中国性的精神表述。站在这一层面来看，表述中国故事的功力，不在于如何呼应潮流的转瞬即逝、如何适应政策的变异倡导；而在于有没有思想定力、有没有精神确认、有没有热爱而不遗余力的徜徉其间的美好抒发。当一个价值观坚守未必成为共识的时候，精神定力就决定着中国故事的丰富与否、生动与否。把视野放到面对世界的时候，认识就更为需要开阔的文化眼光来衬托。理性地选取，其实是决定内外一体的中国故事表述的内涵精神。

不能忽略的是，我们的文化几千年中充满了根底性的博大精神，那么，我们没有理由丢弃开从孔子、孟子、庄子等中国的思想大家所阐发的人文精神和概念，以在对外传播中，阐释我们源远流长的思想，包括天人合一的精神、美美与共的理想，等等。这样也并不会减弱对我们当下的文化新进展的认识。事实上，习近平总书记在讲述国政大事和对外展示中华精神的时候，总能在传统文化中找到接续当代的线索和精神，就是有力例证。这也就是自信的由来和精神博大的底气。我们对外讲述中国故事，无疑不能须臾离开这一基础，而讲述的功力其实也就在这一多寡、深浅的差异上。

总之，与其说探讨带着策略性的中国故事如何具有接受的功力，不如说我们自己的故事无论何时都要具备真实的自信和真诚的理想精神，都需要在寻找自身的完满性上先感动自己。

（二）中国故事的三种表达

1. 用中国文字和语言讲述中国故事

任何一个中国故事，都绕不开汉字和中国的语言。如中国人讲"天人合一"，这是今天的中国孩子都会觉得很难的一个观念，但是其中有一个最简单的中国字，这最简单的中国字莫过于这个"一"字。老子说"天得一以清"，苍天有了这个一就风调雨顺了；"地得一以宁"，大地有了一就没那么多地震、

海啸和泥石流了；"谷得一以盈"，谷物保持一种恒定的成长就会长得饱满充盈；"侯王得一以为天下正"，一个统治者找到了统一的法则就可以做天下的统帅。"以为天下正"的"正"字就是正确的"正"字。大家今天看"正"，上面是一横，下面是一个"止"字。"止"的象形字是画出来的一只脚，也就是一只脚踩在起跑线前，这个字形就叫正。我们从哪里出发都要有规矩，大家在比赛的时候谁也不能抢跑、不能踩线，这只脚所踩的这根线的这个方向叫正道，你要走这条道跑到旁边去了就是歪门邪道。我们看元旦的"旦"字，是一横上跳出一个太阳，这一横就是地平线。所以，中国的"一"就是标准，它是起跑线，它是地平线，它是万物融合的起始，这就是"一"。

再来说"人"字，一撇一捺。当人从弯腰终于挺立起来的时候，它表现为一种阴阳相生的支撑，它是一种辩证统一。当人遇到一的时候，就是"大"，当我们伸开双手站在地平线上它就是一个长大了的人；而当"大"上再加一个"一"的时候就是"天"，人终于顶天立地，这叫长大成人。

这就从文字说到了语言，文字的生成其实就是我们观念的成长，我们的"天人合一"就是不失天道，不违天理，也不对抗天时。我们的伦理其实也是地上的一种凝结，当天人合一、顶天立地的时候人就长大了。实际上这个长大的人和那一横还有一种组合方式，如果它不是放在顶上做天，如果是小小的一横插在这个人的头上，那就是"夫"字。夫的一小横是表示男子二十为弱冠，头上插上簪子，以示成人礼。中国过去以8寸为一尺，以8尺为一丈，长到一丈的大丈夫插上簪子表示成人。这个"丈夫"不仅仅讲的是一种身量，更重要讲的是一种心量，就是他有没有担当大丈夫的使命感。我们今天的孩子长的都比前辈要快得多，营养都要更好，但是作为大丈夫的成人礼反而被现代生活忽略了。在中国字里本来就是有观念有故事的。

我们还可以和西方的朋友讲我们的春夏秋冬，春夏秋冬是可以画着画讲的。"春"字最早上面是小草的萌生，中间"屯"的部分表示种子发芽，下面是一个太阳，大篆把"春"字画出来就是欣欣向荣的大地回春图，即使写到现在的楷书，太阳这个"日"还在下面。也许很多人会问，太阳是在天空的，为什么你们春天时候的太阳在地底下？这是因为中国人认为大地回春，冰雪消融，万物生长，那个阳气的蒸腾是从地下开始苏醒的。春天举着新枝嫩叶往上长，向天空致敬，这就叫"沐春风而思飞扬"。"秋"字由一个禾和一个火组成，当收成都结束了，草木灰要还田了，燃烧秸秆，低垂的谷穗果实又重新向大地回归，这就是一个循环。

中国的文字本身像一幅画，这些画里都有观念，如中国人重伦理、重家庭的观念。家是什么，"宀"字头，现在通常叫"宝盖头"，家里能养一头猪就可以安顿下来，小富即安，家里不需要豪宅，不需要置多少房产，能养猪了日子就能过的不错。更有意思的是家中有女即是安，这屋顶底下得有个好女人，一家人就都安心了。在过去中国的女人不能出来接受教育，也不能工作，但是母亲的教育是那么重要。国人讲的"孟母三迁""岳母刺字""三娘教子"等故事中，不识字的中国女人也是传承中国家教和门风的，因此家里有个好女人这个家才能安稳下来。

中国人的观念要找到一个载体，最难的是语言和汉字里面藏着的约定俗成。这种故事讲深刻了，这其中的观念还可以去和其他文化进行比较。跨文化是在比较中去完成融合的。如大家都有造物的故事，都有洪水的神话，也都有太阳神的神话，各式各样的神话故事放在一起时会看见其中蕴含的观念。国人从来都觉得人和天地是融合的，这才叫"人法地，地法天，天法道，道法自然"，大自然是万物法则的根本，天地人是世间的三才。

这样的故事是可以从最简单的汉字讲起的，可以从我们约定俗成的口头语讲起的。不要认为语言和文字仅仅是工具，它本身也是目的，它既是一种载体，同时它也呈现了内容。

2. 用中国的艺术形式讲述中国故事

把中国艺术形式和西方艺术形式进行比较，我们会发现有很大的不同。纵观全世界，西方人的眼光很多是结构式的，能够看见它的局部和整体，而中国人是解构式的，它是在一个整体把握的模糊中去寻找它精准的审美。这就是我们对清晰的结构世界和模糊的感知世界在东西方审美中的差异。

我们欣赏国画和油画，油画在局部只是色彩的堆积，但是逐渐往远处看的时候会看见它清晰的透视结构关系，这也就是为什么达芬奇画那么多次的鸡蛋，找它明暗的阴影；达芬奇同时也是一个医学家，他要精准地解剖人的机体骨骼，画出来的肌肉也都是要符合比例和透视的。而中国画，用李白的诗来说"云傍马头生"，它讲究的是一种主观的写意，这也是中国人"天人合一"所体现的画意画境，这其中也包括我们的建筑。我在德国看到西欧有很多建筑是哥特式的，都是单体高耸入云的，这是一个人向神、向天主致敬的姿态，是优美的、孤单的、崇高的，保持着他的敬畏。但是我国的古建筑很多都是群体建筑，都是不高的一大片，这体现了国人居住的风水观念和向大地的认同。在古代中国，从皇上的家紫禁城到老百姓的家四合院，坐北朝南的房子一定是属于最受尊敬的人的。这是因为我国的北部是蒙古，是西伯利亚的寒风，房子北边是抵抗寒冷的，而南方就是暖暖的太阳，这样一个背对寒冷，迎向阳光的位置就一定是最尊贵的人的。然后东西厢房次第排列，从皇上的王公大臣，一直到老百姓家里的长子、次子，在房子中体现的是群体的伦理秩序，它一定不是单体的。

同样，我们会看见在很多舞台艺术的表现上，西方的芭蕾舞往往会有一个大托举，举起来的女演员她四肢伸展，延展向天空，想要冲破种种的羁绊和束缚，而这样的动作在中国舞台艺术中是没有的。我国的戏曲当中都是圆的、向大地的，如我国的京剧、昆曲出场以后可以跑圆场，武将的拉山膀，旦角的兰花指，一切都是圆润的向大地回归，它不会挣向天上。

这些不同也表现在我们的节日上。西方很多的流行节日都是从天上下来的，圣诞节、感恩节、复活节都跟天上的主有关，而中国的节日都是从地里长出来的，因为我国过的是 24 节气。只有中国会有清明这样的节，一方面它是个节气，种瓜种豆不误农时，另一方面它是个节日，慎终追远，祭奠自己的祖先。这种节气和节日的合一就是中国文化的现象，这些都是故事，而艺术形式也是最容易完成比较中的表达的。

分析不同文化的差异，首先要找准自己的本体，同时把对方作为自己的参照系，不作比较就无以沟通，没有沟通就更谈不上文化生态的融合。

我们可以在艺术题材中找到太多的差异去完成观念沟通的意象。有外国朋友问我中国哪里好玩，笔者可以推荐四季不同的地方请你来中国。因为中国有四季的表情，中国四季山川都不一样。听中国的音乐，到了江浙就有管弦丝竹，就有平弹昆曲，它的婉转细腻的水磨腔跟江南园林小桥流水气质上是一体的；来到北方，到了陕西听的叫吼秦腔，不吼不行，一山一山隔得那么远，所以在陕北民歌中有很多叠字，例如"山丹丹""招手手""妹妹流下泪蛋蛋"，我想之所以用叠字，是跟它的山川有关，就算唱出一个字来，在山里回荡之后最后就变成了叠字。地形地貌对气质的养成，这就是我们血液中的基因，而我们的文化也是带有表情的，不到内蒙古的大草原很难理解长调，它必须是天高辽阔那样的地方，悠长的声音才回荡得开。我们常说一方水土养一方人，一方水土所滋养的是一种文化，我们在穿行之中会得到它深刻的解读。在艺术形式中完成跨越与融合。跨文化，就在人的跨越中融合，这些都是故事。

3. 用中国的生活方式讲述中国故事

人类的天性从某种意义上讲都是小孩子，孩子都喜欢玩游戏，孩子都喜欢听故事。文化交流说白了就是让我们这些知性的成年人重归人类烂漫的童年，用我们自己的生活经验和好奇心去对别人的生活经验致敬，然后完成融合和解读。人本来就生活在故事中，只不过当我们长大之后，太多的目的让人过分直接和功利，我们忽略了其实我们人人都是故事的主人公。如果每一个人都愿意把自己还原到故事之中，我们的语言和文字是绕不过去的一个交流障碍，但同时它也是一个趣味横生的故事载体。

我们在书写一个个汉字的时候，那些画笔中隐藏的密码其实就是在讲中国的观念。我们每一个人也活在艺术之中，不是为了当艺术家，但是艺术使人活得有趣，无论听音乐、看画儿还是欣赏戏曲，甚至是我们生活中一段激情的感受，去看它的意象承载，去看它凝聚的表达，这些其实都是故事的载体。

我们每个人都有自己的生活，别把生活变成那么玄妙的事情，朴素的生活永远是可爱的。中国人说琴棋书画诗酒花这是雅事儿，柴米油盐酱醋茶这就是老百姓开门的事儿，什么时候我们还原到老百姓的茶里我们才能重归草木之间，只有自己认可了自己朴素而可爱的文化，我们才能作为这个文化养大的一个人去给别人讲好自己的故事。

其实每一本书中藏的都是一个一个故事的糖果，体现着不同的文化。当每一个人带着各自的感情活色生香地讲故事的时候，我们今天这个有着种种为战争、饥饿、贫困困扰的不安宁的世界，能在故事中熔铸一个最好的未来。让大家更加平心静气，从爱故事、讲故事开始，我们可以作出来的努力将不仅仅止于文化，而是人类共同文明的未来。

第三节 民间歌谣

一、民间歌谣的艺术美

民间歌谣，是诗歌的艺术表现形式。优秀的民间歌谣，都是作者内心情感的真实表现，借助于外在的事物进行表达，能够得到听者的共鸣。民间歌谣之所以能够在长时间内得以大范围地传播与提升，正是因为其具有较强的艺术美特性。因而，深入地分析民间歌谣的艺术美有助于更准确地了解民间歌谣未来的发展方向，能够更好地推动民间歌谣得以更高效地发展。

（一）音韵美

民间歌谣昨晚特定的艺术演唱形式，作用于传唱者的听觉、能够达到换发听众内心情感共鸣的目的。与民间歌谣所具备的意境美、形象美有所不同，音韵美能够达到不同的审美体会，主要是借助于民间歌谣的音乐形象以及音乐词汇体现客观形象，从而产生强烈的听觉冲击。

民间歌谣在实际发展中所具备的音韵美主要借助于多种方式得以实现。民间歌谣所具备的音韵美主要通过如下几种方式得以实现：

1. 使用大量衬字

与要求规整的文人诗词有所不同，民间歌谣没有要求非常严格的韵律或者特殊要求的句式，相对较为自由活泼。比如，民间歌谣歌词中不仅仅利用了多样化的句式以提升歌谣的音韵外，还加入了大量的衬字，包括"哎呀""那个"等等，这对于提升民间歌谣的音韵力度、口语美感等有积极的作用。

2. 利用双关、谐音方法

比如，民间歌谣的"湖躁芙蓉委，莲汝藕欲死"歌词中，"芙蓉"与"夫容"谐音，"莲"与"恋"字谐音，"藕"与"我"字谐音，从此民间歌谣的歌词字面上主要理解为植物枯萎衰败的自然现象，然而借助于谐音的表达方法，就表现出情侣之间的思恋之情，具有较强的音韵美。

3. 利用循环反复咏唱方法

在民间歌谣中，借助于歌词的重复咏唱，能够给听众听觉上产生相对较强的音韵刺激感，能够大大地提升了民间歌谣音韵美感以及震撼力度。积极利用循环反复的方法，能够大大地加深听众对民间歌谣的印象，从而让听众深刻地感受到其所具有的音韵美特征。

（二）绘画美与意境美

在当前一部分优秀的民间歌谣中，创作者不但通过鲜明的艺术形象来影响传唱者及听众的内心情感，还能够通过歌谣歌词描绘出多样化的画面并刻画出优美的意境来唤起听众内心的情感共鸣。比如，蒙古族民间歌谣《牧歌》就通过蓝天白云、羊群等歌词内容刻画出一幅美妙的歌谣画面，具备歌词语言精练概况，画面生动形象等诸多特性，不仅仅能够让听众感受到美丽的草原放牧场景，还能够让听众感受到内蒙古古大草原这美好景物的真切感受，从而让民间歌谣歌手以及听众感受到歌谣的绘画美。

假如说民间歌谣所体现的绘画美，只是体现出民间歌谣的外在视觉体会的话，那么民间歌谣所表达出的"意境美"就是通过民间歌谣所体现出的创造力与想象力，从而体现出民间歌谣创作者内心的情感及意念的情境，最终换发民间歌谣听众的内心情感共鸣。比如，在某些民间歌谣中所写的歌词整篇下来都是采用比喻的方式，但是从民间歌谣所体现的画面形象而言，能够换发听众的联想，表达出创作者的内心真实情感，能够让听众感受到真实的情境。

另外，因南北区域的人文文化有所差异，南北区域的民间歌谣也体现出差异化的绘画美与意境美。比如，南方自然条件相对较为优越，安逸的生活条件陶冶着南方区域民众柔糜婉约的气质，南方区域的民间歌谣大多体现出优美的意境，表意也相对较为含蓄。而北方区域自然条件相对较为恶劣，过于依赖土地，这也造成北方民众具有较为宽广的"土"性，品性也相对较为浑实、厚重，这也造就了北方民间歌谣开阔舒展的意境。

（三）形象美

民间歌谣所体现出的形象美，不仅仅体现出美好的事物，更多的是指能够激发起听者强烈情绪的鲜明形象，体现出民间歌谣作者所强烈要表达的情绪形象。民间歌谣所体现出的形象美，更能够获取众多听者情绪上的共鸣。

比如，藏族民间歌谣《高山即使变成酥油》，非常鲜明形象地表达出奴隶们对剥削者的痛恨心情。在这部民间歌谣作品中，创作者应用了各种各样的艺术表现形式，将高耸入云的大山想象成"酥油"，将汹涌澎湃的大河所流着的河水想象为"奶子"，而奴隶们却喝不上哪怕是一口，从而淋漓尽致地表现出世道不平的形象，换发听者愤愤不平的情绪共鸣。

另外，民间歌谣除了表达出古代社会的阶级压迫意外，也表达出青年男女恋情的美好，对古代封建社会包办婚姻的不满与反抗，以及表达出对负心汉的不满之情。这类的民间歌谣创作者通常为妇女，或者是创作者以妇女的角度进行创作。在这类的民间歌谣里，表达出古代妇女所遭受的婚姻包办制度的压迫，也表达出妇女们对婚姻自由提道：往，渴望追求平等幸福的婚姻爱情，体现出民间歌谣丰富的想象力，强烈的情感内容，能够较好地换发民间歌谣听众的情感共鸣。

民间歌谣作为一种民间所特有的艺术表现形式，同样也具备多样化的艺术美。在民间歌谣发展中，从音韵美、绘画美及意境美、形象美等多个方面，深入地分析民间歌谣所具备的艺术美，能够深刻地感受到民间歌谣所传递的美。

二、民间歌谣的文化功能和艺术特色

（一）民间歌谣的文化功能

民间歌谣在长久发展中，主要形成如下几个方面的功能：

1. 娱乐功能

民间歌谣，集成了当地民俗中的传说、神话等内容，在通常情况下都能够起到调节精神的作用，具有一定的娱乐功能。更为重要的是，民间歌谣为当地居民提供了情感表达、情绪宣泄的重要渠道，特别在部分娱乐方式相对稀少的地区更是如此。民间歌谣更多的娱乐作用重点体现在童谣上。虽然说童谣内容相对较为简单，甚至没有传递一定的情感内容，但是其具有相对较强的音乐节奏，在传唱中更为朗朗上口，具有更好的娱乐效果。民间歌谣所具有的娱乐功能，也是其得以大范围传唱与提升的重要基础。

2. 审美功能

民间歌谣，具有诸多淳朴之处，这就给劳动者提供了足够的美感欣赏。同时，民间歌谣的艺术特征给予其所独有的审美功能。民间歌谣，作为口头的诗歌艺术存在形式，是社会生活以及主观思想情感的客观表达，这需要其所塑造的鲜明艺术形象才能够完成了，这也说明了民间歌谣具有较为突出的审美功能。比如，大多数民间歌谣所刻画的艺术形象十分具体、生动，能够感动传唱者和听众，触动所有人的内心情感从而引发共鸣。同时，传唱者与听众在无形中能够深入地了解民间歌谣所要表达的内容，从而受到民间歌谣艺术美的影响，这也体现出民间歌谣的审美功能。民间歌谣所具备的较强审美功能，也是其具备较强教育价值的重要原因，这是民间歌谣得以走入学校音乐教育课题的关键。

3. 调节功能

民间歌谣具有较强的调节功能，使得其得以在民间大范围推广。当前很多的民间歌谣与劳动者实际劳作尤其是集体生产劳动有着非常密切的关联关系，已成为劳动过程中非常关键的构成部分。在部分较大劳动强度，耗费较长劳动时间的劳动活动中，民间歌谣不仅仅是"指挥者"，更是"调节剂"。比如，在建筑场地唱《打墙号子》民间歌谣时，随着民间歌谣的节奏能够大大地规范了不同劳动者间的动作，促使劳动者步调一致，提升了劳动者劳动的效率与质量。另外，在劳动活动中唱合适的民间歌谣时，还能够大大地减轻了劳动者的疲劳感，从而促使劳动者以更具饱满的热情参与到劳动实践活动中。比如，劳动者在唱到与劳动有关的民间歌谣歌词时，动作节奏明显加快，心中产生想把工作完成的想法。另外，蒙古族、藏族等民族在唱其当地方言民间歌谣时，都能够起到一定的劳动情绪调整作用，这对于减轻因动作单调重复而引发的厌烦情绪有较大的作用。

（二）间歌谣的艺术特色

1. 情真意切、单纯朴实

从民间歌谣中，老百姓们能够感受最为深刻的便是情真意切以及单纯朴实的民风。在民间歌谣中，劳动百姓在其歌词中表达了内心真实的情感，最为真实地体现了老百姓的内心情感世界，体现出老百姓内心细腻的情感变化。

民间歌谣所具备的审美功能，重点在于满足不同老百姓间的情感交流等需求，这已成为不同老百姓情感的连接点与交汇点，从而触发民间歌谣传唱者与听众的情感共鸣。因而，大部分民间歌谣大部分都是淳朴情感以及真实生活的反映。

2. 格调优美、形式多样

民间歌谣的层次结构相对较为简单，大多为难度不大的旋律线条，从而体现出单纯质朴的艺术形象。然而，民间歌谣所利用的题材内容十分丰富，形式也具有多样性，这也是民间歌谣具有新颖特性的重要原因，能够确保其具有较强的独创性。比如，部分民间歌谣具有相对较为规整、单纯的音乐节奏，民间歌谣的节奏类型具有丰富样特性，不仅仅体现出统一性，也体现出变化性。另外，部分民间歌谣在相对统一的曲式结构的基础上加以变化而形成的，这跟民间歌谣内容的单一性有较为紧密的关系。然而，民族歌谣内容的单一性，并不代表民族歌谣内心情感的枯燥性，反而体现出民间歌谣内容的集中性与平易性。

3. 品类齐全、自成系统

在国内诸多区域在长期发展中处于自治或者半自治的发展状态下，这使得部分民族具有一定的自主发展性，这也导致部分民间歌谣在长期发展与演变中形成了品类较为齐全的艺术发展体系。比如，部分民间歌谣在长期发展演变过程中具有较为突出的区域色彩，但是与以区域为特征的其他地方文化有所不同。更为重要的是，民间歌谣所具有的品类齐全特点，与不同区域间文化交流、文化融合的发展文化有较大的关联关系，这与民间艺人关注民间生活，注重自我提升也有紧密关系。

深入地分析民间歌谣的文化功能与艺术特色，有助于提升民间歌谣的受欢迎程度，从而更深入地挖掘民间歌谣在社会文化建设中的重要作用，推动社会精神文明建设，丰富城乡居民的文化活动。因而，对于艺术工作者而言，在实际工作中应深入地探讨分析民间歌谣的文化功能与艺术特色，以推动民间歌谣得以更为广泛地传唱。

第九章 中国传统文化精神与思想政治教育

第一节 传统文化精神的主要教育思想精髓

一、注重个人品德修养的思想

传统优秀思想文化的核心是关于道德教育的思想。从古代到现代中国一直有"德教为先"的优良历史传统，强调道德教育的重要地位。中国古代产生了许多著名的思想道德家，他们建立了一套完整而系统的思想道德理论。孔子提出的"为政以德""修己以安人""修己以安百姓"，其中也强调君王执政应该重视自身的道德，修养自己的道德，使周围的人们安乐，修养自己，使所有百姓都安乐，这样的道德修养是古代先贤重视道德思想的流露。孔子在《论语》中说："道之以政，齐之以刑，民免而无耻；道之以德，齐之以礼，有耻且格。"意思是指用政治手段来治理人民，用刑罚来整顿管束他们，人民就只求免于犯罪，而不会有廉耻之心；用道德来治理人民，用礼教来要求他们，人民不但会有廉耻之心，而且人心还会归顺。因此统治者的道德力量是可以感化百姓的，为执政的共产党人提出道德修养的标准，以道德执政的范例。《大学》中提出了"大学之道，在明明德，在亲（新）民，在止于至善"的思想，意思是指大学的宗旨在于弘扬光明正大的品德，在于使人弃旧图新，在于使人达到最完善的境界。培养正大光明的高尚品德，使人达到完善的境界是我国传统文化精神中强调的重点内容。《大学》中还有"物格而后知至，知至而后意诚，意诚而后心正，心正而后身修，身修而后家齐，家齐而后国治，国治而后天下平"这样的名句，大体意思是说通过认识、研究万事万物后才能获得知识；获得知识，意念才能真诚；意念真诚后心思才能端正；心思端正后才能修养品性；品性修养后才能管理好家庭；管理好家庭后才能治理好国家；治理好国家后天下才能太平。"自天子以至于庶人，皆以修身为本"，若是这个根本被扰乱了，家庭、国家、天下要治理好是不可能的。从这段论述中我们不难了解到古人对修身养性的重视，他们认识到了个人品德的养成是万事之首，以德为政的思想是我们传统文化精神的精髓，对我们现在中国共产党的执政理念有很大的启示作用。

德以孝为本，百善孝为先。孝敬父母，尊老爱幼一直是中华民族的优良传统，中国古代就十分重视人伦、孝道，在人伦要求中提出"为人君必惠，为人臣必忠，为人父必慈，为人子必孝，为人兄必友，为人弟必悌"的精彩观点，这些思想虽然有封建思想意识的存在，但也不能否认，它给我们提供了做人的道德标准。"老吾老以及人之老，幼吾幼以及人之幼"的思想更是强调大爱无疆"5.12"特大地震中，全国人民用自己的行动演绎了中华民族传统文化中的尊老爱幼，大爱无疆的崇高精神。传统优秀思想文化中的德孝观念为后人留下了宝贵的精神财富。古人的这些个人品德的修养思想，不会随着历史的逝去而失去价值，相反，在物质文明高度发达的今天却焕发出特有的光彩，是我们当今社会所缺乏的，并且是需要加强的。

中华民族是一个诚实守信的民族，在传统优秀思想文化中，诚实守信的美德是个人道德修养的一个重要方面。至诚至善被儒家看成是人生的最高境界而去倡导。《礼记·中庸》中记载："顺乎亲有道，反诸身不诚，不顺乎亲矣；诚身有道，不明乎善，不诚乎身矣。"孝顺父母是有道德的表现，自己反问自己如果心不诚就不是真正孝顺父母，心诚是有道德的表现，如果不明白什么是善，那么自己的心就不诚，这些话虽然已经离我们远去了，但是其中对诚信的崇尚，是我们当代人所不及的。"诚者，天之道也；诚之者，人之道也"的意思是说：诚实是天道，做到诚实是人道，古人把诚实视为一个真正的人所必须拥有的品质。"诚之者，择善而固执之者也"的意思是说如果做诚实的人，就必须选择至善的道德，并且要坚守不渝地实行它才行。

二、倡导爱国主义精神的思想

爱国主义精神是传统文化精神中的又一项重要内容。古代常把忠君和爱国联系在一起，虽然有一定的封建意识在里面，但爱国主义精神是没有时代性的。爱国主义是任何一个国家生存、发展的精神支柱，它是推动社会发展的重大力量，我国人民的爱国主义是在中国传统文化的基础上产生和发展起来的，传统中的爱国主义思想是我们的宝贵精神财富，如老子提出的"修之于国，其德乃丰，修之于天下，其德乃普"的思想，就是为国为天下的爱国主义思想的充分流露；具有崇高的爱国主义思想的屈原曾发出"路漫漫其修远兮，吾将上下而求索"的呼喊；范仲淹用他的"先天下之忧而忧，后天下之乐而乐"的名句向后人展示了他的爱国情怀，忧在天下人之前，乐在天下人之后。史学家司马迁用自己的一生来展示自己的爱国爱民族的思想，"常思奋不顾身，而殉国家之急"是他的爱国精神的真切表白。南宋著名的民族英雄岳飞的故事是我们现在进行爱国主义教育的典型素材，他用"精忠报国"四个大字表达了他深深的爱国情怀。爱国主义思想不仅是社会上层人物的事，也不仅是一些有志之士的事，它也应该是普通老百姓的事，正如顾炎武所说，

"天下兴亡，匹夫有责"，因为国家的繁荣富强对于每一个普通人来说都有一份责任的。传统文化精神倡导爱国主义的传统，赞扬爱国思想和行为，丰富的传统文化经典书籍中记载着许多爱国人士的爱国思想和爱国故事，他们是我们进行爱国主义教育的好材料；爱国主义是人们千百年来巩固起来对祖国最深厚的感情，这种精神也充分体现了千百年来中华儿女忧国、优民的情怀和责任感，它是中国人民政治品质和道德面貌的一个重要特征，也是中国人民建设祖国、保卫祖国的强大力量源泉。千百年来，中华民族正是在这面具有伟大号召力的鲜明爱国主义的旗帜下，团结一致、抵御侵略，进行不屈不挠的英勇斗争，争取民族的独立，在社会的建设发展中，集思广益，群策群力，争取民族富强，谱写了一曲又一曲的爱国主义的壮歌。正是有了这种爱家乡爱祖国的精神力量，才使中华民族具有伟大的凝聚力，才使我们国家历经干秋万代长盛不衰。也正是因为这种民族凝案力，才使不少在海外的炎黄子孙虽然身在异国，却心向中国，深深依恋着历史悠久、传统优良和文化遗产丰富的伟大祖国。

三、关注民本思想

以人为主体的文化，是中国传统文化精神的又一大特征，它突出强调人的价值，包含浓郁的人文精神。以民为本的思想又是目前我国和谐社会建设的根本，挖掘传统文化中的民本思想，从文化教育和思想教育的角度都有非常重要的价值，特别是思想教育方面，因为只有认识了解了以人为本，才能在实践上推行以人为本。早在殷商时代，就开始有了民本思想的萌芽，战国时期孙膑就提出了"间于天地之间，莫贵于人"的思想，人是天地间最宝贵的生命，这是人本思想的典型体现，明确地肯定了人的重要性。中国古代的民本思想就是把民众看作是安邦治国的根本思想，主张治国需利民、裕民、养民、惠民，它提倡人民是国家的根本，只有人民安定了，国家才能获得安宁，它是为巩固封建统治阶级的统治地位而提出来的，它在本质上不同于现在的我们所提倡的以人为本，但是它的一般意义还是积极向上的。儒家思想中的"仁"其实是以民为本的最高思想，孔子在仁的思想里也提出了天地之间人是最为宝贵的，孟子在谈到社稷，君和民的关系时，提出了民为第一，

社稷次之，而君比民轻的思想；荀子也有和孟子相似的见解，告诫君王要认识到人民的力量，要以民为本，充分认识到老百姓的重要作用，不要进行专制统治。传统文化中的民本思想与社会主义的"以人为本"思想虽然存在本质上的区别，但是他们都肯定了人在社会中的地位和作用，都尊重人的价值、关心和看重人民群众的需要，两者有一定的统一性，也有前后继承的关系。

四、注重和谐思想

中国传统文化精神中有很多关于和谐问题的精辟观点，"和"是中国优秀传统文化精神中的核心思想。儒家一直都十分重视"和"的思想，他们提出"礼之用，和为贵"，不管用什么样的礼，最终还是以和为贵，和为礼仪之先的思想。孟子认为，"天时不如地利，地利不如人和"，有利的天时不如有利的地利，但人和即人心团结，齐心协力，却在两者之上而决定事情的成败。在《论语》中，孔子就主张，"和无寡"，只要上下和睦，就不必担心人少。墨家提倡"非攻""兼爱"，也是和的思想体现，主张人与人之间要和平相处，相互攻击则两败俱伤。"和为贵，忍为上"的观点是中国优秀传统文化精神关于人与人相处的最重要原则，讲究人与人的和谐是人与社会人与自然和谐的基础，而中国传统思想中的"天人合一"的思想就是对人与自然和谐的重视。这些追求和谐的思想是人类最高的价值取向，是人际关系中的理想状态，它产生于我国古代人的思想中，是我们民族的骄傲，我们应为之自豪。传统文化中的这些和谐思想虽然带有历史的烙印，有些是为统治阶级服务的，但是这是我国古代人民向往和平，崇尚和谐的思想体现，他们希望建立一个人与人相亲，人与自然相合的美好理想社会。建设一个美好的和谐社会，是我们当前社会最重大的目标，是我们这个社会的公民义所不容辞的责任。

中华传统文化中的热爱和平、追求和谐的思想教育和影响世世代代的中华儿女，是构建社会主义和谐社会的思想来源，它铸就中华民族爱好和平的民族精神。在与邻国的相处上，始终奉行的是"强不执弱""富不侮贫"的和平外交政策，也是对我国传统文化中的"和合"思想的传承。继承传统文化精神中的和谐思想，树立和谐理念，建设我们国家的和谐社会，进而建立和谐世界是我们当代人的追求，也是我们中华民族重要的建设目标。当前，我国的社会发展正处于关键时期，全面建设小康社会是首要任务，在这个过程中难免会遇到矛盾和问题，其中和谐问题可能是我们发展中遇到的最大问题。和谐的问题已经引起全国上下的重视，和谐发展也成了全国人民的共识，但是和谐思想教育工作还需要加强，学习传统文化中的和谐思想，加强思想政治教育工作是我国当前的一项重要而又迫切的任务。

第二节 传统文化精神与思想政治教育的辩证关系

一、传统文化精神是我国思想政治教育的重要基础

在长期历史过程中，中国优秀传统文化精神积淀成了中华民族特有的知识板块、价值体系、思维模式、道德规则、行为方式、审美意识等。所有这些传统文化精神已经渗透到经济、政治、精神生活的各个领域，深深地影响中华民族的思想和行为，并成为制约人类社会发展的重大因素，就连人的日常生活和行为也必定受到它的影响。因此，延续了几千年的传统文化精神，是我们中华民族智慧的凝结，流传至今已经成为中国社会现实的文化基础，成为中国国情文化方面的重要组成部分。生活在这种文化背景基础之下的受教育者必定是中国传统文化精神的现实接受者和传承者，他们的思维方式和情感意识时时刻刻都受到传统文化精神的影响和制约，其中大多数人是不知不觉地，间接地接受影响并被熏陶着。当通过现实的社会过程把传统文化精神内化为人们的精神精髓时，便给予人们以特定的精神、品格、观念、情感、意识，这些东西支配着他们的行为性格和价值定位。因此，思想政治教育工作者就要在思想上重视传统文化精神这个背景，并在此基础上重视进行传统文化精神的教育，在行动上努力挖掘传统文化精神中的积极因素，并用这积极因素为思想道德教育工作指明方向，加强德育工作的时效性和实际性。我们的思想政治教育工作是在中国特定的历史条件下进行的一种创造活动，优秀传统文化精神则是这种历史条件的一个重要组成部分，成为思想政治教育的历史基础，因此源远流长的传统文化精神，一直制约着我国的思想政治教育，进行思想政治教育离不开中国优秀传统文化精神。教育是在人类历史文化发生和发展的过程中产生的，并且已成为一种文化现象，可以说教育起源于文化，没有优秀文化传统就不可能有人类教育，因为一个民族对历史的传承是容不得选择的，对优秀传统文化传承更是如此，优秀传统文化成为思想政治教育重要的前提和基础也就是必定的了。认识优秀传统历史文化对思想政治教育的巨大作用，从而根据民族传统文化精神所提供的一些优秀思想进行一定的教育活动，对下一代的思想行为进行教育规范，以便创造出更发达的文化及更高的文明社会。因此每个国家的思想政治教育工作、思想道德素

质教育都是以本民族的优秀传统文化精神为基础的。我们要利用和吸收传统文化当中的积极因素，来进行思想政治教育建设，让思想政治教育更具有民族特色。中国传统文化精神是一笔巨大、宝贵的精神财富，它的博大精深、历史悠久让世界各国人民感叹敬慕，让中华子孙为之感动，为之骄傲自豪，具有不可估量的现代价值。值得我们继承其精华并发展创新。

二、思想政治教育是对优秀传统文化精神的发展创新

我们知道，虽然传统文化精神作为一定国家在特定历史条件下的产物，同时也具有一定的历史局限性，但它也包括更具有普遍意义的内容。我们不仅要传承这些内容，而且要让它成为我们进行思想政治教育直接利用的内容。思想政治教育的内容不仅包括对传统文化精神的继承，而且必须以现代生活和文化为基点。因此思想政治教育绝不是对已有传统的简单继承，而是不断创新与时俱进的文化，只有这样才能适应不断发展的社会需要。而思想文化创新必须站在历史文化的巨人肩上，以历史传统文化为基础，推陈出新，不可能有不进行继承的创新，思想政治的思想精华是后来传统文化中的一部分。思想政治教育必须以传统文化精神为基础，结合当今社会的生产生活实践，创造出我们传统中没有的全新的东西，这是思想政治教育工作所必需的，也是思想政治教育工作的特征，因此现代思想政治教育是对优秀传统文化精神的发展和创新。

思想政治教育是在传统文化的基础上发展起来的，而传统文化是靠思想政治教育积累和传递的。传统文化是人类历史文明发展过程中的结晶，它就像活着的东西一样是有生命的，并不像博物馆里的陈列品，因此我们要认识它的生命本质并为我们所用。另外接受传统也不是像从先辈手中接过管家的钥匙，把接收过来的东西忠实地保存着，然后毫不改变地小心翼翼地保持着并传给后代。它也不像自然界的变化那样，一切都是周而复始，没有创新变化，只是重复着过去，永远保持其原来的规则，没有进步，没有改变。传统文化里蕴含的思维方式、价值取向、行为规则，一方面具有强烈的历史遗传下来的传统品质，另一方面又有鲜活的和不断创新的现实内容，它每时每刻都在影响着今天的中国人，为我们开创新文化提供坚实基础和有力的依据。传统文化是在历史发展的过程中，由人们不断地积累和传承所形成的。同时，人们又用不同方式默默地加以继承和发展。而要继承好传统文化，离不开思想政治教育，思想政治教育是继承传统文化最有效的方式和有力的工具。思想政治教育理论、内容及人们所达到的思想政治素质，是该社会文化的重要组成部分，随着历史的推进，他们逐渐演变成传统文化的一部分；思想政治

教育的发展，把该社会的传统文化含量推向新的高潮。所以，思想政治教育在历史发展的进程中起到推动传统文化发展和创新的重要作用。

第三节 立足传统文化教育创新的思想政治教育

一、思想政治教育观念创新

重视传统文化，利用传统文化中的精华思想加强思想政治教育。传统文化是我国思想政治教育的重要语境，它是制约人的思想意识和日常行为的强大力量。但是中国曾经历过反对和排斥传统文化的历史过程，较为重大的时期是五四时期和"文化大革命"时期。在五四新文化运动时期，对传统道德的传统礼教的批判非常尖锐，非常剧烈，对当时的社会产生了极大的影响，时至今日无论是思想界还是学术界受其影响的痕迹还依稀可见。值得高兴的是现在我们已经从"反传统"的错误观念中走出来了，分清了传统文化的精华和糟粕，学会了用辩证的眼光来看待传统文化。中央领导不仅重视传统文化的批判继承，而且强调利用传统文化资源进行思想政治教育。传统文化教育作为一门教育学科，它不仅可以提高人的文化素质，而且可以建立健康完善的人格，促进人的全面发展，我国的思想政治教育工作应该重视中国传统文化的教育，挖掘其中的教育资源、教育手段实现当今社会的教育目标。

传统优秀文化中的儒家文化，重视主体自觉，肯定人的价值观点是我们现在重视教育主体思想的源泉。传统文化的人本思想对我们的现代教育也有很大的启示，因此我们要立足于传统文化，加强思想政治教育观念的创新，树立以人为本的教育理念。现代教育中的"人本"教育，主体性教育原则都是在传统的基础上发展起来的。以人为本的思想教育应该选择以人为本的思想政治教育内容，确立以人为本的思想政治教育的任务和目标，采用以人为本的思想政治教育的方法途径。思想政治教育要实现以人为本，就必须先转换教育以教育对象为主体的教育理念，这也是符合素质教育要求的，更是思想政治教育的发展方向。在思想政治教育中贯彻以人为本的思想，这本身就是思想政治教育的理念创新。中国共产党提出了科学发展观的思想，其内涵是极其丰富的，其中要求以人为本来建设我们的社会主义。思想政治教育的实质也是以人为本的，因为思想政治教育也是把人作为教育对象，为提高人的思想道德素质而进行的，人是一切的根本目标和对象。

二、思想政治教育内容创新

思想政治教育的内容，是思想政治教育的重要组成部分，是思想政治教育者向教育对象实施教育的具体要素。倡导思想政治教育工作的创新就必须创新思想政治教育的内容。道德教育是思想政治教育的核心，而优秀传统文化又是以人的道德精神为中心的文化，两者在这一点上是相通的，立足传统文化的基本内容来创新思想政治教育的内容就有了可能。我们知道，重视道德教育的儒家是中国传统文化的主要内容，它包含丰富的如何做人做事的道理，在怎样对待国家，怎样对待自然方面也作出了深刻阐述和精准剖析，为新时代的思想政治教育提供了取之不尽的精神财富。

中国传统文化对待他人和社会态度的观点，为现代人的人际观积累了经验，他们对待他人重在"和"，"中庸"的原则，是人们认识事物的正确的态度和方法，也是一种为人处事的道德准则和行为规范；中国传统文化对待人生的态度，对当前的人生观教育有深刻的启迪意义，人生问题是中国传统文化中的核心内容之一，它把"治国"与"修身"、个人素质与国家命运紧密结合，为治理好国家，就一定要修养好个人身心，只有注重个人的人格修养，追求至善至美的人生境界，才能成为一个德高望重的人；中国传统文化对道德理想的追求和对道德价值的追求培育了高尚的爱国主义精神和国家意识，而这种民族精神和国家意识是任何一个国家和民族得以生存和发展的思想支柱。它对于塑造国家和民族形象，增强民族凝聚力和国家向心力的作用举足轻重。传统文化中的这一内容是当今思想政治教育进行爱国主义教育的重要借鉴，是教育人们忠于民族，热爱祖国的基础内容。因此，把传统文化知识教育纳入思想政治教育当中，进行思想政治教育内容的创新，是当前思想政治教育的发展方向，因为传统文化既可以提高教育者和受教育者的文化素质，又有提高道德教育素质的功能。传统文化中的"仁者爱人""修身治国""天人合一""自强不息"等内容是中华民族智慧的结晶，中国传统文化中所蕴含的深厚的思想道德教育资源，为我们进行思想政治教育内容的创新提供了良好的基础，这些资源是我们新时期进行思想政治教育的宝贵财富。

三、思想政治教育原则方法创新

中国传统文化不仅积累了丰富的思想政治教育资源，同时在长时期的传统道德实践中也概括和提炼出许多思想政治教育的基本原则和方法。古代教育家所使用的言传身教、因材施教及循序渐进的教育原则对现代思想政治教育的开展仍具有重要的指导意义。我们目前的小学教育以功德教育为主，中学阶段的思想政治教育以国情教育为核心，大学时的思想道德教育以世界观、人生观和价值观教育为主体内容，这实际就是传统文化中的循序渐进的教育原则在现代思想政治教育中的应用，这是符合人的思想品德形成和发展的内在规律的，是我们现代思想政治教育对传统文化的继承创新。在传统文化中强调理论与实践相结合的教育方法，也就是"知"与"行"的统一，其中的"知"是强调"内省"和"自省"的思想道德教育方法，中国传统道德特别强调这种道德自律和自我修养。以"内省"的方式加强自身的道德修养，培养良好的品德，最终付诸实践。传统道德教育中的道德实践教育法能够启发我们现在的思想政治教育者和受教育者求真务实和脚踏实地的实践精神，这种实践方法是传统道德教育中的重要修养方法，也是中华民族特有的传统美德。现代思想政治教育以此为借鉴，可以创新思想政治教育的内容，也可以创新思想政治教育的方法。

四、创新有利于思想政治教育的环境

创建良好的社会文化氛围，创新当前的思想政治教育，整个社会的文化氛围积极健康向上，就会给人们以积极的思想推动作用。内容丰富，形式多样的文化活动，不仅能增长人们的文化水平，文化素养，还能提高人们的认识能力和认识水平，进而主动自觉地提高了自己的思想道德水平。传统文化教育应该以学校作为主阵地，在学校创造良好传统文化的学习环境，加强学习传统文化的氛围，更好地进行传统文化教育活动，有利于加强学生的思想政治教育工作。加强传统文化教育，除了学校教育之外，我们还应该在家庭教育环境和社会教育环境上取得新突破。我们常说，父母是孩子的第一任老师，人生来最早所接受的是家庭教育，对青少年的传统文化教育，应该开拓家庭这个天然的优越环境。家庭传统文化教育是当今思想政治教育创新不可忽视的环节。21世纪所兴起的"读经活动"和"现代私塾"是重视对家庭教育在传统文化教育中所起作用的结果。在新时期的思想政治教育中，有计划、有创意地把传统文化教育纳入家庭中无疑是具有开创性的尝试。

社会传播媒介是传统文化教育的又一重要渠道，21世纪的"百家讲坛"便是社会传播媒体进行传统文化教育的成功例子，这给思想政治教育工作中加强传统文化教育的社会传播提供了重要启示，只有普及传统文化教育，才能发挥它巨大的思想政治教育的功能。而就我国的现状来讲，传统文化的普及工作，必须重视大众传播媒介和现代传播手段，开发出不同的适合广大民众的形式，激发社会大众对于民族传统文化的认知热情，使传统文化潜移默化地渗透到人们的心灵深处。

由于人的思想政治观点的形成和发展在很大程度上受特定文化形态的影响和制约，因此我国思想政治教育必须以丰富的文化为背景，以丰富的文化资源为支撑，我国的思想政治教育必须以传统文化为基础，挖掘其中的思想精华为现代所用，创新思想政治教育理念，创新思想政治教育内容的原则和方法，在继承中创新来提高和完善当前的思想政治教育工作。

第十章 中国传统文化的思想政治教育价值

第一节 中国传统文化基本精神与思想政治教育的融合

从远古走来的中华文明历经兴衰荣辱，依然绵延不绝，在漫长的历史长河中，它培养了独具特色的中国传统文化，繁衍了无数光辉灿烂的文化成果。这些优秀文化成果的诞生、融合和传承，伴随了整个中华民族繁衍生息的历史进程，并在华夏子民长期的社会生产实践中逐步形成的整个文化传统的继承与发展的基本精神，最终培育了整个中华民族的精神内核。

一、中国传统文化基本精神的主要内容

中国传统文化基本精神的主要内容，其实质就是在民族精神形成过程中发挥了重要推进作用的重要社会思想和文化观念的总和，是在中国传统文化中起主导作用、处于核心地位的那些基本思想和观念。其实，这并不是高深玄妙的思想体系，而是早已在长期的社会生活中形成的，深植于民族潜意识之中的共有的世界观和价值观。总的来说，我们可以从中国传统文化发展演进的过程中，选取几个极具代表性的思想因子来对中国传统文化的基本精神进行大体的描述和概括。

（一）"天人合一"的自然世界观

在中国的传统思想中，对于人与自然、人与宇宙的思想认识以"天人合一"的自然世界观为代表。中国古代思想家大多数主张天人协调，而反对把天和人割裂、对立起来，在他们看来，天与人、天道与人道、天性与人性是相类相通的，因而可以达到统一。而这实际上就是将人与自然和谐统一，强调人的发展与自然的循环相适应，人与自然和谐相处。与之相区别的，西方文明则强调人要征服自然、改造自然，才能求得自己的生存和发展。大陆文明与海洋文明对自然世界的不同理解，最终形成了截然不同的文化传统和民族精神。在中国传统文化的演进过程中，处处体现了"天人合一"这一思想

内涵。春秋时期，郑国大夫子产说："夫礼，天之经也，地之义也，民之行也。天地之经，而民实则之。"，这里的"礼"是天经地义，就是自然界的必然法则，人民按照天经地义的"礼"行事，就是天与人可以相通、可以按照同样的法则运作的思想。战国时期，庄子认为，人与天地自然都是由气构成，人是自然的一部分，因而天与人是统一的。他极力主张"无以人灭天"，反对人为，追求一种"天地与我并生，而万物与我为一"的精神境界。汉代董仲舒的天人感应论更是以天人合一为基础，董仲舒认为天有阴阳，人也有阴阳，提出"以类合之，天人一也"。两宋时期，天人合一思想发展成为占主导地位的社会文化思潮，几乎为各种派别的思想家所接受。张载第一个明确提出了"天人合一"的命题。在张载看来，"世界的本原是太虚之气，人与天地万物都由气构成，气是天人合一的基础"

（二）"以人为本"的人文主义思想

"以人为本"的人文主义思想，是中国传统文化中独特之处，也是中国传统文化基本精神的重要内容。"以人为本"，就是指以人为考虑一切问题的根本，在天地人之间，以人为中心，在人与神之间，以人为中心。长期以来，中国各种传统哲学派别、文化思潮的关注焦点，以及整个中国传统文化的政治主题和价值主题，始终围绕着人生价值目标揭示、人的自我价值的实现、实践而展开。人为万物之灵，天地之间人为贵，是中国传统文化的基调。中国古代思想家，特别是儒家学者，一贯坚持以人为本的人文主义立场。

（三）贵德重义的道德精神

中国传统文化非常推崇道德人格的价值，把道德人格看得比人的生命更为重要，极力追求道德人格的独立和尊严。孔子说："不义而富且贵，于我如浮云""见利而思义""君子和而不流，强哉矫；中立而不倚，强哉矫；国有道，不变塞；国无道，至死不变，强哉矫"。孟子更是有"生亦我所欲也，义亦我所欲也；两者不可得兼，舍生而取义者也"的主张。《尚书》中把人的品德概括为"九德"，即"宽而栗，柔而立，愿而恭，乱而敬，扰而毅，直而温，简而廉，刚而塞，强而义"。这些思想说明贵德重义是中国传统道德的主流价值取向，体现了中国传统文化所要求的德义优先于功利的道德精神。

二、传统文化基本精神在思想政治教育中的重要作用

（一）通过进取精神树立正确的人生态度

积极向上的人生态度不仅对个人发展具有良好的促进作用，而且有利于

个人在社会中的交往。随着社会体制的不断发展，各行各业面临的竞争逐渐增大，社会对于人的要求越来越高。就当代人来说，特别是年轻一代，多数为独生子女，一些人缺乏百折不挠的进取精神，面对社会竞争压力显得无所适从，久而久之便形成不思进取的消极思想。应当把传统文化精神中的进取精神融入政治思想教育当中，用传统文化精神影响人们的思想意识，树立积极向上的人生态度，努力实现自我价值，培养艰苦奋斗和百折不挠的精神风貌，具备勇于挑战的竞争意识，从而全面强化思想意识。

（二）通过包容精神建立和谐的人际关系

当代人个性鲜明，具有开放、自信的个性特征，但也不乏自大、自负的问题，影响人际关系的发展。部分人受限于人际交往和相处方式，引发一些心理上的不良状况，阻碍个体适应性的发展，造成不好的后果。中国传统文化主张以和为贵，强调个人品德，通过提高个人的修养实现人与人之间的和谐相处，人们之间相互尊重，以宽容的心态面对他人，营造良好的生存交往环境。在更高的层面上，个人都是集体的一部分，中国传统文化主张以集体利益为重，追求民族、国家更高的价值。就社会现状而言，人们的价值取向有了更多元化的发展。需要通过包容的传统文化精神进行思想政治教育，加强人们宽容心态的培养，将厚德载物的包容精神应用到生活当中，建立和谐的人际交往关系；让学生学会正确处理人与人之间的矛盾，形成谦逊宽厚、温良平和的性格特征，协调生活中的人际交往关系。

（三）通过爱国精神培养爱国情怀和社会责任意识

随着经济全球化发展及科学技术的不断进步，各种外来文化进入生活当中。面对多元化的文化发展现状，应当保持清醒的鉴别能力，分清不同文化的内在性质，避免盲目崇拜外来文化，应将中国传统文化精神作为精神指导，坚定精神信念。传统文化中的爱国精神要求以国家和民族为先，将个人的责任意识放在首要位置，从而为国家、民族的利益做奉献，最终实现人生价值。这种爱国精神是一种强大的精神动力，能够激发人们的爱国情怀，将国家先烈们作为自己的榜样，肩负起使命，形成社会责任意识。通过爱国精神将个人价值与国家、民族利益结合在一起，培养爱国情怀和社会责任意识，促进人们更加努力进步，报效祖国，回报社会，实现自我价值。

（四）通过道德精神培养德义优先的价值观念

我国教育领域存在重视知识教育而忽略道德培育的问题。知识的学习固然重要，道德教化同样非常重要。传统道德教育是对人性的培养，倡导个人品格的追求。中国传统文化中对于道德精神的培养非常看重，强调以德为本、以诚待人是基本的相处之道。不论哪一种传统文化流派，都将重义轻利作为自身的追求，形成高尚的品德。中国传统文化中的道德精神是当下需要积极秉持的基本精神，通过传统文化精神的学习形成重情义、守诚信、友善的道德精神，培养高尚的道德品质，树立正确的价值观和人生观，培养出德义优先的价值观念才能大大提高人们的素质，创建和谐社会。

（五）以人为本的人文精神引导大学生注重自身人格修养的塑造

随着市场经济的不断发展，追逐金钱、追求利益最大化、崇尚享乐的思想意识和价值观念迅速渗入到社会生活的各个领域，正逐渐动摇着大学生的人生观和价值观，挑战着大学生的人格修养。而与此同时，当今的中国教育大多是应试教育，应试教育往往过度强调科学和理性，而忽视对学生的人文精神的培养、人格修养的塑造。造成当代大学生中有相当大的一部分在不同程度上存在着由于人文精神的缺失而导致的人格修养的缺乏，如以自我为中心、心胸狭隘、贪图安逸、虚荣心强、缺乏诚信、心理脆弱、道德失范等等。崇尚以人为本的人文精神是中国传统文化的基本精神，注重个人人格修养的塑造和理想人格的形成是中国传统文化中育人思想的核心内容。孔子把理想人格划分为三个层次："修己以敬，修己以安人，修己以安天下"；孟子则提出"穷则独善其身，达则兼善天下"的思想，即无论穷达，都应把人格完善视为人生追求的目标。中国传统文化中所蕴含的这些思想对于培养大学生的人文精神，塑造大学生的健全人格有着极其重要的作用。

第二节 中国传统文化与社会主义核心价值观

一、价值观及核心价值观的内涵分析

价值观是在人们一系列的文化活动中产生的，是人们看待现实事物时持有的立场、态度与观点。价值观的形成受到环境的影响较大，并且形成后很难改变，为了保证国家社会的健康发展，要求树立有引领作用的价值观。核心价值观即是指社会价值观，不属于单独个体或者群体的，而是指社会普遍认可的一种价值追求。各个国家的不同发展阶段都需要借助核心价值观的引领作用，来帮助社会群众建立正确的价值观念，从而达到社会稳定的局面。个人在不同阶段对自我价值和社会价值的追求都可由核心价值观表达出来。核心价值观就是当今时代中华民族普遍认可的价值共识。

二、文化和核心价值观的联系

核心价值观的树立与文化背景有关，不同文化作用下将产生相应的价值取向，并在这个基础上，形成对应的人生观、价值观及世界观。核心价值观是从人们自身文化中提取出来的，因此，文化存在对核心价值观有直接影响。如在封建文化影响下，将产生严格的等级观和君主崇拜等传统价值观。另外，核心价值观对文化发展方向有直接影响。习近平总书记曾提到：一个国家的文化实力，主要由核心价值观凝聚力和生命力决定，是社会形态及性质的重要体现，同时为社会文化施加了特定属性。需要利用优秀文化来树立合理的核心价值观。

三、社会主义核心价值观与中国传统价值观

（一）核心价值观在传统文化发展中的演变历程

文化的明显特征在于它的传承性，但在不同的历史发展时期，势必会出现新的思想，因此，不同时期的社会文化影响下将产生特定的核心价值观。中华文化博大精深，在其整体历史发展过程中，大致形成了以下几种主流价值观：周礼—古代奴隶社会的核心价值观。周礼是指先秦时期的礼法制度，对社会各方面行为进行约束，它涉及的行为规范体系在古代社会的礼仪文化中较为全面。其中包括具体社会规范、祭祀、巡守等内容，对各种社会事务加以规范；五常—古代封建社会的核心价值观。董仲舒的《举贤良对策》中讲到："仁义礼智信五常之道"，对五常内容进行了阐述。《孟子·告子上》对五常再一次作出阐述，将任定义为恻隐之心；义为羞恶之心；礼为恭敬之心；智为是非之心；信则为诚实不欺。现阶段有研究学者将五常看作是中华民族核心价值观的整体内涵。需要注意的是，古代封建社会提出的五常已经逐渐成为普遍价值观，并被社会群众认同，在对其进行内容上创新后，促使其作为中国传统文化价值体系中的核心组成部分；三个倡导—当代社会的核心价值观。指的倡导富强、民主、文明、和谐，倡导自由、平等、公正、法治，倡导爱国、敬业、诚信、友善。在各国文化相互交融、文化思想理念多元发展的背景下，核心价值观的提出及传播，能有效提高中华民族精神境界，在统一的价值追求下，为社会稳定发展和国家文化实力的增强提供保障。

（二）吸收传统文化中优秀成分

中国传统的核心价值观极大程度扩展了人们的精神世界，同时为当前社

会主义核心价值观的树立奠定了文化基础。但是由于不同时代政治、经济及文化基础有所差异，对核心价值观需求不同，如果将传统价值观应用到当今时代，势必会出现不满足时代发展需求的落后观念，无法发挥核心价值观在国家发展及社会进步上的有效作用。说明不能全盘接受传统价值观。为了保证核心价值观的合理设定，要求坚持去除传统价值观中阻碍社会发展的内容，在吸取其精华的基础上，树立符合时代要求和国家文化价值理念的社会主义核心价值观，进一步引导人们精神世界的建造，促进传统文化的传承及健康发展。

对于传统价值理念下重群轻己价值观的批判继承。马克思认为人的本质不是个体固有的抽象事物，从现实性上看，个人可看成一切社会关系的集合。人的根本属性为他的社会属性，即是指人不可能脱离社会而存在，个体发展需要依靠社会群体的力量。从古代社会起，便充分重视集体意识，社会群众被看作是践行核心价值观的主体，只有在全体社会成员的作用下，才能发挥社会主义核心价值观重要作用。核心价值观的主要内容旨在全面整合国家、集体与个人三者间的利益关系，发挥个人在国家整体利益提升上的促进作用，同时体现国家在个人利益上的保障作用。另外，对于古代价值理念中重德与民本观念的修正及继承。其中"德"包括守礼、仁义、恭敬、谦和等美好品德，是传统文化的重点，"重德"的观念是传统文化中的重要组成部分，应重视这一理念的继承和发展。在社会发展新时期，为了促进社会的健康发展，保证社会公众享有最大程度的自由和平等。这一时期下的社会主义核心价值观除了重视"德治"外，又添加了"法治"的观念，进而实现国家治理模式的有效转变，发挥社会主义核心价值观在国家发展上的推动作用。

四、社会主义核心价值观与中国传统文化

社会主义核心价值观指的是社会主义核心价值体系的核心，重点体现社会主义核心价值体系的基本特征及根本性质，进一步反映出社会主义核心价值体系的内涵与实践要求，是社会主义核心价值体系的高度凝练及集中表达。传统文化对我国民族文化发展有重要作用，是多种文化发展的基础，而社会主义核心价值观是当今时代下的价值观。挖掘中国传统文化内的优秀因子，摒弃落后观念，突出传统文化的社会主义属性，推动中国传统文化的创新发展，使其与社会主义文化相辅相成。

（一）时代精神与中国传统文化的有效结合

核心价值观向中国传统文化转化及发展的一个重要条件便是赋予传统文

化时代精神。社会主义核心价值观有明显的时代特性，包含着一定的时代内涵，从这一角度出发，可将核心价值观看成是以传统文化为基础而发展来的，实现了传统文化的革新。通过从马克思主义视角进行传统文化的革新，可充分赋予传统文化时代精神，保证传统文化的有效传承，进一步实现个人道德行为扩展为社会和国家行为。我们认为核心价值观在对传统文化观念进行字面含义扩充的同时，还将优秀传统文化结合了具体的时代精神，使得传统文化随着时代发展而不断丰富。

（二）将社会主义共同理想和中国传统文化结合起来

社会主义公共理想汇聚了全体人民的意愿和力量，是中华民族创新发展的精神力量，同样是中华民族团结起来的精神纽带，在国家竞争力提高方面有重要意义。当今时代下，国家综合实力不仅指经济实力，文化实力同样是国家竞争力强弱的重要体现，文化实力建设已经受到越来越多国家的重视。而核心价值观是文化实力提升重点，同样是国家实力的灵魂所在。将全体人民的价值诉求融入到传统文化中，可以说是对中国传统文化的再造，促进传统文化的丰富发展，并且在两者有效结合的情况下，能保证核心价值观体现的国家软实力在传统文化影响下日益强盛。

具体来说，传统文化中的"仁者爱人"指明"仁"的意思即是"爱人"，这与社会主义核心价值观中"友善"相符合；而"义"是指人的行为合乎规范、遵循道德准则，与"平等、公正、法治"吻合；同样"礼、智、信"也同"民主、文明、和谐、诚信"相呼应。因此，可以说社会主义核心价值观深入根植在中国传统文化土壤中。但是践行和培育社会主义核心价值观不可以为复制中国传统文化，由于中国传统文化存在着封建色彩。面对传统文化我们应选择性的吸收精华，剔去糟粕，并在这个基础上大力弘扬与社会主义核心价值观相吻合的内容。遵循"抓示范、重引领，抓宣传、重落实"的思路，实现活动载体的不断创新，大力推进精神文明建设，并努力践行社会主义核心价值观。

综上所述，积极培育及践行核心价值观的重要前提为在意识层面加深对传统文化相关内容的认识，明确中国传统文化与核心价值观间关系，挖掘优秀传统文化的优秀基因，进一步提升核心价值观的内在实质。在有效传承中国传统文化的基础上，促使核心价值观在社会范围内达成共识，充分发挥其在国家富强与民族复兴上的精神支撑作用。

第三节 中国优秀传统文化的思想政治教育价值

一、中国优秀传统文化的政治教育价值

（一）中国传统文化在社会主义核心价值观培育中的功能

传统文化是社会主义核心价值观养成的宝贵资源，有利于促进社会主义核心价值观的培育。

1. 示范功能

传统文化在我国成功传播的先进经验可以成为培育社会主义核心价值观的示范。我们可以借鉴培育传统文化的成功经验来培育社会主义核心价值观。传统圣贤的人格风范对于高校学生培育社会主义核心价值观具有重要示范作用。中国古代先人的爱国、敬业、诚信、友善，对于全民族全社会都具有示范意义。

2. 引导功能

当前我国社会的主流意识形态存在被边缘的危险。引导人们自觉接受社会主核心价值观是主流意识形态走出困境的好方法之一，一直以来传统文化教育都是我们教育的重要内容，在高校学生中间已经有较好的基础，用传统文化引导高校学生自觉接受、自觉践行社会主义核心价值观。

3. 资源功能

传统文化是一种在人们培育社会主义核心价值观的过程中可以被开发利用的重要资源。传统文化可以分为精神层面的传统文化、物质层面的传统文化和制度层面的传统文化。物质层面的传统文化既可以通过中华民族艰苦的物质生活教育人民为实现中国梦而奋斗。制度层面的传统文化让高校学生在实际体验中感受社会主义制度的先进性，自觉树立社会主义核心价值观。精神层面的传统文化通过历史时期的民族精神和优秀的传统道德，能够帮助人民立志于建设社会主义事业。

（二）以中国传统文化培育社会主义核心价值观

高校要开展丰富多彩的各类活动，把传统文化深深植根于高校学生的精神世界里。在高校学生中开展传统文化教育和传播是时代的要求，也是历史

的要求。

1. 善用相关资源，有针对性地进行传统文化教育

首先利用当地乡土资源进行传统文化教育。我们应当有效地利用这些身边的资源开展教育。通过身边的乡贤榜样熏陶能够取得更好的效果。如一些地方高校善于利用区位优势和特点，与周边的传统文化教育基地开展共建活动，建立若干相对稳定的社会实践基地，定期组织学生前往参观瞻仰，取得良好的效果。其次开展传统文化教育也必须利用仪式教育。中小学通过冠礼等仪式培养学生的责任感。高校学生培养传统文化所包含的精神内涵也要采用各种仪式。最后，善于利用网络资源进行传统文化教育。善于利用时间节点和仪式进行传统文化教育。对高校学生进行传统文化教育要善用时间点。一个是高校学生在学校生活的重要时间点，如开学、毕业、获奖这几个时间点进行教育就特别重要。再比如利用重大历史事件纪念日如端午节、元宵节等这些重要时间点进行教育也可以取得更佳效果。通过网络资源的利用不仅拓展了传统文化教育的内容和形式，还对高校学生的网络行为进行规范，使他们养成自觉浏览传统文化网站自觉学习传统文化的好习惯。

2. 开展多种形式的传统文化教育

首先在思政教学中融入传统文化教育。思想道德修养课教师可以在讲课中贯穿传统文化的内容，这样还可以提高学生的学习兴趣。太多的古人的例子和光荣的历史可以作为思想政治理论课的案例进行教学。体现传统文化的内容天然地适合在思想政治教育课上讲授。其次开设相关课程，举办各类专题讲座。开展传统文化教育也可以举办一些讲座。中国先辈的故事，中华民族波澜壮阔的历史，中国人奋勇拼搏，为国增光的光荣事迹，很受高校学生的欢迎，许多高校学生都有自己特别喜爱的历史人物。如果能请这些历史人物的研究专家现身说法，必然可以起到非常好的效果。最后编写高校学生传统文化学习读本，推荐阅读传统文化书籍。传统文化读本的编写力求丰富多彩，贴近实际。可以介绍中国古人的奋斗事迹。可以介绍传统文化的起源和发展，以及历史上发生的奇闻逸事。尤其是名人传记，这是最佳的传统文化读本，古代圣贤活生生的事迹易于学习和模仿。

3. 开展传统文化践行活动

首先通过丰富多彩的实践活动使高校学生切身感受到传统文化的鼓舞。高校管理者要高度重视高校学生的传统文化实践活动，为学生的传统文化活动提供条件，给经费、给场地，解决开展活动的实际困难。其次开展高校学生践行传统文化精神实践活动。传统文化教育要落到实处就要不能停留在认知、认同、内化等层面，而必须进行外化、践行。践行传统文化精神要求帮

助高校学生首先找到自己的人生目标，树立为社会主义事业奋斗的远大理想。在学习和生活中，以爱国、敬业、诚信、友善来要求自己。身体力行，做传统文化践行者。最后加强课外实践。利用传统文化资源培育大学生的社会主义核心价值观不能停留在理论学习、理论思考的层面上，要将其重点放在践行上面。通过课外实践活动让高校学生走进历史遗迹、走进火热的现实生活，可以使高校学生更加真切地体会传统文化，使社会主义核心价值观的培育达到预期效果。

二、中国优秀传统文化的道德教育价值

（一）提升主体道德认识

中国传统文化中丰富的道德认识能够丰富主体的道德知识，提高其道德修养。

首先，提供理性精神。德行与理性的一致性要求人们要依据理性的原则做事。中国传统文化的理性精神首先表现为不受宗教所束缚，大多数中国人并没有宗教信仰。儒家学说不是宗教但却能够发挥宗教的作用。中国传统文化的理性精神还表现为具有唯物论和辩证法的传统，中国人总是力求客观地认识世界和自身。

其次，奠定道德知识的基础。传统文化中有着丰富的道德知识，它可以奠定人们的道德修养的基础。例如传统文化中有许多的道德格言，一句"天下兴亡，匹夫有责"就让人们明白对于国家和民族的道德责任。

最后，培养共同的道德意识。中国传统文化不仅有助于个体形成一定的道德认识，还能在个体之间形成道德共识。

（二）激励主体道德意志

传统文化有利于激励主体的道德意志，主要通过榜样示范、外部强化、环境熏陶等机制来激励主体。

首先砥砺顽强性。中国传统文化弘扬一种顽强的奋斗精神，重视气节，主体不管外部环境如何都要坚持自己的道德追求，不能改变自己的道德品质。中国共产党人正是继承了传统文化中顽强的品格才取得革命的胜利。其次炼砺自制性。中国传统文化倡导专注和自我克制，"克己复礼"的道德要求使人们获得强大的自制力，按照社会的道德要求去行事。中国文化倡导忍耐，主张人们遇事忍耐。

最后锤砺果断性。中国传统文化推崇果断的意志品质，正所谓"必信，

行必果""谋而能断",就是说做事情不要犹犹豫豫瞻前顾后,想通了就迅速采取行动。

三、中国优秀传统文化的心理教育价值

（一）以乐观精神培育积极的心态

中国传统文化利于培养现代人积极的心态。积极的心态会促进人的身心健康发展,而消极的心态不利于身心的健康发展。

引导积极的情绪。积极的理性认识和积极的情绪并不相同,明明从理性上分析知道某件事不应该感到消极与难过,但是人的主观情绪上还是会产生消极悲伤的情绪,举例来说,如果某个人面试失败了,从客观理性的角度来说,这只是一件很正常的事情,而且就算那个公司的发展前景一般,人还是会产生悲伤与消极的情绪。而中国传统文化可以引导人们产生积极的情绪,举例来说,古代文人如果遇到不愉快的事情就会用诗或者词来抒发心中的不快,这样就排解了负面情绪,从而为产生积极的情绪提供了条件。

培育积极的理性。中国传统的哲学充满了乐观精神,从而为人们积极的心理提供了理性依据。中国传统辩证法认为矛盾总是相互转化的。事物的发展是曲折的,但是总体趋势是向前发展的,从培育积极心态的角度来说,这就是说积极心态的建立是一定会发生的,只是时间的早晚而已。中国传统辩证法尤其注意从事物的对立转化来对待消极的事物,强调要从困难中看到机遇,把危机化为转机,把坏的因素向好的方面转化。

激发积极的行动。心理问题大多是因为现实生活的不如意而引起的,只有改变不如意的现状解决心理问题。而中国传统文化激发出人们解决问题的行动力。传统文化中积极行动的榜样有很多。西伯拘而演《周易》,仲尼厄而作《春秋》,屈原放逐乃赋《离骚》。中国传统文化充满了积极行动的正能量。

（二）以人伦精神形成和谐的人际关系

维护心理健康需要健康和谐的人际关系。中国传统文化中的人伦精神有助于形成和谐的人际关系。

化解人际冲突。人际冲突对和谐人际关系建立是不利的。中国传统文化关于处群的内容有很多,这可以帮助我们化解人际冲突。传统文化中化解冲突主要办法有两种:第一"以直报怨",对待仇怨要该怎样对待就怎样对待,不能因为别人对自己有仇怨就故意给别人使坏。第二"忠恕为本"。对于他人的过失,抱着一颗宽容之心,对于自己的事业,抱着一腔忠诚,忠于自己的

人生职责。

促进积极沟通。人际关系建立的基本条件是沟通，传统文化中的关于人际沟通的意义有许多论述。如《礼记·学记》说"独学而无友则孤陋而寡闻"，意思是说和朋友在一起沟通会对学业有促进作用。

营造和谐氛围。和谐的人际关系的形成和整体的社会氛围和群体氛围密切相关。在人际关系方面中国传统文化强调要使五伦各得其所。

第十一章 中国传统文化的走向及传承

第一节 中国传统文化的走向

一、全球化对我国文化安全带来的挑战

全球化是当今世界一种不可抗拒的发展潮流和客观趋势，它深刻影响着并将持久影响着世界各国的经济、政治、文化和社会的发展。全球化在给世界带来机遇的同时，也带来了严峻的挑战。在经济全球化的条件下，西方文化迅速扩张，文化呈现出世界趋同或融合的趋势，我国的文化安全受到了严峻的挑战。全球化引起世界各种思想文化：历史的和现实的、外来的和本土的、进步的和落后的、积极的和颓废的展开了相互激荡，有吸纳又有排斥，有融合又有斗争，有渗透又有抵制。作为一个客观历史进程的全球化是不可抗拒的，我们只有积极适应在这个客观进程中世界文化交流、合作、交锋更加频繁的新趋势，保持和发展本民族文化的优良传统同时实现文化的与时俱进，开拓创新，才能更好地促进社会主义新文化建设，为和谐社会建设提供智力支持。

二、中国传统文化的走向

（一）发展创新、赋予传统文化新的生命力

文化是一个民族的灵魂，是一个民族全部智慧的体现与文明的集中体现，是维系一个国家统一和民族团结的精神纽带。创新是一个民族进步的灵魂，是一个国家兴旺发达的不竭动力，也是一个政党永葆生机的源泉，文化创新是文化的生命之源，是先进文化的特质。对传统文化的创新就意味着传统文化要从各种片面狭隘和陈旧的观念中解放出来，对不符合我国现代化建设和社会主义市场经济建设的落后的东西进行扬弃。创新，就是要立足当代中国

文化建设的实践，面对本土文化和全球文化的合理资源，推陈出新、继往开来，批判扬弃、创造转化，锻铸出新型文化形态，赋予我国传统文化新的生命力。建设中国特色社会主义文化就是植根于中国创新的传统文化之上的。如过去的那种推崇"平均主义"、害怕竞争的思想与当前坚持改革开放和现代化建设的伟大实践中需要培育的竞争意识是绝对不相容，过去的闭关锁国、孤立主义在全球化时代也无异是画地为牢、甘愿落伍，最后被社会所抛弃。当前，我国正处在经济全球化不断深化发展和进行全面建设小康社会这一伟大历史进程中，必然会对传统文化的存在和发展产生深刻的影响，对我国文化建设和文化创新必然提出新的要求。只有对传统文化不断进行创新才会有源源不断的动力和无限丰富的资源，传统文化也只有立足于生机勃勃的改革开放和社会主义现代化建设实践，才能重新发育发展，保持旺盛的生命力。

（二）兼收并蓄、博采众长

在中国文化的历史上，中华民族也总是以博大的胸襟，采集异域的文明之果，为吸收西方文化的先进成果和合理的因素，中华民族的许多有识之士，纷纷学习、介绍、传播西方的先进文化。即使在清末极端闭关锁国的情况下，也有许多知识分子纷纷提出"师夷长技以制夷""中学为体、西学为用"等主张，要求改造中国落后的政体。在经济全球化和科学技术迅猛发展的今天，世界各国文化相互激荡、相互交流、相互融合。中国传统文化更需要实行开放的政策，向其他国家和民族学习，吸收和借鉴人类社会所创造的一切文明成果，包括资本主义国家一切能反映社会化生产规律的先进的生产方式、经营方式、管理方法。学习西方的文明并不是全盘照搬，而是在学习过程中，结合我国国情和民族特点，坚持趋利避害，有所取舍。世界上各个民族和国家都有自己的特点和长处，中国传统文化只有不断地吸收其他国家民族先进的文明，才能在新的历史条件下丰富和发展自己。"兼收并蓄、博采众长"也是中华民族优良的传统美德，必须加以弘扬和发展。中国传统文化也只有面向现代化，面向世界、面向未来，吸收各国文化精华，不断进行自我扬弃，才能得到进一步弘扬。

总之，中国传统文化在经济全球化的趋势下，需要充分利用这一历史性的机遇不断创新发展，也要主动迎接挑战。新世纪的中国文化也将是一种既继承发扬中国优良的传统而又充分体现时代精神，既立足本国又面向世界的有中国特色的社会主义文化。

第二节 中国传统文化的传承

深入挖掘中华优秀传统文化蕴含的思想观念、人文精神、道德规范，结合时代要求继承创新，让中华文化展现出永久魅力和时代风采。中华优秀传统文化中蕴含的价值观，是我们中华民族的文化基因，流淌在中华儿女的血液中。它的价值观长期以来潜移默化地影响着我国的政治制度，并通过人们的价值观念、行为方式等影响着我国社会的整个经济文化生活。对待传统文化，必须要处理好"扬弃"的关系，做到古为今用、与时俱进，实现中华民族优秀道德传统的现实价值的转换，做到"创造性转化、创新性发展"。

一、为中国传统文化的现代化发展积蓄文化势能

（一）提高文化自觉

"文化自觉"有两层含义。一层是由费孝通先生提出的，文化自觉就是要对自己的文化有自知之明，有深刻的认识，与此同时也深刻的认识其他国家、其他民族不同的文化特点。自知之明是为了加强文化转型的自主能力，取得决定适应新环境、新时代文化选择的自主地位。另一层含义是在处理经济、政治、文化之间的关系时，应该重视文化的作用。

提高文化自觉就是提高民族意识和主体意识。民族意识是民族利益的抽象表达。实际上，文化资源的争夺就是民族经济利益和政治利益的争夺。因为只有存在民族利益，民族意识才有存在和发展的可能。民族意识是靠主体来表达的，所以民族意识的提高依赖于主体意识的增强。许多发展中国家在西方文化的渗透下失去了自我，就是因为他们的主体意识不强，在学习西方文化的时候失去了自我，在西方文化的强烈渗透下，一步步走向了文化殖民。因此，在强势文化强烈渗透的今天，必须要增强民族意识和主体意识，自觉地发现问题，取世界优秀文化之长，补中国传统文化之短，增强民族意识和主体意识，提高文化自觉。只有这样，中国才能在文化的转型中掌握文化的自主权和话语权。

（二）健全文化心态

当前，中国传统文化在全球化进程中仍然处于弱势地位，还算不上是文

化强国。在文化全球化的背景下，更应树立发自内心的自信，既不要有弱国心态，也不要盲目的乐观和自大。在文化全球化的今天，必须承认文化的多元性，尊重不同文化不同文明，反对文化的霸权主义。但是仍要防止文化的孤立和盲目的自大。中国传统文化有精华也有糟粕，在具有民族自豪感的同时也要认识到传统文化中的不足，取其精华去其糟粕。面对全球化浪潮的冲击，人们的思维方式和价值观念出现多样化。不同的思维方式和价值观念应当给予尊重，但是要健康引导，健全文化心态，以一种理智的、客观的眼光来看待全球化条件下的传统文化的发展，形成开放的、发展的、平等的、互相尊重的健康文化心态。

（三）推动主流意识形态融入中国传统文化

推动马克思主义作为主流意识形态融入中国传统文化需要处理好两种关系，一是处理好融合的政治层面和学术层面的关系。政治层面的中国化强调意识形态的实践性和革命性，学术层面则注重发扬意识形态的批判性和科学性。政治层面和学术层面既有区别又相互统一，都是为了实现人的自由全面发展。在人类历史上，没有完全脱离政治的学术，也没有完全不关心学术发展的政治，保持意识形态的学术层面和政治层面的合理发展是非常有必要的。二是要处理好融合精英化和大众化的关系。意识形态的大众化是把意识形态与广大人民群众的日常生活实践结合起来，使其成为适应广大人民群众社会实践需要的并为广大人民群众所掌握的思想武器。意识形态的精英化是指把意识形态与国家精英阶层的日常生活实践结合起来，与中国传统文化中的精英文化传统结合起来，创造出为社会精英阶层所掌握的意识形态。在目前的融合过程中，意识形态较好地实现了精英化，但是大众化发展还很欠缺。由于当前对于意识形态的宣传方式总是采用说教和灌输的方式，就使得意识形态的大众化发展遇到了瓶颈。意识形态的大众化发展决定着马克思主义在中国的发展，这比意识形态精英化更为重要。所以就目前的情况来说，更要加强意识形态的大众化发展，转变教育、宣传模式，让马克思主义的意识形态深入民心，用马克思主义科学的理论体系来指导人们的实践生活。

二、中华优秀传统文化继承与创新的原则

（一）马克思主义是中华优秀传统文化继承与创新的指导思想

马克思主义理论是我们党的指导思想，是中国特色社会主义事业兴旺发达的思想保证。在马克思主义中国化进程中，在毛泽东思想、中国特色社会

主义理论体系和社会主义核心价值观体系形成进程中，中华优秀传统文化都起到了滋润和涵养的作用。因此，必须坚持运用马克思主义理论的立场、观点、方法来指导中华优秀传统文化的现代价值转化。恩格斯指出："现代社会主义，和任何新的学说一样，它必须首先从已有的思想材料出发，虽然它的根源深藏在物质的经济的事实中。"这说明任何文化观念都来源于历史文化的积累，是后人继承了前人的文化成果，站在先辈的肩膀上向前推进的。运用马克思主义理论的立场去指导中华优秀传统文化的转化，就是去甄别、筛选，去伪存真，取其精华，弃其糟粕，达到"古为今用"目的，服务于培育和践行社会主义核心价值观，服务于经济社会发展。必须注入新鲜血液，使其获得新生，而不是一味地采取"拿来主义"的办法照抄照搬。

随着时间的推移、事物的变化、经济社会的发展，传统文化也必须要及时转化和更新，也必须用科学理论来指导。习近平多次提出传承和创新传统文化。习近平指出："讲清楚中华文化积淀着中华民族最深沉的精神追求，是中华民族生生不息、发展壮大的丰厚滋养；讲清楚中华优秀传统文化是中华民族的突出优势，是我们最深厚的文化软实力；讲清楚中国特色社会主义植根于中华文化沃土、反映中国人民意愿、适应中国和时代发展进步要求，有着深厚历史渊源和广泛现实基础。"如何弘扬中国传统文化，赋予它新的内涵，要站在历史的高度，要具有时代感，实现传统文化的现代价值转化。要遵循习近平的"两创"方针，即："要处理好继承和创造性发展的关系，重点做好创造性转化和创新性发展。"创造性发展就是按照时代发展的新常态，传承借鉴传统文化中有价值的内容，改造其陈旧的表述方式，不能照抄照搬，要适应时代要求，激活其生命力；创新性发展是对传统文化不能囫囵吞枣，要与时俱进，对其内涵要进行挖掘、补充、完善、拓展，顺应时代潮流，注入鲜活的时代元素，使其更富有感召力。

（二）中华优秀传统文化继承与创新应遵循的规律

1.必须坚持科学的扬弃态度对待传统文化

一是全面复古的教条主义。其核心是照抄照搬，不加甄别地全盘接受，认为传统文化都是精华，直接套用在现实生活中，厚古薄今，以古非今，否定事物、时间的变化。这种观点理论上和实践上都是错误的，不利于传统文化的传承和创造性发展，不利于经济社会的发展。二是历史虚无主义。此观点割裂历史，全盘否定传统文化，认为传统文化是"沉重的包袱"，是过时、腐朽的东西，应该抛进历史的垃圾堆等。这种错误思潮薄古厚今，损害民族自信心，照样不利于经济社会的发展。三是辩证地对待、合理地扬弃。对待传统文化要辩证看待，传承优秀的、积极的、有生命力的、具有时代价值的传统文化，吸收其精华；摒弃那些过时的、消极的、腐朽的、失去生命力的传统文化糟粕。这就是科学的扬弃态度，符合马克思主义唯物主义的观点。

为了实现两个一百年的"中国梦"和中华民族复兴的宏图大业，对待传统文化要科学取舍，合理扬弃，去粗取精，去伪存真。这就是传统文化现代价值转化的基本准则。

2. "创造性转化、创新性发展"原则纠正了对待中华传统文化的错误倾向

习近平指出："努力实现传统文化的创造性转化、创新性发展，使之与现实文化相融相通，共同服务以文化人的时代任务。""两创"原则高屋建瓴，指明了方向，体现了对待传统文化的规律，必须尊重历史、尊重传统，做到古为今用，推陈出新。

第十二章 中国民俗文化的困境与展望

第一节 中国民俗文化的困境

民俗文化是伴随着人类社会产生而形成的文化现象，它是群众千百年来形成的风俗习惯及与之相对应的活动形式。流传至今的民俗，包括以下几种类型：一是节日类民俗，如春节贴对联、元宵节猜灯谜、清明节放风筝、端午节划龙舟、中秋节赏月、重阳节登高等。二是生产类民俗，如以物资交流为主，兼有文化艺术表演的庙会，丰收后的庆贺歌舞等。三是生活类民俗，体现在服饰、饮食、居住等方面。四是礼仪类民俗，如春节拜年、结婚典礼、迎宾仪式、送终丧仪等。民俗文化作为一种具有深厚历史文化基础的文化形态，深藏着丰富的历史文化内涵与人类生活价值，它深刻反映着一定地域中广大民众群体的最为基本的人生需求以及建立在这一基础上的共同理想、共同情感与共同价值取向，因此绝不可能完全被现代化的社会文化所湮没、所替代。本文就中国民俗文化的现状及发展思路略陈管见。

一、我国民俗文化发展存在的问题

（一）民俗文化遗失严重

在中国民族文化发展进程中，伴随着民族战争、民族迁徙、民族融合及现代化、城镇化和全球化的影响，民间文化赖以生存和发展的土壤越来越虚弱了，原本强势的地位已变得极其脆弱，大量的民族文化逐渐遗失和没落。如在贵州有三万多个自然村寨，生活着苗、瑶、布依、侗、水、仡佬、土家、彝等 17 个少数民族，他们完好地保存下来的民俗文化只占 30%，大部分都湮没在历史的记忆里，其中包括大量优秀的民俗文化。黄河流域是整个中华文明的发源地，其中河南省是中原文明的一个有代表性的省份，据《河南民俗志》记载，有近八成的各种历史上出现过的神话故事、节日、歌舞、民俗礼仪风尚等没有流传到今天。

（二）民俗文化人才缺失

民间文化杰出传承人工程的开展并不能掩盖当前我国民间艺人稀缺、民俗文化人才队伍建设乏力的窘状。随着我国经济的飞速发展，机械化、高科技取代了诸多效率低下的手工业操作，民间手工艺也存在着艺人"老年化"、传人"稀有化"、技艺"衰退化"、发展"迟钝化"的困境。宁夏民间剪纸、刺绣、泥塑等，一直处于小地摊式小作坊式的制作加工，没有形成应有的规模，难以发展与创新，民间手工艺正在逐渐消失。人才资源的缺失很大程度上影响着民俗文化的持续健康发展。

（三）民俗文化发展受缚

1. 长期以来，民俗文化领域由于受到计划体制的影响，人们的思想观念、价值趋向、知识结构、能力结构、工作思路以及运作方式，仍具有明显的计划经济色彩，导致文化单位较多地强调民俗文化意识形态的功能，重视民俗文化事业属性，忽视民俗文化的产业属性。对事业单位企业化运作心存疑虑放不开手脚。

2. 从文化消费的角度来看，也不同程度地存在着"国家办什么，老百姓就无偿地欣赏什么"的被动接受状态，文化消费结构单一，消费促生产的氛围始终没有形成，导致民俗文化发展缓慢。

3. 有利于民俗文化发展的有关政策不配套，在税收、土地、政府补贴、社会融资及建立多元投入机制等方面还没有完善的配套政策。

4. 整个文化体制不健全，机制不顺畅，民俗文化必然受到影响，缺乏强有力的发展民俗文化的驱动力。

5. 资金投入不足，经营人才缺乏。在民俗文化基础设施建设资金的投入上，民营资本投资民俗文化建设的数量仍显不足，特别是缺少大手笔的项目。另外，民俗文化发展的复合型经营管理人才严重缺乏。

二、我国民俗文化的发展现状

在我国民俗文化发展的过程中，伴随着民族的融合、民族战争、民族迁徙、自然灾害等等，民俗文化不断发生变化，同时也随着生产力的发展、现代化和全球化进程的不断推进，民俗文化赖以生存和发展的基础和人文条件也已经发生了变化，其中大量的民俗文化被遗失和没落。具体表现为在以下几个方面。

（一）民俗文化的同化

原本我国的少数民族大多分布在祖国的边陲地区，与外界交流甚少，各民族的习俗文化可以得到很好的保留，但是随着民族风情旅游的大力开发，我们的民俗文化和传统在多种因素的作用下逐渐消失，被别的民族和地区的文化所取代。在一些落后的和文化缺乏稳定性的少数民族的民俗文化就很可能被逐渐淡化，甚至消亡。

（二）民俗文化的商品化

由于我国某些地区民俗文化别具特色，这就成了旅游开发的巨大商机。就是把我国的民俗文化作为一种旅游资源，加以开发利用，然后出售给游客。这样，我国的民俗文化就变成了一种商品，变成了赚钱的手段，也就失去了民俗文化原本的意义，也阻碍了民俗文化的进一步发展。

（三）民俗文化的庸俗化

在民俗文化被当作旅游资源开发时，为了迎合游客的需要，往往夸大其词、大肆渲染，甚至为迎合一些低级趣味的游客，不尊重少数民族的自尊。而且，在旅游开发的过程中缺乏科学把握，表现形式简单化，生搬硬套，不能真正表现民俗文化的淳朴性和民族性，进而导致我国民俗文化的庸俗化。

（四）民俗文化传承的断层

我国的民俗文化历史悠久，源远流长，是世代相传得以发展的。而在旅游开发的过程中，对民俗文化的生搬硬套，必然失去民俗文化原本的淳朴性。而且，在旅游开发时，原著居民往往需要大规模的搬迁，导致民俗文化赖以生存和发展的"原生土壤"遭到破坏，从而使得民俗文化的传承出现断层，甚至消失。

（五）民俗文化认同感的弱化

民俗文化的发展依赖于人们对该文化的认同，而在旅游开发的过程中，一些民众受外来风气的影响，加上商品意识和货币观念的深入人心，民俗文化的认同感弱化，甚至消失。这就必然导致民俗文化的意识和没落，必然严重影响我国民俗文化的继续发展。由此可见，我国民俗文化发展的现状不容乐观，我们必须在充分认识民俗文化重要性的基础上，制定积极对策，大力推动我国民俗文化的复兴和发展。

第二节 中国民俗文化的展望

一、民俗文化的含义和功能

（一）民俗文化的含义

民俗文化，即民间风俗，指一个国家或民族中广大民众所创造、享用和传承的生活文化。民俗起源于人类社会群体生活的需要，在特定的民族、时代和地域中不断形成、扩布和演变，为民众的日常生活服务。民俗文化一旦形成，就成为规范人们行为、语言和心理的一种基本力量，同时也是民众习得、传承和积累文化创造成果的一种重要方式。

（二）民俗文化的社会功能

优秀传统文化凝聚着中华民族自强不息的精神和历久弥新的精神财富，是发展社会主义先进文化的深厚基础。应充分尊重和肯定中华优秀传统文化的丰富价值，坚持保护利用、普及弘扬并重，加强对优秀传统文化思想价值的挖掘和阐发，大力建设中华优秀传统文化传承体系，使优秀传统文化成为新时代鼓舞人们前进的精神力量。而我国的民俗文化是中国特色的文化之一，民俗文化作为我国民族文化的重要组成部分，是中国传统文化的"活化石"，民俗文化是维系一个民族，一个国家的重要纽带。具体而言，我国的民俗文化有以下四大社会功能：

1.民俗文化的教化功能

人是文化的产物，民俗是一种文化现象，在每个人社会化的过程中起着决定性的作用。人从一出生就进入了民俗的规范：他从周围人群中学习语言，在生活中模仿人们生活，从交往中逐渐了解人际关系，然后按照特定的风俗生活一辈子。

2.民俗文化的规范功能

民俗是起源最早的一种社会规范，而且是一种约束面最广的行为规范。在日常生活中，民俗不同于法律，它不是强制实施的，而是一种不成文的，自觉的行为准则。它在无形中支配着人们日常生活的各种行为，包括衣食住行，婚丧嫁娶。这是一种无形的控制，却是一种最有力的精神的控制。

3. 民俗文化的维系功能

民俗文化是长期以来，一定区域内的人们在无形之中形成的一种约定俗成的认同感。所以在这个特定的区域内，该民俗文化就受到大家的一致认同。而且，在社会生活的世代繁衍中，民俗文化一直被无意识的传承下来，不断被后代所复制，从而保持着社会的持续性。就算社会有大的变革，民俗文化发生的变化也只是局部的、缓慢的，这样就维护的文化的持续和稳定，从而也维系了社会生活的稳定。进一步讲，民俗文化是一种群体的、民族的习俗和文化，是特定的民族心理，因而民俗文化是人们认同自己所属集体的标志。

4. 民俗文化的调节功能

人类创造民俗文化的目的之一就是为了娱乐，为了能在劳作之余，适当的进行精神上的放松和休息，有时也为了庆祝或者婚配等活动。而且，人类在社会生活中，往往受到自然的或者社会的约束，民俗活动有时就是为了能宣泄这种心理压力。比如葬礼中的哭丧。同时，民俗活动也是为了补偿人们在日常生活中所经历的苦难与压抑，从而使生活充满希望。所以民俗文化通过娱乐、宣泄、补偿等方式调节着人们的心理。

总之，民俗文化有以上四种社会功能，在人们的日常生活中起着十分重要的作用。当然，这并不是民俗文化的全部功能，由此可充分证明我国民俗文化的重要性。

二、我国民俗文化发展的对策

我们在复兴、保护、发展、繁荣我国民俗文化的过程中，一定要紧跟党的战略部署，把握好民俗文化的发展方向，制定出既符合我国传统文化的发展要求又符合我国中国特色社会主义文化建设的方针的对策。只有这样，我们才能在新的历史起点上，大力推动我国民俗文化的复兴和发展，大力增强国家文化软实力。

（一）党和国家要制定有利于民俗文化发展的政策

要进一步深化改革开放，加快构建有利于文化繁荣发展的体制机制，完善政策保障机制。同时，我认为党和国家要制定和完善保护我国民族文化和民俗文化的法律法规，比如关于民俗文化旅游开发的法律法规。只有这样才能规范我国文化发展的行为和途径，使我国民俗文化的发展走上法制的轨道。而且，我国民俗文化的维护和发展需要大量的资金，我们在社会各界共同努力的同时还应加大国家财政的支持力度，需要国家的引导和监督，只有这样才能保证我国民俗文化发展的社会主义方向。

（二）大众要树立保护、弘扬民俗文化的价值观

全会指出，我们要充分认识推进文化改革发展的重要性和紧迫性，更加自觉、更加主动地推动社会主义文化大发展大繁荣。

而目前，我国民俗文化逐渐被遗失和没落，现状堪忧。而且，人民大众对于保护和发展我国的民俗文化的责任感还有所欠缺，甚至是漠不关心，尤其是青少年群体。所以，我们要首先对人民大众进行各种形式的舆论引导和宣传，摒弃一些西方腐朽文化的腐蚀，深刻认识到我国民俗文化的历史渊源和重大意义。这样我们才能在精神上保持凝聚力，才能用自己的实际行动去保护、捍卫、发展、繁荣我国的民俗文化。

（三）社会各界要大力扶持民俗文化产业

全会指出，发展文化产业是社会主义市场经济条件下满足人民多样化精神文化需求的重要途径。必须大力发展文化产业，推动文化产业成为国民经济的支柱产业，构建现代文化产业体系，形成公有制为主体、多种所有制共同发展的文化产业格局。毫不动摇地支持和壮大国有或国有控股文化企业，毫不动摇地鼓励和引导各种非公有制文化企业的健康发展。

而目前，我国的民俗文化产业还很有限，除了国有的民俗文化产业，大部分是特色民俗文化旅游资源的开发产业，我们应该在壮大国有民俗文化产业、规范民俗旅游资源开发的同时，注重多种文化产业的发展。鼓励个人、企业、社会以各种形式创办国家政策许可的民俗文化产业，对其在规划建设、土地使用、税费政策、从业人员职称等方面与国有民俗文化单位同等的政策。这样就有利于形成"百花齐放、百家争鸣"的民俗文化发展氛围。

（四）国家教育部门要大力培养民俗文化传承发展所需要的人才

全会指出，推动社会主义文化大发展大繁荣，队伍是基础，人才是关键。要坚持尊重劳动、尊重知识、尊重人才、尊重创造，深入实施人才强国战略，牢固树立人才是第一资源思想，全面贯彻党管人才原则，加快培养造就德才兼备、锐意创新、结构合理、规模宏大的文化人才队伍。

在目前，我国民俗文化不断遗失和没落，来传承民俗文化的人才也逐渐减少，甚至出现断层。比如我国的皮影，皮影艺术堪称当今影视艺术的鼻祖，起源于中国，是我国出现最早的戏曲剧种之一。据史书记载，皮影戏始于先秦，兴于汉朝，盛于宋代，元代时期传至西亚和欧洲，可谓历史悠久，源远流长。但由于历史和政治的原因，广藏于民间的皮影家底毁失殆尽，传艺断代，皮影戏面临濒危。所以，我们应该大力进行民俗文化传承人才的培养，

鼓励民俗文化产业单位与高校联合，发展和民俗文化相关的高等教育，特别是在高等院校中培养民俗文化高级专门人才，为民俗文化事业持续发展提供人力资源保证。同时，我们还应该发挥人民群众的力量。我们应该保护民间艺人，发挥他们传承民俗文化和培养民俗文化传承者的重要作用。

总之，民俗文化是我国民族文化的重要组成部分，是我国文化大发展大繁荣不可或缺的一部分，基于民俗文化发展现状，我们应该站在十七届六中全会的新起点上，制定各种对策，复兴、保护、传承、发展、繁荣我国的民俗文化。这样，才能加快建设中国特色社会主义先进文化的步伐，才能不断增强国家文化软实力和国际影响力。

第十三章 文化保护体系的建立与管理

第一节 构建中华民族优秀传统文化传承体系

一、构建中华民族优秀传统文化传承体系的客观要求

当今世界，文化与经济政治相互交融渗透，民族优秀传统文化既是民族的生命力、创造力和凝聚力的源泉，也是国家综合国力和国际竞争力的重要组成。历史证明，国家的发展和昌盛、民族的独立和振兴、人民的尊严和幸福，都离不开民族优秀传统文化支撑。因此，要维护中华文明的主体性、社会主义先进文化的主体性和意识形态的主体性，必须构建中华民族优秀传统文化传承体系，确保中华民族优秀传统文化具有旺盛的生命力、创新力和竞争力。这既是人类历史文化发展的必然要求，也是实现中华民族伟大复兴的客观需求。

（一）构建优秀传统文化传承体系是巩固民族和国家生存发展根基的必然要求

文化是人类认识和改造自然、社会、自身的阶段性成果，是在前一成果基础上的继往开来；任何一种文化的创造都是人的自我创造，并成为区别于人与动物及人与人的重要标志。人类历史进程中，每个民族、每个国家都在创造自己的文化，而文化与历史发展的具体阶段、具体社会经济形态相联系，渗透于社会生活的各个方面，影响着人们的精神世界和行为方式，是民族和国家赖以生存发展的重要根基，也是区别于其他民族、国家之间的重要标志。

五千多年连绵不断的中华文明史，积淀着中华民族最深沉的精神追求，包含着中华民族最根本的精神基因，代表着中华民族最独特的精神标识，是中华民族生生不息、发展壮大的丰厚滋养JP。"求木之长者，必固其根本；欲流之远者，必浚其泉源。"中华民族之所以能够在人类历史长河中生生不息、

顽强发展，其中很重要的一个原因就是自觉不自觉地传承着传统优秀文化，保持着中华民族的价值追求、精神特质的一脉相承。在经济全球化日益深化的当今世界，我国社会正处在思想大活跃、观念大碰撞、文化大交融的时代，构建优秀传统文化传承体系是巩固中华民族生存发展根基的客观要求，是坚守中华优秀传统文化自觉自信的历史必然，是赓续中华民族文明血脉和精神本源的应有之义。

（二）构建优秀传统文化传承体系是维系国家统一和民族团结精神纽带的必然要求

文化伴随人类历史的产生而产生。每一代人都生于特定的文化环境，接受了大量的、系统的文化遗产，再经由自己的实践和发展，传递给下一代。每一个成熟的民族都有属于自己特有的文化形态和文化个性，而这种特有的文化就成为民族亲和力和凝聚力的重要源泉。渊源于中华五千年文明、植根于当代伟大实践的中国特色社会主义文化，是中华民族身份的象征，是最广泛团结全国各族人民乃至全球华人的旗帜，是实现中华民族伟大复兴的强大精神支柱。构建中华民族优秀传统文化传承体系，必须确保社会主义文化的本质属性和中华民族文化的特质不变，使社会主义文化既具有丰富历史底蕴，又与当代社会发展形势相适应，保证中华民族精神命脉不断线。既要避免"文化保守主义"的全部继承，又要避免"民族虚无主义"的"彻底决裂"。对此，习近平总书记强调，"抛弃传统、丢掉根本，就等于割断了自己的精神命脉"，"如果'以洋为尊以洋为美唯洋是从'……热衷于'去思想化、去价值化、去历史化、去中国化、去主流化'那一套，绝对是没有前途的！"中华文化既要坚守根本，又要与时俱进。延续中华民族的文化基因和精神命脉，就必须以客观科学礼敬的态度构建优秀传统文化的传承体系，从历史传承与现实价值相结合的维度，使之与现代文明发展进步相协调，与社会主义发展进程相同步，保持民族性，体现时代性。

（三）构建优秀传统文化传承体系是增强综合国力和民族文化竞争力的必然要求

众所周知，文化是综合国力的重要组成，也是增强综合国力的重要力量。当今世界激烈的综合国力竞争，既包括经济、科技、国防等硬实力的竞争，也包括文化思想、民族精神等软实力的竞争。经济全球化不仅带来货物、服务、资本、人员等在各国之间的频繁流动，而且带来思想意识、价值观念、行为方式等的激烈碰撞。在流动和碰撞过程中，总体上处于弱势地位的发展中国家，既面临经济上的巨大压力，也面临文化发展上的严峻挑战。我国对外开放已进入一个新的发展阶段，如果不迅速建立起自己的文化优势，就很难在激烈的国际竞争中捍卫自己的战略利益，从而在综合国力的竞争中处于被动守势。

回望历史，二战后许多发展国家在经济发展上同时起步；几十年后，一些国家涛声依旧，原地踏步；一些国家起步迅猛，后继乏力；一些国家发展持久，稳定增长。此中原因很多，但最根本的原因之一是文化力量的作用。阿根廷学者马里亚·格龙多纳在《经济发展的文化条件》指出，人的价值观分为两类：一类是内在的文化价值观，其特点是永不满足和永无穷尽；另一类是工具主义性的经济价值观，其特点是暂时的和容易满足的。作为经济"持续发展所必需的内在价值观"，文化领域的价值观是"充当短期愿望和长期愿望之间的桥梁，决定性地增强长远目标的力量"。因为，经济力量组成是多元的，诸如宏观经济政策、竞争环境、出口导向、技术进步、人力资本等，这些多元力量要形成和发挥总体功效必须有一个基本前提——必须得到文化力量的支持。在对南北美洲各国发展状况长期跟踪研究后，格龙多纳发现：短期的经济行为可以用经济逻辑来解释；但长期的经济行为，经济逻辑解释不了，就一定会进入文化逻辑；由此，"经济发展是一个文化过程"，"文化的力量大于经济或政治"。塞缪尔·亨廷顿在谈到社会发展领域中"文化作用"时，也认为文化是"对一个社会的成功起决定作用"的因素。

二、构建传统文化传承体系的实践路径

（一）多方努力，加强文化遗产保护

文化遗产是中华民族优秀传统文化的物质载体，历经风雨沧桑而弥足珍贵，传承保护好宝贵的历史文化遗产是每个炎黄子孙的责任。随着我国经济和社会的发展，文化遗产保护面临管理体制缺失旅游开发过度、灾害影响巨大、城市开发破坏、技术保护不力等矛盾问题日益凸显。因此，必须围绕解决存在的突出问题，协调多方力量，加强对文化遗产的保护。

一是完善文化遗产保护制度。进一步细化完善我国文物保护法以及各省市相应的文物保护管理条例，制定重要文化遗产保护规划，切实强化文化遗产保护的刚性约束和制度保障。二是正确处理城市开发与文化遗产保护的关系。各级政府要切实担负起保护文化遗产的主要职责，充分发挥社会组织在文化遗产保护中的重要作用；在城市开发过程中，严格制定物质文化遗产保护措施，同时还应加强对非特质文化遗产的保护。三是加大对文化遗产保护的投入力度。加强各级财政经费投入，设立文化遗产保护专项基金；鼓励社

会各方力量参与文化遗产保护和维修；向社会各界募资，吸引更多民间资金支持文化遗产保护事业。四是加强文化遗产的适度开发和保护利用。统筹兼顾社会效益和经济效益，在保护前提下适度开发，在开发利用中科学保护。

（二）扶持发展，振兴中国传统工艺

传统工艺承载着中华民族丰厚的物质文明和精神文明，蕴含着中华民族深邃的宇宙观、生命观，凝聚着与生产方式紧密相连的实践智慧，是我国优秀传统文化的重要标识和组成部分。因此，必须加，大扶持发展的力度，不断挖掘、弘扬、传承中国传统工艺。

一是制定传统工艺发展规划。各级政府要结合当地实际，适时制定传统工艺产业发展的中长期规划，对传统工艺产品的开发研发、市场拓展、发展战略、推广宣传等进行科学定位，并确立不同工艺品种的具体发展路径，抢救保护濒临失传品种，做大新兴品种，全面繁荣中国传统工艺产业。二是强化政策制度保障。根据国家制定出台的《传统工艺保护条例》，地方政府结合要实际出台相应保护办法，加强申报非物质文化遗产名录登记，建立传统工艺保护专项资金，广泛开展传统工艺学术和技艺交流活动，常态举行传统工艺博览会，吸收企业投资，引进先进技术，扩大对外交流，促进传统工艺逐步走向市场化、规模化、产业化、国际化。三是加大专业人才培养力度。利用高校资源，开设传统工艺专业，充实传统工艺生产所需的设计、制作、生产、传播等方面的人才储备；推进传统工艺大师及高级工艺师的资格认证和深造培养；建立区域性的传统工艺大师工作室，发挥民间"师傅带徒弟"的传统优势；加大人才交流力度，提升人才培养质量，带动中国传统工艺的人才培养体系构建。

（三）加强统筹，实施典籍整理工程

中国历经五千年文明史，遗存的文化典籍浩如烟海灿若星河，是祖先留给我们的宝贵财富和丰厚资产。构建优秀文化传承体系，离不开对传统文化的整理。整理传承优秀典籍，关乎中华文脉的延续，关乎民族精神家园的构建。我们党历来有抢救保存古代典籍的优良传统。在中央高度重视下，典籍整理工作有了极大的发展进步，仅《四库全书存目丛书》抢救数就达4000余种，6万余卷，赢得了各族人民乃至全球华人的广泛赞誉。但相对于我国现有典籍存量来说，典籍整理工程仍然任重而道远，还需要进一步统筹谋划，加大投入，积极推进。

一是发挥高校和各大图书馆的主力军作用。借助高校的人才优势和各大图书馆的典藏优势，加强典籍整理的编目、索引辑佚、汇编、影印、校点、笺注、今译等工作，编制类专题书目、善本书目、古籍书目，让馆藏珍贵典籍惠及大众，让散佚典籍焕发生机，成为还原中华文化、传承中华文化、振兴中华文化的有力载体。二是启动流失海外典籍整理工程。由于近代中国遭受西方列强的大肆抢掠，大量珍贵文化典籍流失海外。抢救和整理海外典籍是我们义不容辞的使命。中国不断增强的综合国力和国际影响力，为我们启动海外典籍整理工程提供了良好的机遇。要制定专门计划，设立专门机构，加强与世界各国的沟通协调，对藏匿于国外政府机构、学校、图书馆及个人的各种中文善本孤本珍本典籍，采取出版、缩微、数字化等方式将其复制回国，然后组织专业力量进行典籍整理。三是积极推进典籍数字化工程。积极运用先进信息技术对典籍进行整理、储存、传播，是当今一大发展趋势。要大力推进典籍整理工作的数字化工程，整合现有分散于各地的典籍资源，建立中华典籍数字资源库，开发中华典籍数字化产品，利用新媒体提升典籍的传播力，扩大典籍的影响力和使用率。

（四）多重并举，传承中华文化基因

文化的传承不止于对文化的抢救和保护，更在于对文化的继承和发展。构建中华民族优秀文化传承体系，必须采取多种措施，把中华文化基因一代一代传承下去。

一是在传承途径上要多法并举。要积极推进中华文化传承工程实施，通过国民教育、民间传承、礼仪规范、政策引导、舆论宣传、文艺创作等各种途径，推进中华优秀传统文化进入课堂、进入教材、进入校园、进入社区、进入生活、进入头脑，引导人们树立和坚持正确的历史观民族观、国家观、文化观，真正使中华优秀传统文化内化于心，外化于形，增强做中国人的骨气和底气。二是在传承形式上要多路并进。文化必须借助一定的艺术表达形式才能够为广大人民群众所理解和接受。传承中华民族优秀传统文化，要善于借助诗词歌赋、音乐舞蹈、书法绘画、曲艺杂技、戏剧电影纪录片、动画片、出版物等艺术表现形式，使优秀传统文化的表达形式更加丰富，表现手法更加现代。三是在传承方法上要多策并施。要强化政府主导，完善政策制度保障，加大公共文化服务供给力度，积极开展文化交流活动，推进文化场地场所建设，为优秀传统文化传承提供必要条件和良好设施；要推进中华文化基因校园传承工作，建设一批中华优秀传统文化基地并纳入国家教育体系，使优秀传统文化传承赓续有致、相沿不辍；要活跃社会力量，发展各类文艺团体、文化团队，发挥各类传统工艺协会作用，扶持文化产业基地建设，鼓励各类社会组织参与到中华优秀传统文化传承体系构建中来，扩大中华优秀传统文化传承的力量基础和资源积淀。

第二节 民间文化保护体系建设

一、文化承载者的"文化自觉"是文化保护的前提

文化保护最终的实施者往往是文化承载者进行的文化活动，不管是宏观层面的政策还是理论层面的研究成果，只有转化为文化承载者的自觉活动才能够有文化保护的具体行为。但是，近二十年来的经济建设和城市化进程让原来的文化承载者要么离开原有的文化生态环境，要么就成了自己文化的破坏者，其结果如冯骥才先生所言："我们的后代将找不到城市的根脉，找不到自我的历史与文化凭借。当他们知道这是我们的所作所为——是我们亲手把一个个沉甸甸、深厚的城市生命，变成亮闪闪的失忆者，一定会斥骂我们这一代人的无知。"这段话非常尖锐地指出了经济建设过程中的主体对文化破坏的严重性。

民间文化承载者的文化自觉应该包括三个方面的基本内容。

第一，文化是族群过去生存的积淀。文化在形式上可能是抽象的，但是在本质上却是生动的，它一定是某一个族群基于生存需要而形成的。从这个意义上说，文化自觉即是对自己族群存在方式反躬自省。只有这样才可能让文化承载者树立文化本位意识，从而对文化在族群当代发展中所处地位作用形成正确认识。否则，"不识庐山真面目"的现象是很难避免的。笔者在民族地区做调查的时候，当问及一些文化现象的由来，只有部分年长者对这些现象的来龙去脉及其与历史的契合有一些了解，很多当地人并不了解这些文化的形成过程，这样一来，这些文化的存在虽然"活"于老百姓的生活空间中，但是只具有呆板的意义或者象征的意义。

第二，文化是族群现实生活的基础。"死"文化对于族群成员是没有现实意义的，最多只是文化标本，却不能打动现实的人。因此，应该促进在当下生存环境中理解和应用族群文化。族群文化虽然以过去为基础，但是在应用价值指向上应该是当下和将来的。因此，要加强对文化与现实生存环境的联结，从这个意义上也才能实现文化创新。在族群文化建设中，因循守旧、墨守成规、惰于创新，不愿意对原有文化进行现实的阐释，不是真正的文化自觉，而是文化保守。

第三，文化必须"为人""化人"。有观点认为文化即"人化"，这揭示了文化的"人"的属性的本质，是人与客观世界、社会以及人自身作用的结果。

但是这样的结果却不是空穴来风，本质上是"为人""化人"而"人化"的结果。因此，文化自觉必须树立文化旨归意识。在现实考察中，笔者发现，一些地方将文化博物馆化的做法有悖于此思想，对于文化进行整理和收集有必要，但是整理与收集的结果不是为了展览，更不是为了炫耀，而是让族群成员通过回顾自己的过去而看到族群的今天和明天。不能有效整合到现实的文化不是有生命力的文化。

综上，笔者认为，促进文化承载者的文化自觉必须是让他们从心理深处找到与自己文化的共振，学会全面理解自己的文化，在理解基础上判断文化，并进行文化的选择及在新的时代背景下赋予新的价值，只有这样，文化的承载者才可能成为文化的享受者和保护者。

二、民间文化活动的制度化是文化保护的重要途径

文化，是一个文化享受族群内在世界的再现，也是这个族群所创造的一切财富的结晶。中国作为一个文化多元并存的国度，民间文化成为人民群众生存方式之一，也沉淀了人们对自己族群过去现在和将来的深刻理解。同时，我们在现实生活中发现，民间文化的呈现往往是生动活泼的，这些多种多样的文化活动在实施过程中往往指向现实的生活情境。也就是说，一个民族的文化是在民间文化活动中得到承载和再现的。

所谓民间文化活动的制度化是指文化活动的举行是规则性的，不是随意性的。一般而言，表现为两种形式，一种是文化活动传统上的制度化，另外一种是人为的有意的制度化。

文化活动在传统上的制度化是最常见的。很多文化活动总是与族群的节日庆典联系在一起的，或者是基于某种需要而出现的，只要这种需要出现，这种文化活动就必然出现，比如基于某种目的进行的有针对性的祭祀活动。现以侗族大歌为例稍作阐释。贵州的侗族大歌被誉为音乐"活化石"，是人类宝贵的文化遗产，歌班既是侗族大歌的传承形式同时也是侗族社会特有的社会组织，它与以血缘为纽带的"补腊"（房族）组织一起形成了侗族传统社会的基本结构。歌班活动的内容可大致归纳为以下几个方面：学歌练歌活动、鼓楼对歌、行歌坐夜、生产生活互助。侗族的"萨"是祖母或奶奶的意思，"萨玛"是大祖母或先祖母的意思。在侗家人心中"祖母"是与保寨平安、安定社稷相联系的，因此，侗族的"堂萨"，即祖母堂，也称社稷坛、社坛或萨坛。侗族的祭萨活动分为三种类型：一是每年春节（正月初三）祭萨，由寨子负责管理萨坛的家族分别在各自的萨坛中举行；二是分寨祭萨，一般是某个分寨有重大的歌舞民俗活动时举行，如寨与寨之间斗牛、也顶等；三是总

坛祭萨，通常是寨子发生了重大事件，如：人畜瘟疫、农作物病虫害、外敌入侵、火灾水灾等自然灾害，进行"扫寨"时才举行，或寨子不和谐或收成不好，大家的日子过得不好，大家就觉得萨坛中供奉的圣母可能已经不在了，需要重新去请萨时举行。第一种类型不需要歌班参与，后两种类型一般由寨老、管萨家族和鬼师共同主持，必须要男女歌班参与，除了要选择优秀的男女歌班围着萨坛"哆耶"，还要根据活动的需要分配其他歌班各种任务，在活动高潮时，所有的成员都要以歌班为单位集中在鼓楼坪集体"哆耶"。这种民间活动几乎每年都要进行，而且当地老百姓已经将这种活动理解为是生活的一部分。

传统性质的民间文化活动在汉族地区也是普遍存在的，比如八月十五吃月饼、正月十五吃元宵、腊八节吃腊八粥等等，都是中国民间重要的民俗事象。起源于汉族的春节与日常生活相比，民俗文化气氛更加浓厚，民俗事象也更加丰富多样。春节已经被列入国家非物质文化遗产保护名录，是非常重要的文化资源，我们应该加倍珍视和积极弘扬。这些传统型民间文化的经常出现会强化它们在人们心中的意义，有利于文化的保护。

三、在传承中保存文化是学校的特殊使命

学校教育具有系统化和高效率的优势，学校教育以经过选择的人类文化为传播内容。作为民族文化继承者和传承者的儿童，他们并不天然具有认知民族文化的能力，特别是在受教育时间逐渐提前的今天，学校教育一定程度上隔离了他们与原有文化的自然联系。因此，学校传承民族文化不仅具有条件上的优势，而且对于培养民族成员的文化品格是必要的。

当前，随着国家三级课程管理体系的逐渐完善，地方课程和校本课程开发在一些地方正在逐渐开展。将文化整理到地方课程和校本课程建设中来是发挥教育的文化保护功能的有效途径。

地方课程在实现其文化传承功能的时候必须以文化选择功能的实现为前提，并通过有效的课程实施来完成。有效的文化传承方式一定是适合民族地区学生的学习习惯的方式，因为，有效的学习有利于学生将知识内化。一定的族群在其产生和发展的过程中选择了相对稳定的文化传统，其中包括语言、行为、交往方式等表象的东西，也包括思维方式、价值观念等深层次的东西，这些传统的形成是历史选择的结果。有效的地方课程实施必须是在充分尊重地方文化的特点和规律的基础上进行的，特别是要关注作为文明传承规律和方法的文化形式，只有这样才能够有助于在将来的课程实施中减少信息衰减，有利于课程实施。

（一）关注族群心理结构对民间文化传承的影响

不同族群基于发展过程中与自然、社会、人之间的作用方式的不同产生不同的文化，这其中包括对客观世界的认识思维方式和心理结构。当代心理学家 J·皮亚杰的"图式学说"认为，知识来源于人与客观存在之间的互相联系，即主体作用于客体的活动，动作行为是一切知识的源泉，人在行为早期逐渐产生对客观世界的认识"图式"，在后来的认识过程中基于原有图式对客观认识进行"同化"，当然也包括由于认识的变化对原有"图式"产生质的变化，即顺应。我们知道"图式"的形成必须受到族群自身文化特质的深刻影响，由此可见，人们对任何知识的继发性学习都受到原有文化模式的制约。那么，生活于不同族群文化中的人形成了不同的"图式"（即心理文化结构），也决定了其在学习过程中有不同的特点，以民族语言为例，一定的语言总是与一定的思维模式相匹配，由历史选择的这种思维模式又是民族文化的最佳载体，一定的民族文化离开了相应的言语文化环境往往就失去固有的本质特征，语言的语法背后是思维逻辑的不同习惯，不可否认不同的逻辑在思维的方向和方法上是不同的。因此我们认为在地方课程实施过程中，应尽量使用本族群的地方语言作为其课程实施的语言载体。

（二）重视族群行为习惯对文化传承的影响

我们认为，行为习惯是一个族群在长期的交往过程中形成的人与人的作用习惯，每一个族群由于其生态环境的不同，在形成过程中自发选择了一定的行为模式。从三级课程的特点和使命来看，地方课程应该是带有浓厚地方特色的实践能力和社会知识的教育。一定的课程内容总要通过一定的课程实施表现为学生之间、师生之间的作用形式，而不论是学生之间的影响还是师生之间的互动，表现在族群内部则是族群成员之间互相作用的形式，这些形式不能脱离当地的行为习惯，符合地方族群行为文化习惯的地方课程形式能够收到良好效果，相反则会在实施过程中遇到因为信息渠道的选择不当而产生的传播效果不佳。

（三）实现课程形式的生活性，保证文化传承的有效性

辜伟节教授认为，"回归生活世界的地方课程生态观，从本质意义上说，就是强调自然、社会和人在地方课程体系中有机统一，使自然、社会和人成为地方课程的基本来源。这就意味着地方课程必须突破学科疆域的束缚，向自然回归、向生活回归、向社会回归、向人自身回归，意味着理性与人性的完美结合，意味着科学、道德和艺术现实的、具体的统一。"地方课程建设中，

这种理念的外化必然表现为活动课程的地位和作用受到充分重视，活动课程虽然在知识的系统性方面不及学科课程，但它灵活、多样、生动，更能适应学生的兴趣、需要和个性，可以在一定程度弥补学科课程之不足，有助于学生个性的发展和能力的培养。地方课程由于其自身在培养学生实践能力方面的要求较高，面对的学生群体的认知特点，以及内容选择上的灵活性和丰富性，在课程形式上也应该有相应的多样性表现，不宜搞学科课程的形式，而要凸显其实践性特征，只有这样才有利于地方课程顺利实施其对地方民族文化的传承功能，也才能更好地通过学校教育来保护民间文化。

四、法制建设是文化保护的重要保障

文化保护是全国人民和各级政府的责任，国家层面的法制建设固然可喜，各级地方政府也应该在各自权限范围内加速这方面的法制建设。笔者认为，法制建设应该围绕以下重点进行：

第一，建立健全民间文化的普查机制，深入了解民间文化的现状，这既是文化保护的一个部分，又是其他文化保护措施的实施前提。1979 年以来，我国开展了搜集、整理民间艺术的一项系统工程——编纂十大民族民间文学艺术集成志书。全国共有 5 万名经过培训的调查人员进行了全面深入的普查，据不完全统计，共收集民间歌谣 302 万首，谚语 748 万条，民间故事 184 万篇，民间戏曲剧种 350 个，剧本 1 万多个，民间曲艺音乐 13 万首，民间器乐 15 万首，民间舞蹈 1.71 万个，文学资料 50 亿字。事实上，文化普查不仅需要国家层面的努力，也需要各级政府高度重视，因此各级立法机构应该制定相应法律，加速对地方文化的普查工作。

第二，建立濒危文化和典型非物质文化遗产的认定和保护机制。邻国日本在此方面有可资借鉴的经验。明治维新后的日本崇洋之风盛行，毁佛倒释。为遏制危机蔓延，1871 年日本颁布了《古器旧物保存法》，这是日本以政府令的形式颁布的第一个文化遗产保护案。在此之后，日本对全国重要的有形和无形文化遗产进行了为期 10 年的调查。1897 年，日本在大规模调查的基础上，颁布了《古社寺保护法》，标志着日本传统文化保护已纳入法制化管理的轨道。自此之后，日本颁布了一系列传统文化保护的法律法规：《古迹名胜天然纪念物保护法》（1919 年）、《文化财保护法》（1920 年）、《国宝保存法》（1929 年）、《重要美术品保护法》（1933 年），等等。从法律的颁行频率，可以看出日本在传统文化保护方面的动作力度。1945 年以后，由于战争而受到影响的保护工作重新启动，战后仅两个月，一度停止的文化财指定工作又得以继续，并根据战后的状况制定了为期五年的文物修复计划。1950 年，《文

化财保护法》获得通过并予实施。《文化财保护法》是日本关于传统文化保护的一部重要法典，其全面性、系统性超过以往日本传统文化保护法律的任何一部。经过三年的试运行，1954 年，对《文化财保护法》进行了较大的修订，进一步扩大了保护范围，强化了文化财的管理体制，强调了政府与民间团体协同保护的规定。特别需要指出的是，修订后的《文化财保护法》进一步确认了无形文化遗产也就是今天国际社会所称谓的"非物质文化遗产"的地位与重要性，将其纳入重要的保护内容，并对无形文化遗产的田野调查如产生历史、现状、传承方式等内容作了较为详细的规定。在日本，作为一种制度，对无形文化遗产的田野调查一直被坚持到今天。借鉴国外经验，我们在加强文化保护法制建设的时候应该解决如下几个核心问题：认定文化并公布需要重点保护文化的名录；对于重要非物质文化遗产的承载者以政府的名义予以认可；对于民间文化集中呈现的区域以政府的名义给予经济补偿，并以政府名义对其文化产品进行购买；政府应该有义务对外界选择这些文化。

综上所述，民间文化保护体系是四个方面的有机联系，通过这个体系的运行让文化承载者实现文化自觉，让文化保护有了可靠的生力军；让民间文化活动实现制度化，强化文化活动与人们的现实生存空间的有机联系；让学校教育加入到对民间文化的整理与传播中来，通过文化育人再赋予文化生命力；通过法制建设让文化保护有了制度上的保障与依托。

参考文献

[1] 张会巍 . 丝绸行业习俗的特征与传承——以杭嘉湖地区为例 [J]. 丝绸,
    2011（12）：66-68.

[2] 银杰 . 论人口较少民族传统文化的保护与发展 [D]. 内蒙古古农业大学,
    2013.

[3] 王一飞,马英豪,叶文学 . 论风景园林设计中的风水观 [J]. 安徽农学通报,
    2013（09）：129-130.

[4] 方璐 . 论刘庆邦小说的儿童书写 [D]. 扬州大学,2012.

[5] 高静 . 对外汉语教学中的民俗文化教学内容与策略研究 [D]. 湖南师范大学,
    2014.

[6] 马岩芳 . 对河湟曲艺文化及社会功能的探讨 [J]. 科教导刊（中旬刊）,2010
    （08）：242.

[7] 秦玮鸿 . 论广西福寿文化的传承与创新途径 [J]. 西部学刊,2014（04）：
    50-52.

[8] 石瑾,周邦春 . 武威攻鼓子的艺术审美特征分析 [J]. 怀化学院学报,2011
    （06）：15-16.

[9] 吉国秀 . 东北民俗文化：区域社会转型的精神动力 [J]. 辽宁大学学报（哲
    学社会科学版）,2007（05）：91-95.

[10] 林坚,周传龙 . 我国"文化学"著作透视 [J]. 文化艺术研究,2009（01）：
    65-68.

[11] 孙锦瑞 . 数学文化视野下的幼儿园数学教育策略研究 [D]. 东北师范大学,
    2008.

[12] 王昌民 . 大学教育文化的多视角理解 [J]. 渭南师范学院学报,2012（04）：
    14-25.

[13] 陈红进 . 与会展文化有关的几个概念辨析 [J]. 商场现代化,2008（34）：
    354.

[14] 宋景芬,任林洁 . 中国车文化形成与发展研究 [J]. 华东理工大学学报（社

会科学版），2008（03）：115-121.

[15] 高桂娟，冯建民．多学科视角的科举制研究及其文化定位 [J]. 宁波大学学报（人文科学版），2009（02）：75-79.

[16] 任林洁．论中国车文化的形成标志 [J]. 汽车工业研究，2009（09）：47-50.

[17] 陈红进．世博文化内涵特征及成功举办上海世博会文化策略 [J]. 经济研究导刊，2010（06）：43-45.

[18] 沈立岩．文化 [J]. 文学与文化，2010（02）：129-135.

[19] 贺治成，陈伟．多元文化教育视角下的高校德育文化路径研究 [J]. 前沿，2012（08）：131-132.

[20] 陈金东．文化整合与广东地方文化统战 [J]. 广东省社会主义学院学报，2012（02）：14-18.

[21] 王若光．体育文明：建构一个理论观点型核心概念 [D]. 南京师范大学，2008.

[22] 朱蜡．生态哲学视野中人的存在的双重性及其统一 [D]. 内蒙古古大学，2014.

[23] 张美茹．大学行政文化研究 [D]. 西安电子科技大学，2008.

[24] 米璐．维汉教师职业价值观的文化分析 [D]. 新疆师范大学，2009.

[25] 王琳．南美足球文化研究 [D]. 北京体育大学，2010.

[26] 夏竹筠．幼儿园课程文本中集体教学活动目标的文化价值取向研究 [D]. 华东师范大学，2010.

[27] 蒋丽琼．马克思主义法律文化的概念、实质及其当代诠释 [D]. 兰州理工大学，2013.

[28] 夏祖瑞．基于精神重建的学校文化建设探究 [D]. 华中师范大学，2013.

[29] 贾凌昌．文化软实力视野下的社会主义核心价值体系建设研究 [D]. 南昌大学，2012.

[30] 田旭明．马克思主义文化结构论视域下当代中华民族凝聚力研究 [D]. 湖南大学，2012.

[31] 胡海波．马克思恩格斯文化观研究 [D]. 东北师范大学，2010.

[32] 胡伯项，贾凌昌．马克思文化思想的可能、展开与当代加强 [J]. 理论月刊，2011（10）：2+7-12.

[33] 李金荣．文化与公共图书馆文化的解读 [J]. 图书与情报，2013（02）：64-70.